山口真人
yamaguchi makoto

真冬のスウェーデンに生きる障害者

日本の理学療法士が見た福祉国家

右：地域給湯暖房システムにより雪が解け出している民家の屋根（キルナ市）
下：美しいガヴレ川河畔の雪景色（イェヴレ市）

新評論

上：住宅ごとに備わったゴミ箱で真冬のゴミ出しも簡単（エステシュンド市）
左：雪道にも強い大きなタイヤの付いた歩行車（キルナ市）

雪の舗道には歩行車も自転車もベビーカーも繰り出す（イェヴレ市）

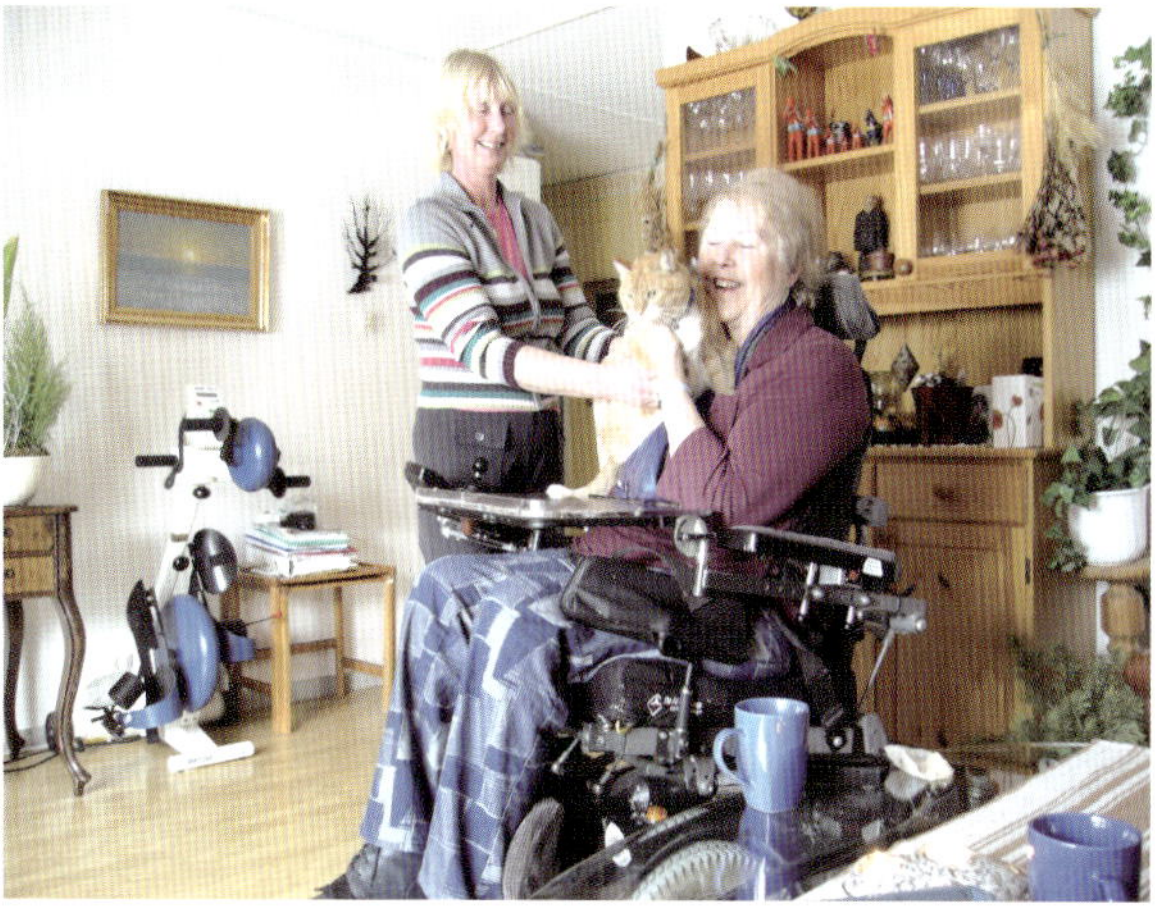

重い障害があっても個人アシスタントの支援でペットが飼える（サンドヴィーケン市）

真冬でも、プール療法はごく一般的（イェヴレ市）

安普請のアパートでも床暖房とラジエータで室内はどこも暖かい（サンドヴィーケン市）

厩舎も障害者の活動所となる（キルナ市）

とあるサービスアパートから徒歩５分の町並み（エステシュンド市）

ラウンドアバウト式の交差点が車の流れをスムーズにする（キルナ市）

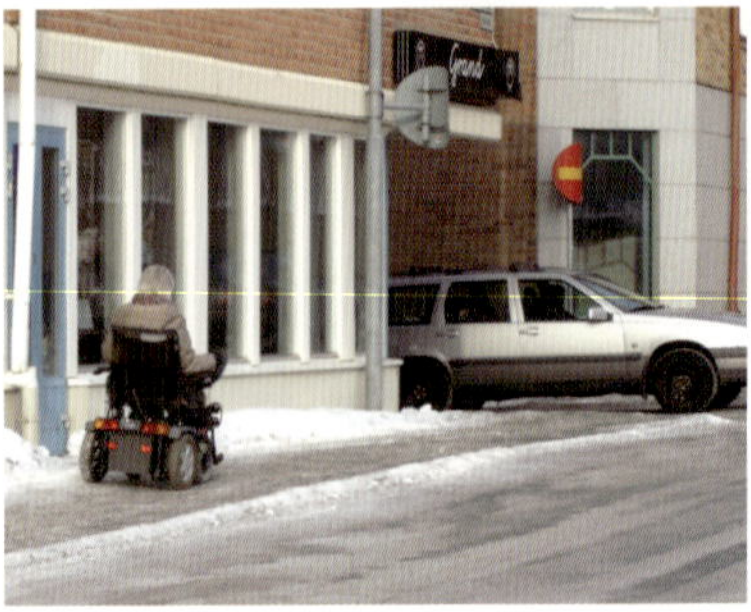

除雪された歩道を電動車椅子で走る女性（エステシュンド市）

ソリ型歩行器を押す高齢者（キルナ市）

はじめに

本書は、二〇〇七年、二〇〇八年、二〇一一年の三度、いずれも雪深い二月に現地取材をした内容をもとに、真冬のスウェーデンにおける障害をもつ人々のリハビリやケアの現状を含む暮らしぶりについて綴ったものである。

二〇〇七年は、ストックホルムのすぐ北にある東海岸沿いのイェヴレ市[1]と、それに隣接するサンドヴィーケン市、続く二〇〇八年は北極圏に位置し、スウェーデン最北の自治体であるキルナ市、そして二〇一一年には中央部に位置するエステシュンド市で、障害を抱えて暮らす人々を取材した。

このような取材をしようと思ったのは、二〇〇六年に出版した拙著『日本の理学療法士が見たスウェーデン』に対する読者からの感想がきっかけであった。同書では、気候のよい初夏から初

（1）スウェーデン語で表記すると「**Gävle**《イェヴレ》 **kommun**《コミューン》」である。コミューンとは基礎自治体を指し、日本の市町村に当たる言葉だが、本書では便宜上「市」と訳した。以下、すべてのコミューンについても同様。

秋にかけての障害者の暮らしぶりを取り上げたが、数人の読者から、同様の障害者の真冬の生活についても是非知りたいという感想をいただいたのである。その理由としてもっとも多かったのは、寒さの厳しい冬のスウェーデンにおいて、屋内外を問わず彼らは快適に過ごすことができているのだろうか、という疑問であった。そして、このことに関して、私自身大いに興味をもつようになったことが理由で本書を執筆することにしたのである。

その背景には、日本の冬の生活環境に対して日頃から抱いている私の思いがある。日本では、冬になると障害をもった人々の生活が極端に制限されてしまうという傾向が屋内外を問わずある、ということだ。

屋内に関して言えば冷え込みが問題となる。多くの住宅は屋内全体をむらなく暖めるという構造になっていないため、場所によっては外の寒さの影響をもろに受け、屋内でも厚く着込まなければ過ごせないということが多い。当然、重度のケアや介助を必要とするような障害者の場合は、ベッドから抜け出ることすらままならない。言うまでもなく、介助者の数が少なく、補助器具の利用も進まない日本では、重度介助を要する障害者を暖かい服装に着替えさせるのが重労働となるからだ。

そのうえ、トイレや風呂場なども十分な暖かさを確保できない造りになっていることが多いため、ゆったりと用を足したり、入浴したりするような介助も望めない場合が多い。これらのことは、雪国にかぎらず、真冬であれば北海道から九州までのほとんどの自治体において言えることである。

一方、屋外はと言えば、まず道路事情がよくない。日本の道路は車優先に造られているため、雪が降れば、歩行者が普段利用している路肩に除雪された雪が積まれ、健常者までもが歩きにくくなる。当然、歩行車や車椅子を利用している人が出歩くことは至難の業となる。また、自宅の玄関前から公共道路に出るまでの、わずか数メートルの造りが悪い場合も多い。玄関前のスペースは狭く、除雪車が自由に出入りできるような造りになっていないため、自宅前の除雪を自分でやらなければならないというケースが多々見られる。

以前、私の勤めている病院に理学療法の実習に来た鳥取県出身の学生から、同県の雪深い地方における高齢者の暮らしぶりについて聞いたことがある。鳥取県は全域が豪雪地帯で寒さの厳しい所だが、その南西に位置する日野町で一人暮らしをしているある高齢者は、冬になると生活が一変するらしい。冷え込む室内で暖を取るには石油ストーブが欠かせないわけだが、雪がたくさん積もると灯油を売りに来なくなるし、買いにも行けなくなって、ストーブをつけられないまま部屋の中でたくさん着込んで寒さをしのぐという日も出てくるとのことだった。また、玄関前の除雪もままならず、外出の機会も極端に減るらしい。

さらに、自宅前には浸水防止用の段差があるが、雪が降るとそれがまったく見えなくなって躓《つまづ》く危険性があるため、母屋から一〇メートルほどしか離れていない五右衛門風呂にも行けなくなるそうだ。このような事情を象徴するかのように、同県の米子市にある療法士や介護士を養成する専門学校では、「雪による寝たきり」をテーマにした講義もあると聞く。

以上のような日本の現状を考えていくにつれ、国土全体が日本よりも高緯度に位置し、冬の寒さと雪の厳しさをより広範囲で受けるスウェーデンという国において、福祉先進国と称されるいくつかの国の代表国としての観点から、障害をもちつつ暮らす人々を再度取材してみたいという思いが募ったわけである。

真冬のスウェーデンにおいて、家々の暖房は十分に効いているのだろうか。障害者を支える個人アシスタント（四〇ページから参照）のシステムは、春や夏などの快適な季節と同じように機能しているのだろうか。家や施設で暮らす障害者は、雪のなかでも車椅子で散歩に出掛けられるのだろうか。歩行車での外出はどうであろうか。プールでのリハビリや、趣味の活動などにも参加できるのであろうか。生活の重要な足である公共バスは機能しているのだろうかなど、疑問は尽きない。

人、モノ、屋内外の空間づくりが織り成すトータルな環境づくりに焦点をあてながら、理学療法士、そして少しばかりベテランの域に入った（？）スウェーデン旅行者としての視点で、冬のスウェーデンにおける障害者の暮らしの様子をお伝えしていきたい。

もくじ

第3章 カレスアンド地区へ 片道一八〇キロメートルの訪問リハビリ

第4章 中央部の湖畔の町、エステシュンド市へ――211

スウェーデン全土地図（本書で登場する市を記載）

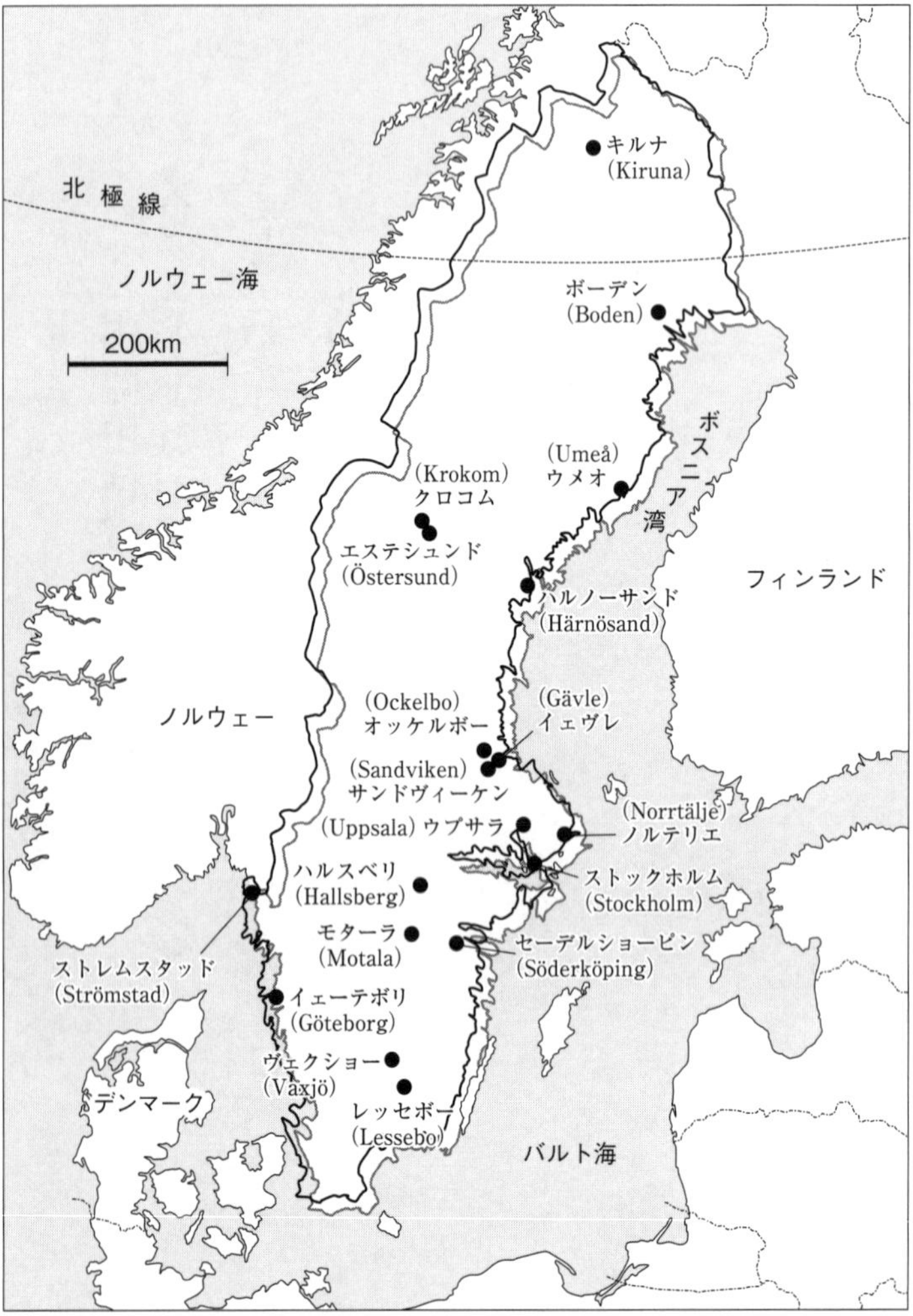

真冬のスウェーデンに生きる障害者

日本の理学療法士が見た福祉国家

1

第1章

東海岸のイェヴレ市とサンドヴィーケン市を訪ねる

公園の向こうはイェヴレ劇場

旅のはじまり

二〇〇七年二月一九日（月曜日）、朝七時半、ストックホルム郊外にあるアーランダ空港からほど近い「クオリティー・エアポート・ホテル・アーランダ（Quality Airport Hotel Arlanda）」で目覚めた。昨日の昼に関西国際空港（関空）を出発してから二七時間以上が経っている。さほど時差ぼけは感じていない。三〇一号室のカーテンを開けて窓の外に目をやると、やわらかい朝焼けが眼下の森を照らしていた。その木々の枝と地面は、薄っすらと雪を被っている。

その森とホテルの間にはヨーロッパ自動車道4号線（E4）が走っていて、ヘッドライトを点《とも》した車が、ストックホルムやウプサラ方面へ向かって高速で通りすぎていく。すべての車がヘッドライトを点しているのだが、二月も半ばを過ぎたこの季節のこの時刻では夜はとっくに明けているので、暗さゆえにヘッドライトをつけているわけではない。この国では、どの車もエンジンをかけると自動的にヘッドライトが点灯する構造になっているのだ。

路肩に積もった雪を照らしながら流れていくヘッドライトの光を眺めながら、医療や福祉だけでなく、交通事故を防止するこのような対策においてもこの国は優れているんだよな、などと思いをめぐらした。

アーランダ空港への到着は、真夜中の一時すぎだった。乱気流の影響で、乗った飛行機（KLM1121便）が乗り継ぎ元であるアムステルダムに一度引き返したために、スウェーデンへの到着が大幅に遅れたのだ。そのため、到着をゆっくり味わう間もなく眠りに落ちてしまった。今、こうして雪景色を眺めていると、真冬のスウェーデンにやって来たことがようやく実感できる。

朝食をとるため、階下のレストランへと向かった。朝食にはチケットもなければ、スタッフによる部屋番号や名前などのチェックもなく、入り口をそのまま素通りした。スウェーデンではよく見られる光景だが、普段、日本のホテルにおけるチケット制の朝食になれている私には新鮮に感じられる(1)。

朝食はビュッフェスタイルで、メニューはかなり豊富だ。テーブルを見わたすと、白人のビジネスマンらしき集団や家族連れ、それにカップルもいる。私は、堅くて茶色いライ麦パンにハム、チーズ、トマト、赤パプリカを載せ、ベーコン、ソーセージ、卵、フルーツ、それにコーヒーをトレーに載せてテーブルに着いた。これまでに何度も食した、このスウェーデンスタイルの朝食を目の前にすると、これまでの六度の滞在における断片的なシーンが思い出されてきて、一年五か月ぶりとは思えなくなってくる。コーヒーをすすり、手製のオープンサンドをひとかじりすると、気持ちは早くも今回の目的地へと馳せた。

その後、ホテルを早めにチェックアウトして、アーランダ空港内にあるスウェーデン国有鉄道(SJ)の駅に向かってシャトルバスで出発した。そこからさらに向かう先は、ストックホルムの北一八〇キロメートルに位置する港町、イェヴレ市である。

(1)　二〇一二年五月現在では、日本においても無料朝食を提供するホテルが増えてきている。

ストックホルムから列車でイェヴレ市へ向かう

アーランダ空港駅の改札口は、南北に長い構造となっている空港の真ん中に位置し、4番と5番のターミナルに挟まれた「スカイシティ」というショッピングモールの真正面にある。その改札口の周囲は、床から天井まで広大なガラス張りになっていて、エアターミナルを広く見わたすことができる。

切符を買うため、改札口のすぐ横にある自動販売機に向かった。二つある自動販売機はそれぞれが独立して立っている。シンプルかつスタイリッシュな円柱形のデザインが印象的だ。近づいてみると、入力画面も大きくて非常に見やすい。英語の画面も選べるようになっていたが、私はそのままスウェーデン語のインストラクションに従って進み、二等指定のなかではもっとも安い「JUST NU 2 KLASS」という、イェヴレ市まで二六五クローナ(2)（約四五〇五円）のローカル線の切符を選び、クレジットカードを挿入して購入した。

改札を通り、エレベーターで地下のプラットホームへと向かった。天井が高く、洞窟を連想させるそのプラットホームは、とても静かでひんやりとしている。プラットホームで待つ客の数はまばらだ。ほどなく、二階建てのグレーがかったブルーの車体が入ってきた。私は客車と座席の番号を確かめながら、一号車両の二階にある通路側の席に着いた。電車はゆっくりと、そして滑

アーランダ空港駅の改札口と、その上のラウンジ

らかに発車した。

しばらくすると、電車は地下を通り抜けて地上へと出た。視界がパッと開けて、ストックホルム郊外の雪景色が目に飛び込んできた。真冬のスウェーデンにやって来たことを改めて強く実感する。二〇分ほど揺られて、ウプサラ駅を過ぎたあたりから降る雪がさらに濃くなっていく。森の景色が続くなかに時折見える、真っ白い雪を屋根に被った庭付きの一戸建てがまるでジオラマのようである。

外の景色をしばらく楽しんだあと、ふと車内に目を戻すと、通路を挟んだ反対側の四人掛けのボックス席に年配の女性が一人で座っていた。思わず互いの目が合い、どちらからともなく微笑んだ。それがきっかけで、私たちは世間話をはじめた。

彼女の名前はビギッタ・ニーストレムといい、南スウェーデンにあるモターラ市を今朝早くに出発してきたという。職業は障害者を相手にした体育の教師で、趣味で気功を勉強しているとのことだった。これから、イェヴレ市からさらに二六〇キロメートルほど北に位置する海沿いの町、ハルノーサンド市に住む友人の家に行って、みんなでスキーを楽しむということだった。さらに話を進めてみると、私も二度滞在したことのある中央スウェーデンに位置するエステシュンド市という美しい町にも彼女はかつて住んでいたということだった。

（2）二〇〇七年二月現在、一クローナ＝約一七円で換算。

エステシュンド市は、これから会う私の親友で、理学療法士のイェーテの故郷にほど近い町である。当然、彼の友人もたくさん住んでいて、一昨年の夏に一か月ほど滞在したときには、私も大いに楽しませてもらっている。

真っ先に思い出すのは、郊外の森の湖畔に彼自身が建てたサマーハウス(3)で、彼の友人たちとしたバーベキューだ。また、丘の上に造られたステージで、赤みがゆっくりと変化する夕暮れの空と山際を背景にした壮大な野外演劇も見た。そして、湖に浮かぶ小島から見下ろした、夏の日差しを受けた市中心部の絶景も瞼《まぶた》に鮮やかに浮かんでくる。今、それらとは対照的な、車窓を流れる冬の景色を追いかけていると、「次の停車駅はイェヴレ」というアナウンスが入った。

イェーテと再会

イェヴレ市は、スウェーデンでは比較的規模の大きい自治体で、人口はおよそ九万二〇〇〇人、イェヴレボリ県(Lanstinget Gävleborg)の中心都市である。暖流の流れ込むボスニア湾沿いにあり、スウェーデンのなかでは特段寒い地域には含まれないが、それでも一二月から二月にかけての平均気温はマイナス八度であり、一月後半から二月末にかけては大雪も降る所である。

ビギッタに別れを告げて、一年五か月ぶりとなるイェヴレ駅のプラットホームに降り立った。真っすぐで見通しのよいプラットホームの向こうに目をやると、イェーテが笑顔で大きく手を振ってくれている。半日の休みをとってわざわざ迎えに来てくれたのだ。

二〇〇六年の五月に大阪で会って以来、彼とは九か月ぶりの再会となる。彼にとっては初めての日本訪問で、スウェーデンの福祉に関する講演を私とともにいくつかこなしながら、北海道から広島県までの観光も彼は楽しんでいる。約一か月間、彼は日本に滞在し、そのうちの三週間ほどを私の住む大阪で過ごしたのだ。

私たちはしっかりと抱き合いながら、しばし再会を確かめあった。そして、駅舎の正面に停めてあった一七年物のオペルのカデットに乗り込み、町の中心部から南へ三キロメートルほど下ったアンデシュベリィという地区にある彼のアパートへと向かった。「腹は空かせて来るようにね」という彼からのメールの言葉を忠実に守っていた私は、早くも彼の手料理が待ち遠しい。

アパートに着くと、イェーテはすぐに料理の仕度にとりかかったが、オーブンの調子が悪いらしく途中何度も中断し、ようやく三時ごろに昼食となった。イェーテが冷蔵庫から取り出した缶ビールを、私が二つのグラスいっぱいにほどよく泡立たせながら注いだ。このグラスは、二〇〇〇年に知り合って以来、私が彼のア

(3)　中流階級以上の多くがもっている別荘。大工や友人の手を借りながらも、有給休暇を利用して多くの部分を自分で造る人が多い。海岸近くや湖畔の森の中に建てるのが一般的となっている。

イェヴレ駅

パートを訪れるたびに使っているものである。何の変哲もない、ごくありふれたグラスだが、握るとしっくりと手に落ち着き、懐かしさと安心感が込み上げてくる。

互いの目を合わせながら「スコール！（乾杯！）」。よく冷えたビールが喉から胃へとじわりと流れ落ちる。思わず、「ふーっ」と声が出る。メインディッシュは、ニシンのオーブン焼きだ。近海で獲れたニシンをいくつかの塊《かたまり》に切り分け、その上に細かく刻んだタマネギとトマトを載せて味を調えたイェーテお得意の一品だ。大きな一塊のニシンを大皿から自分の皿に取り分け、ナイフとフォークで一口大に切り分けた。その一つをフォークで突き刺し、その上にタマネギとトマトをナイフでたっぷりと載せて口に運んだ。長時間待たされた甲斐のある美味しさだ！

夕方、雪降るなかを散歩

積もる話を交えながらの遅い昼食を終えたあと、イェーテは「近所を散歩しないか」と誘ってきた。四時半すぎでマイナス八度、雪降るなかでの散歩である。イェーテによれば、スウェーデンでは真冬でも多くの人が散歩を楽しむそうだ。私は、日本から持ってきたスキーウェアを着て、黒のカシミアの手袋をはめ、スキー帽を耳の下まで深く被り、ハイカットのトレッキングシュー

イェーテが住むアパート

ズを履いた。

玄関を出ると、辺りはもう暗くなりはじめていた。北欧の冬は、やはり夜が早い。足元を確かめながら歩みを進めると、雪は深いが、湿り気がないので思いのほか歩きやすい。街灯の下に来ると、落ちてくる雪の粒がはっきりと見える。

手のひらをいっぱいに開いて、それらを受け止めてみた。手袋に載った大きな雪の粒に目を凝らすと、図鑑でしか見たことのない、くっきりとした六角形の結晶が幾重にも重なっている。思わず立ち止まり、その美しさに見入ってしまった。

さらに住宅地から森の中へと進んでいく道すがら、犬を散歩させる人たちとすれ違ったあと、凍った池の上でアイスホッケーをしている子どもたちにも出会った。道端の白樺、松、樅《もみ》などの木々に目をやると、枝には雪がこんもりと分厚く載っているが、さらさらとした粉砂糖のような雪なので、さほど重たそうには見えない。小さな森を抜けると、また別の住宅地に出た。日が完全に沈んで、辺りはすっかり暗くなっていた。

カーテンを引いていない家々の窓からは、外の寒さとは対照的に温かそうな団欒がのぞいている。ある家では、夫婦らしき若い男女とブロンドの少女が、ロウソクを灯したダイニングテーブルで食事をしている。その隣のリビングルームの大きな窓の奥で輝く橙色の明かりは、自治体が管理する地域給湯暖房システム(4)で暖かくなっている家の中を、よりいっそう暖かく見せている。

イェヴレ市街地図

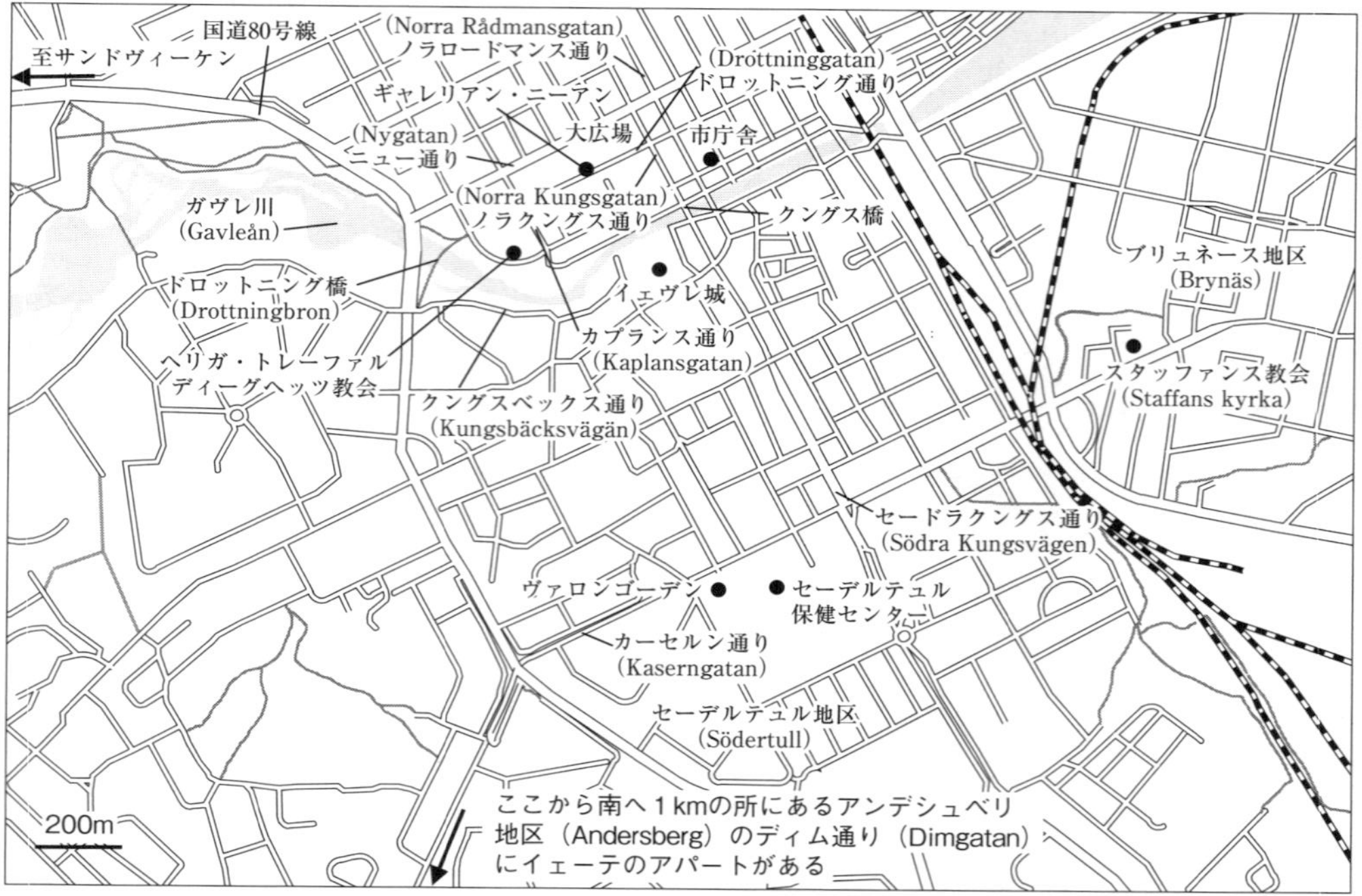

国道80号線
至サンドヴィーケン
(Norra Rådmansgatan)
ノラロードマンス通り
(Drottninggatan)
ドロットニング通り
ギャレリアン・ニーアン
大広場
市庁舎
(Nygatan)
ニュー通り
(Norra Kungsgatan)
ノラクングス通り
クングス橋
ガヴレ川
(Gavleån)
ドロットニング橋
(Drottningbron)
イェヴレ城
カプランス通り
(Kaplansgatan)
ヘリガ・トレーファル
ディーグヘッツ教会
クングスベックス通り
(Kungsbäcksvägän)
ブリュネース地区
(Brynäs)
スタッファンス教会
(Staffans kyrka)
セードラクングス通り
(Södra Kungsvägen)
ヴァロンゴーデン
セーデルテュル
保健センター
カーセルン通り
(Kaserngatan)
セーデルテュル地区
(Södertull)
200m
ここから南へ１kmの所にあるアンデシュベリ
地区（Andersberg）のディム通り（Dimgatan）
にイェーテのアパートがある

日本の介護事情を書いた新聞記事

一時間半ほど歩いて六時頃にアパートに戻ると、イェーテがすぐにコーヒーを沸かしてくれた。ジンジャークッキーをお供にコーヒーをすすりながら、つい一週間前の二月一一日に〈ダーゲンスニーヘーテル（Dagens Nyheter）紙〉[5]に載った、日本の在宅における介護事情についての特集記事を彼が見せてくれた。

「誰が義理の母の面倒を見るのか？」というタイトルで、かなりのページ数を割いている。読み進めてみると、スウェーデン人の女性記者が、親の面倒を見ながら暮らす典型的な日本の主婦を東京と京都で取材するとともに、高齢者や女性に関する問題の専門家である樋口恵子氏[6]や斎藤弥生氏[7]にもインタビューをして、相変わらず娘や嫁への負担が多い日本の在宅介護の現状を具体的に分かりやすく紹介していた。「日本では二〇〇〇年に介護保険制度がはじまったが、在宅介護

（4）　中央のセンターで沸かされた湯が、地下を通って地域内のさまざまな場所に行きわたるシステム。熱源としては、家庭廃棄物の焼却熱、地下を流れる汚水処理の排熱、製油所からの排熱、天然ガスなどが多く使われている。住戸に入れば、床暖房や窓下に設置されたラジエータからの輻射熱暖房として利用され、かぎられた部屋だけでなく、廊下やシャワートイレルームを含む部屋全体を一様に暖めるとともに、蛇口からは温水が出てくる。スウェーデンの多くの自治体が取り入れている。

（5）　スウェーデンで最大手の新聞社。

（6）　一九三二年東京都生まれ。東京大学文学部美学美術史学科卒業。時事通信社、学研、キヤノンを経て評論活動に入る。東京家政大学名誉教授。ＮＰＯ法人「高齢社会をよくする女性の会」理事長。

にまつわる暴力や殺人事件などの件数はいまだに減っていない」という樋口氏の言葉が、とても印象に残る記事であった。

これまでのスウェーデン滞在の折にも何度か感じたことだが、近年、スウェーデンでは日本の介護事情に対する関心が高まっているように思う。実は、滞在中の水曜日と木曜日には、それぞれイェヴレ新聞社が発行している日刊紙〈イェフレ・ダーグブラード（Gefle Dagblad）〉とスウェーデンの理学療法士向けの全国雑誌〈フィシオテラピ（Fysioterapi）〉から、私自身が取材を受けることにもなっている。

この取材はイェーテを通じて依頼されたものだが、彼によると、二社ともにわれわれ医療や福祉にかかわる日本人がスウェーデンに注目する理由や、ケアやリハビリの事情におけるスウェーデンと日本の違いについて知りたいということであった。さらには、私が以前出した本の内容についても興味をもっているとのこ

日本の介護事情を書いた〈ダーゲンスニーヘーテル紙〉の記事

とであった。

午後八時三〇分、遅めの夕食となった。またまたイェーテの手料理だ。今度はオリーヴやカシューナッツなどを絡めたパスタサラダである。これまたビールによく合う。食後、イェーテが紅茶を入れてくれた。そして、デザートとして、パン生地にアーモンドペーストと生クリームを挟んだ「セムラ（semla）[8]」というスウェーデンの伝統的な冬のお菓子と豆乳アイスまで振る舞ってくれた。最後に、寝酒にとブランデーを注いでくれた。一口含むと、深みのある甘い香りが口の中いっぱいに広がった。飲み下すと、喉から胃にかけて温かい液体が心地よく落ちていく。

夕食を満喫し、一〇時三〇分には床に就いた。さすがに、イェヴレ市滞在初日ということもあって疲れた。明日は、早速、隣町のサンドヴィーケン市へ一人目の取材に出掛けることになっている。快く取材を引き受けてくれたというインゲルはどんな女性だろう、と想像をめぐらしているうちに眠りに落ちた。

（7）一九六四年生まれ。学習院大学法学部卒業。一九八八年から（財）松下政経塾で高齢者福祉を研究した後、一九九〇年から三年間スウェーデンに留学（国立ルンド大学行政学修士）。大阪外国語大学地域文化学科助教授を経て、大阪大学大学院人間科学研究科准教授。

（8）一月から三月にかけて喫茶店やケーキ屋さんなどに並ぶ。お店によって味や形が違うので、甘い物好きなスウェーデン人のなかには食べ比べをする人も多い。

1 インゲル・ロムダール（Inger Romdahl）
——多発性硬化症を患いながら、個人アシスタントに支えられてアパートで暮らす

二月二〇日（火曜日）、六時に目が覚めた。窓のほうに目をやると、ブラインドの隙間から淡白い光が漏れ入っている。まだ夜は明けていない。キッチンに出て、二重の窓ガラスに挟まれたブラインドを上げてみると、雪がしんしんと降っていた。窓の外の寒暖計はマイナス一七度を指している。隣家の屋根には二〇～三〇センチの雪が積もっていて、そのすぐ横の林の枝にも、かなりの厚さの雪が積もっていた。

外の空気を確かめるため、玄関のドアを三分の一ほど押し開けて、顔と体の半分だけを出しながら外気を深く吸い込んでみた。切るような冷たさが気道を通り抜けるが、それがかえって、体の半分を入れたままの家の中の快適な暖かさを強調する。こんなに寒い日に、ストーブもエアコンも使わずに、普通のアパートの室内をこれだけ暖かく保つことのできる地域給湯暖房システムに改めて感心させられた。

イェーテが起きてきた。彼は早めに仕事に出掛けるので、早速キッチンで朝食と職場に持っていくランチの用意をはじめた。キッチンが狭いので、じゃまにならないようにと私は一旦部屋に戻った。

六時五〇分、イェーテが出掛けたあとのキッチンで私が朝食の仕度をしていると、通りから低

いエンジン音が聞こえてきた。

窓の外に目をやると、アパートの前の小道をちょうど除雪車が通っていくところだった。普通の靴で歩くのには大変そうなかなり分厚い新雪が、あっという間に押しのけられていった。この小道は歩行者と自転車専用だが、除雪車や緊急車両が進入できるだけの十分な幅が確保されている。

朝食は、牛乳をかけたシリアルと茶色いライ麦パン、そして沸かしたてのコーヒーという簡単なメニューで済ませ、八時一五分にアパートを出た。向かう先は、イェヴレ市の西隣のサン

コラム1　多発性硬化症

中枢神経系の脱髄疾患の一つで、英語で「multiple sclerosis」と言い、一般に「ＭＳ《エムエス》」と略される。欧米の白人に多く、北欧では10万人に50人から100人位の患者がいるとされている。若年成人に発病することが最も多く、平均発病年齢は30歳前後である。

症状は病変場所によって千差万別である。視神経の障害により視力低下や視野欠損が起こる。脳幹部が障害されると目を動かす神経が麻痺して物が二重に見えたり（複視）、目が揺れたり（眼振）、顔の感覚や運動が麻痺したり、モノが飲み込みにくくなったり、しゃべりにくくなったりする。小脳が障害されると真っすぐ歩けないなどの歩行障害や手の震えなどが起こる。脊髄が障害されると胸や腹の帯状のしびれ、ピリピリした痛み、手足のしびれや運動麻痺、尿失禁、排尿障害などが起こる。脊髄障害の回復期に手や足が急にジーンとして突っ張ることがある。熱い風呂に入るなどして体温が上がると一過性に症状が悪くなることがある。

通常型ＭＳの多くは、再発・寛解を繰り返しながら慢性に経過する。（公益財団法人「難病医学研究財団／難病情報センター」のＨＰ「http://www.nanbyou.or.jp/entry/145 」を参照）

ドヴィーケン市に住むインゲル・ロムダールという女性の家である。サンドヴィーケン市は製鉄所の町として有名で、ここでつくられるさまざまな切断機器の刃は日本にもたくさん輸出されている。

公共バスを乗り継いでサンドヴィーケン市へ向かう

アパートから歩いて三分ぐらいの所にあるディム通りの停留所から、イェヴレ市の中心街に向かう八時三三分発の3番の路線バスに乗り込み、二〇クローナ（約三四〇円）を支払った。東の空には、雪を降らしている鬱蒼とした薄グレー色の雲の切れ間から、朝の太陽がわずかにのぞきはじめている。途中のバス停でときおり高齢の女性が乗り込んでくるが、五〇がらみの運転手は、車内用のバックミラーで歩みの遅い彼女らが席に着くのを確認しながら、ゆっくりと発車させている。

八時五〇分、バスを乗り換えるためにイェヴレ市庁舎前で一旦降りた。クングス通りを横断して、まだ人気の少ない大広場を左手に見ながらニュー通りを西へと歩いていく。歩道には薄く積もった雪が凍っていて滑りやすい。その広場の一角を形づくるショッピングセンター「ギャレリアン・ニーアン（Gallerian Nian）」の斜め向かいにある、サンドヴィーケン市行きのバスが出る41番路線の停留所へと慎重に向かった。バス停には数分で着いた。次のバスが来る時間まで、銀行や服飾店などの入ったオフィスビルの軒下で、通りを眺めながら雪と寒さをしのぐことにした。

目の前を、厚く着込んだ高齢の女性が緑色の歩行車（日本でもおなじみのDOLOMITE《ドロミテ》）を押しながら横切っていく。日本の雪景色ではまず見かけない光景だ。雪が積もっていて滑りやすい歩道だが、車道や自転車道とははっきりと区別されているうえに平らであるため、おぼつかない足取りの高齢者でも歩行車を押して歩くことができる。冬の雪道でも機能する、タイヤが大きくて安定感のあるスウェーデン製の歩行車、そして舗装された歩道、これらの環境が整うことで、歩行におけるバランス能力が衰えた高齢者であっても冬の外出が可能になっている。

九時三三分、バスに乗り込んで運転手に四〇クローナ（約六八〇円）を手わたした。サンドヴィーケン市までは約二〇キロメートル、時間にして約三〇分の道のりだ。

個人アシスタントのイェン（Jane）が出迎えてくれる

バスが市街地を抜けるまで、まるでウエハースの屋根に真っ白い粉砂糖の雪を載せたお菓子のような家々が車窓を流れていく。電柱はなく、電線は地中に埋め込まれているため、視界が遮られずに大いに景色を楽しむことができる。スウェーデンにおいてはごく普通の家並みの風景だが、実に絵になる。

しばらくして、バスは国道80号線に入り、一路サンドヴィーケンへと向かった。80号線のこの区間は自動車専用道路（高速道

歩行車で慎重に歩く高齢の女性

サンドヴィーケン駅前地図

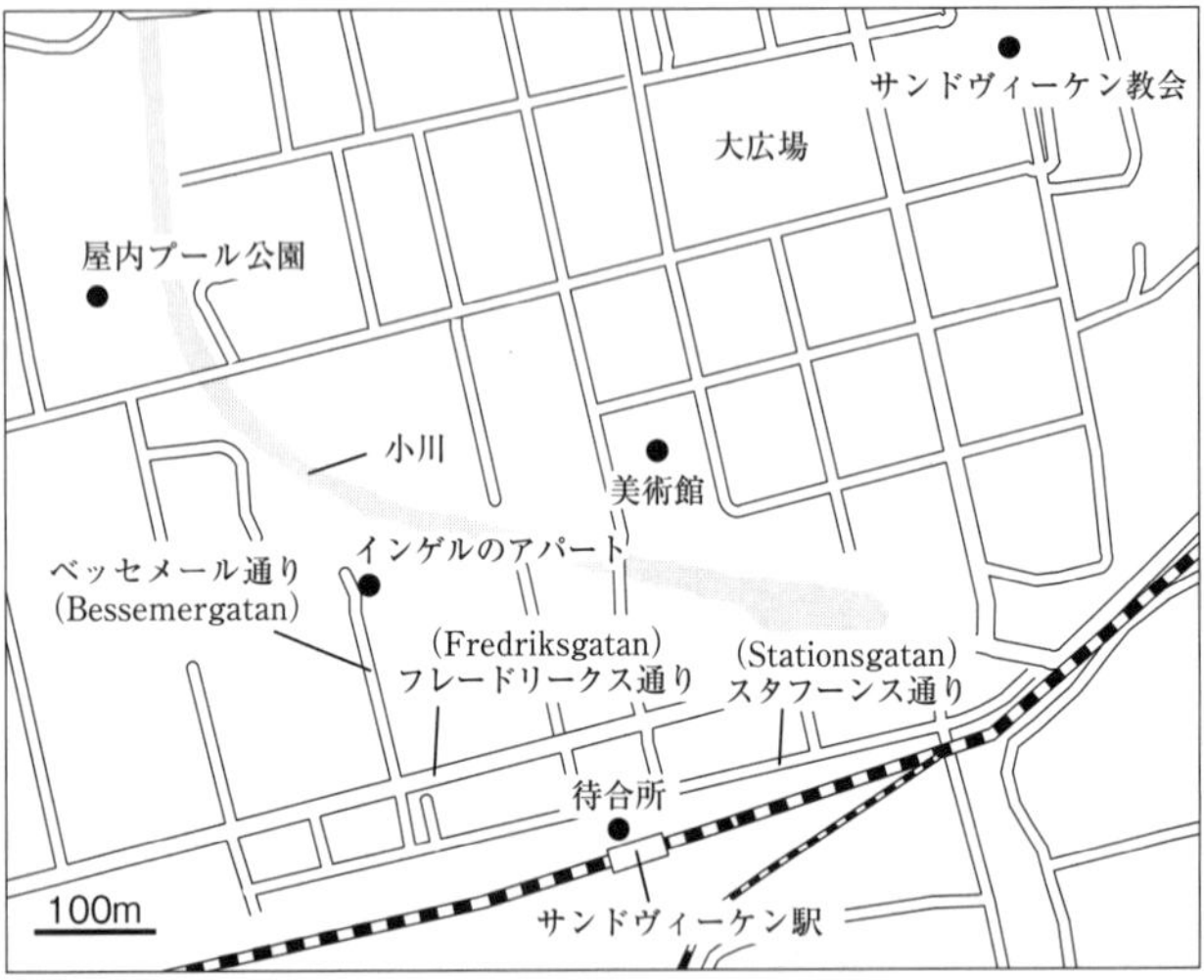

路・無料）である。そして一〇時、サンドヴィーケン鉄道駅の真正面にあるバスターミナルに到着した。

サンドヴィーケン市は、人口三万七〇〇〇人の小さな町である。市内には大小数多くの湖があり、市の中心地区である市と同名のサンドヴィーケン地区は、北側にあるエーヤーレン湖（Öjaren）と南側のストール湖（Storsjön）という二つの大きな湖に挟まれた格好になっている。エーヤーレン湖からは小川が流れ出していて、いくつかの小さな湖沼を介してサンドヴィーケン地区の中心部まで入り込んでいる。駅近くに、教会、大広場、美術館、屋内プール公園などの市民の憩いの場が配置され、こぢんまりとした住みよい造りが特徴となっている。

バスを降りて辺りを見わたすと、電車と

バスの利用客兼用の待合所の建物のほうから、私の様子をうかがうように一人の女性が近づいてきた。イェーテからは、「インゲルの個人アシスタント（四〇ページ参照）の女性がバス停まで迎えに来てくれる手はずになっている」ということしか伝えられていなかったため、私としては彼女がその当人かどうか判断できなかったが、彼女のほうはすぐに私が目的の人物だと分かったらしい。さらに近づいてきて、軽く微笑んで手を差し出しながら、「こんにちは、イェンです」と挨拶してくれた。私も自己紹介をして、早速インゲルの家へ向かうことになった。道すがら、スウェーデンの道は雪が多く降るときでも比較的歩きやすい、という感想を私が伝えると、「雪の多い時期には、除雪車が二四時間体制で稼動しているからでしょう」と彼女は教えてくれた。

スタフーンス通りを西へ一五〇メートルほど歩いて右に折れ、さらにベッセメール通りを北へ向かうと、東西に走る道幅の広いフレードリークス通りに出た。その通りを横切ってさらにしばらく歩くと、二階建ての長屋造りで梔子《くちなし》色の建物が右手に見えてきた。二階にはバルコニー、一階には小さな庭がついている。

「この角の一階がインゲルのアパートよ」と、イェンが指を差しながら教えてくれた。ここまで駅から歩いてほんの五分ほどの距離でしかない。実に、利便性のよい場所である。通りに面した西側から、玄関のある東側へと回った。ふと目をやると、玄関の前には車椅子用のスロープが敷かれている。すでに除雪したあとなのか、スロープの上は、その周囲に比べて雪の積もり方が薄い。

インゲルと対面する

「Hej!《ヘイ》（帰ったわよ）」と言いながら、イェンが玄関を開けた。すると、電動車椅子に乗ったインゲルが、少し緊張した面持ちで私を出迎えてくれた。私は自分から歩み寄り、インゲルに握手を求めながら「ヘイ（こんにちは）、私の名前はマコトです」と挨拶をすると、硬かった彼女の表情がすぐに和らいで、とてもきれいな笑顔で「ヘイ、インゲルです。ようこそ」と言ってくれた。

玄関に入ってすぐ、室内が外とは打って変わってとても暖かいことに気付いた。このあとダイニングキッチンルーム、シャワートイレ兼洗濯ルーム、ゲスト用のベッドルーム、インゲルのベッドルームと続けて案内してもらったが、イェーテのアパートと同じようにどこもかしこも均等に暖かい。リビングルームに案内され、三人掛けの茶色のソファに座ると、奥の部屋から白と茶の少し太めの猫がのっそりと入ってきた。

「名前はFLISAN《フリーサン》って言うのよ。スウェーデン語で『ちっちゃいヤツ』っていう意味。でも、実際は大きくて太っているけどね」と、イェンが笑いながら私に話してくれている間、インゲルは自分の首筋に左手を当てながら、少し離れた所に腰を落としたフリーサンを愛おしそうな表情で見つめている。

右側がインゲルのアパートの並び

ダイニングキッチンでインゲルとイェン

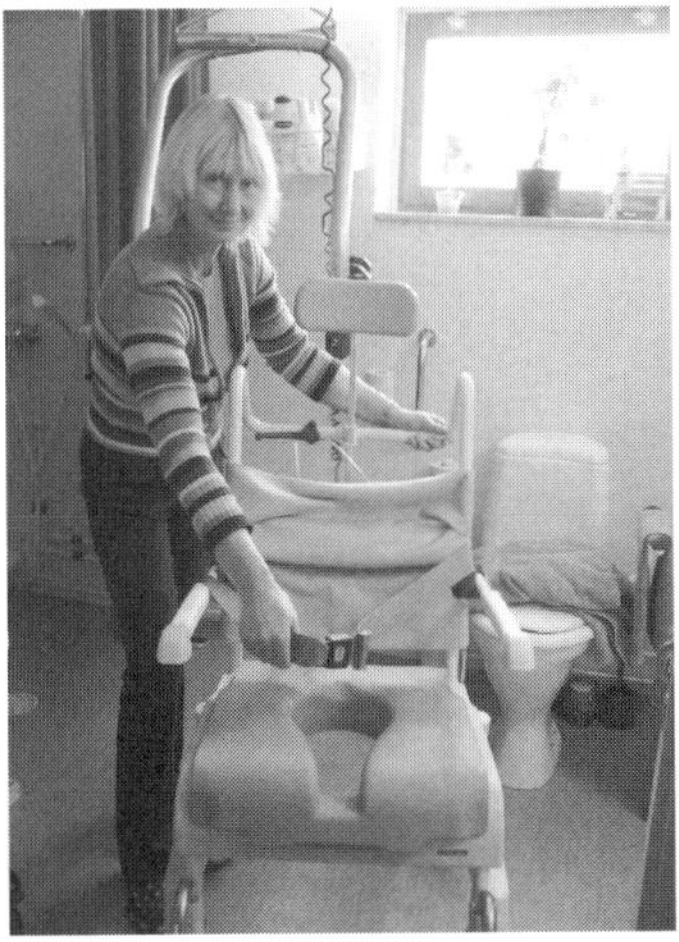

シャワートイレ椅子

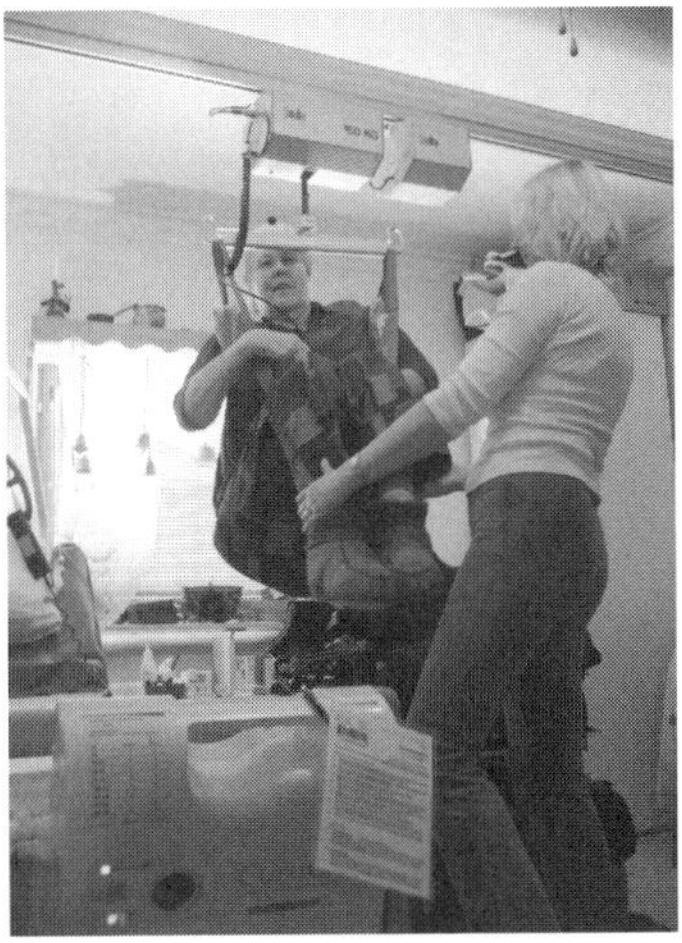

ベッドルームの天井リフトで移る

一〇年前、夫の死をきっかけに、インゲルは生まれたばかりのこのメス猫を飼いはじめたという。家族や友人から、「一人だと寂しくなるから」とすすめられたそうだ。彼女は犬も猫もどちらも好きだが、犬は散歩に連れ出すのが大変なので猫にしたとのことだった。フリーサンは家を出たり入ったりするのが大好きなため、出入りのたびにリビングルームのドアを開け閉めしなければならないのだが、そのドアは、障害のために腕の力が極端に弱くなったインゲルでも開閉できるように特別な紐を用いて工夫されている。インゲルによると、彼女を担当する作業療法士がつくってくれたということだった。

ところで、フリーサンへの餌やりや砂を入れた猫用トイレの掃除は、イェンたち個人アシスタントの仕事となっている。「スウェーデンでは、重い障害のために自分だけでは十分な世話ができなくても、個人アシスタントの助けを借りながら犬や猫などのペットを飼うことができるのよ」と、インゲルが教えてくれた。

このあと、イェンが入れたコーヒーを飲みながら、インゲルのこれまでの生活や現在の状態についていろいろと話を聞かせてもらった。

インゲルのこれまでの生活と今の生活

インゲルは、一九四〇年四月生まれの六七歳(二〇〇七年二月現在)。ベッセメール通り沿いのこの八七平方メートルのアパートに、二五年間にわたって住み続けている。彼女には四二歳の息子とガラスデザイナーをしている三八歳の娘がいて、二人とも遠くに住んでいるが、月に一回の頻度で帰省してくるとのことだった。

インゲルは、今から四八年前の一九五九年、一九歳のときに多発性硬化症を発症した。その後の一五年間は杖で何とか歩いていたが、一九七四年から徐々に車椅子を使うことが多くなり、一九八四年からは完全な車椅子生活になったという。そして、二〇〇三年の途中までは、ホームヘルパーによる助けで生活を送ることができていたが、日常生活のほとんどすべてにケアや介助が必要となったその年の後半から、個人アシスタントによる支援を受けるようになった。それ以来、インゲルは週六五時間（一日平均九時間余）、個人アシスタントによる支援を受け続けている。

インゲルの身体の状態であるが、車椅子で座位をとった状態でスプーン、フォーク、携帯電話などの軽いものを持つことができる程度の上肢の機能は残っているが、体幹や両下肢の機能は非常に衰えてしまったために、何らかの支えがないと座った姿勢を保つことができない。したがって、寝返り、起き上がり、移乗といった基本動作はすべて全介助となっている。さらに、仙骨部(9)には軽い褥瘡《じょくそう》があって、ときに痛むとのことであった。しかし、嚥下《えんげ》能力（飲み込

（9）脊柱の下方にある三角形の骨。五個の椎骨が癒合し、骨盤の後壁をつくる。

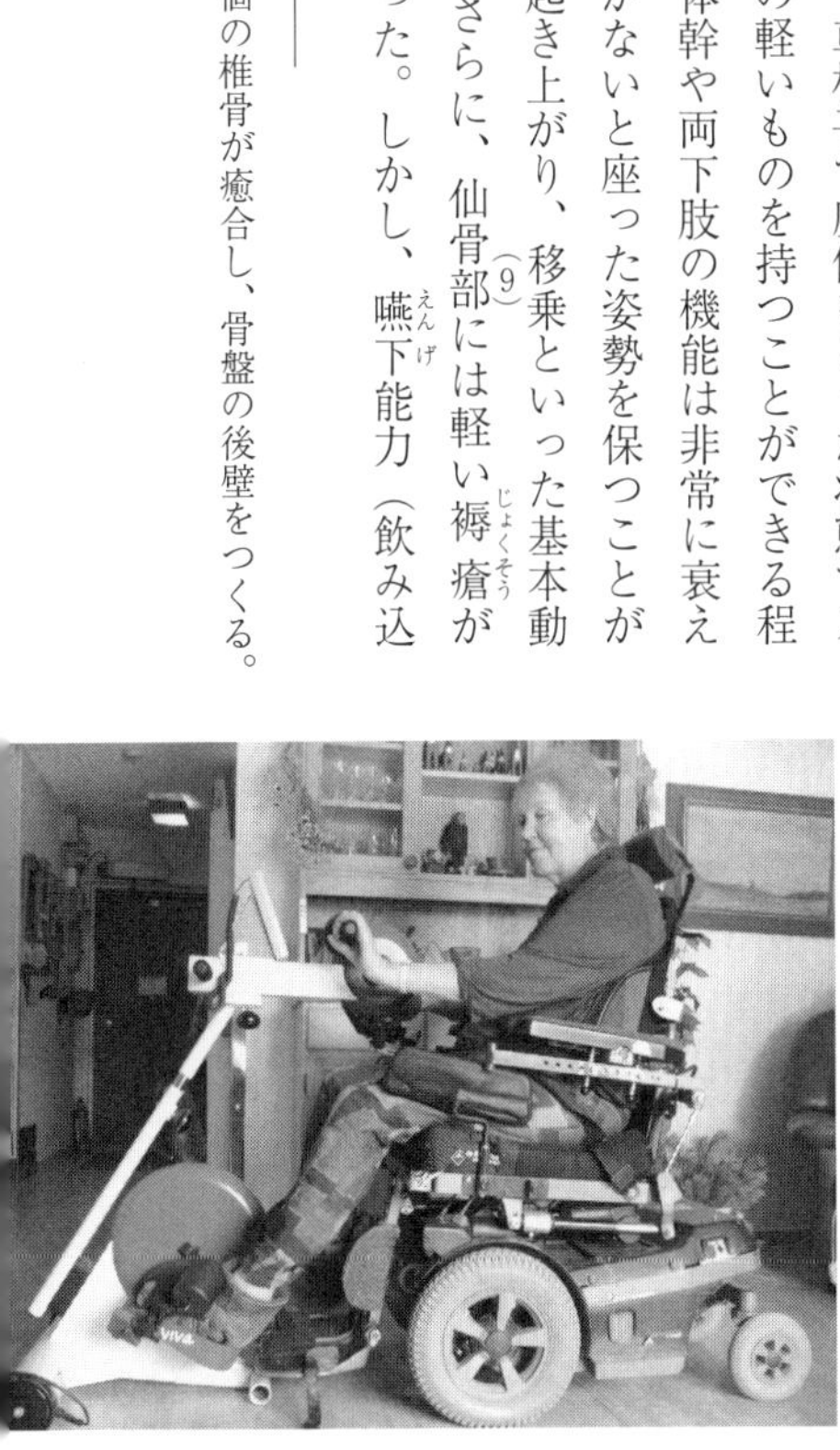
イェンにセットしてもらった電動の自転車型ペダル踏み運動器で足の運動をするインゲル

コラム❷ 日本の高齢障害者における嚥下《えんげ》障害の主な原因とは？

脳卒中や多発性脳梗塞、難病などが原因で嚥下障害を生じうるが、日本の高齢障害者においてはその様相は複雑である。なぜかと言うと、球麻痺（延髄の嚥下中枢が障害されて起こる）や仮性球麻痺（皮質延髄路の障害で起こる）による嚥下障害だけではなく、いわゆる廃用症候群（39ページの註を参照）による嚥下障害が相当に多いと考えられるからである。

日本の臨床現場においては、前述した疾患による障害が重度である場合、長期にわたってベッドで過ごすことを余儀なくされることが多い。そのため、神経と筋の協調性が失われて随意運動がしにくくなったり、座位や立位における頚部から下肢にかけての姿勢バランスが崩れたりする。さらには、認知症状をも呈するようになる。これら廃用症候群が、嚥下能力を低下させる大きな要因になっているのは明らかである。

よって、重度の障害を抱えた、特に慢性期の高齢者の嚥下能力を可能な限りにおいて維持させるための最良の方法は、嚥下障害以外の廃用症候群を予防するための対策と同様の、日々の活動性を高めるような単純なプログラム（すなわち、日中はベッドから離れて外の空気を吸ったり、庭木を眺めたり、人と交流したりといった人間的な活動）を提供することである。人（個人アシスタントや准看護師）、モノ（補助器具）、空間（機能的な住宅や町並み）をトータルで提供しているスウェーデンは、この点において非常に優れていると言える。

一方、日本の臨床現場では、残念ながらこの最も大切な取り組みが抜け落ちている。嚥下障害に関する専門書で見かけるようないわゆる特殊な治療手技よりも、今述べたような単純なプログラムを確保することこそが、重度の障害を抱える慢性期の患者の嚥下能力の維持に対しては特に重要であることを強調しておきたい。

む力）は保たれているので、適宜の介助で食事を摂ることはできる。また排泄は、リフトを利用して常にトイレで行っている。

四人の個人アシスタントとアラームコールサービス

インゲルを担当している個人アシスタントには、イェンのほかにアンニカ（Annika）、カタリーナ（Katarina）、ローズ＝マリー（Rose-Marie）の三人がいるが、一番多くの時間を担当しているのがイェンである。彼女は、サンドヴィーケン市の北隣に位置するオッケルボー市にある自宅から、片道五〇キロメートルの道のりを約一時間かけて週に四～五日の頻度でバスに乗ってやって来ているとのことである。

あまりにも長い道のりに私は一瞬驚いたが、知り合いのスウェーデン人の作業療法士が、「雪深い北の僻地では、ヘリやジープで一人暮らしの高齢者のケアに出向くこともある」と以前に言っていたことを思い出して、このくらいの距離は当たり前のことなのかもしれないと思い直した。ちなみに、イェンは、インゲルのほかに三人の利用者を掛け持ちしているとのことだった。

「個人アシスタントとして働くために大切なことは何か」と、私はイェンに尋ねてみた。すると、「まず、その人を好きであること」という言葉が返ってきた。そして、「その人のあらゆることに興味をもって、その人をもっと知りたいという気持ちがもてなければならない」と続けた。資格ありき、技術ありきの日本からすると、非常に興味深いコメントである。

インゲルは、個人アシスタントが帰る一六時くらいから夜間パトロール[10]がルーティーンとして訪ねてくる二二時三〇分までの五時間半ほどは一人になるが、その間に助けが必要になったときは、首からぶら下げたアラームコール（「trygghetslarm《トゥリグヘッツラルム》」、直訳すると「安心アラーム」と呼ばれる市のサービス）を押して、サンドヴィーケン市のLSS部[11]のケアスタッフに来てもらうことになる。また、二三時ごろに夜間パトロールチームが帰ったあとも、必要なときには、アラームコールを押せば夜間パトロールチームが何度でも来てくれる。この利用料金は月額一五六クローナ（約二六五〇円）であるが、「最低生活保障額（minimibelopp）[12]」を損なう場合は減免されることになっている。

ところで、このアラームコールは、狭い意味での介護に関する事柄に対応するだけではないらしい。イェンによると、アラームコールはその利用者が抱えている障害に起因するあらゆるニーズにこたえることを目的としているので、その使い道はかなり幅の広いものになっている。

その一つの例として、イェンが「電話交換サービス」を挙げてくれた。どういうサービスかというと、サンドヴィーケン市のなかにあるコールを担当する部署の職員が、障害が原因で電話のプッシュボタンを押せない人に代わって、相手先に電話をつないであげるというものである。インゲルも、このサービスをときおり利用しているらしい。彼女は、多発性硬化症による障害のために指先の巧緻性《こうち》（器用さ）が低下しており、プッシュボタンを押し間違えることが多いからである。

システムは非常に簡単である。インゲルが首からぶら下げたアラームコールを押すと、サンドヴィーケン市のコール担当の職員からインゲルに電話がかかってくる。リビングとダイニングの両方に置いてある携帯電話のいずれかをインゲルが取って、かけたい先方の名前を告げると、職員が彼女に代わってダイヤルをして電話をつないでくれるという仕組みとなっている。

実際に、私の目の前でインゲルは、私が質問したイェヴレボリ県の人口を知るために、この電話交換サービスを利用して県の担当者に問い合わせをしてくれた。通話料はもちろん有料だが、電話交換サービスの利用料金はアラームコールの利用料金に含まれている。ちなみに、障害のない一般の人が電話番号案内サービスを利用した場合は、一回につき二五クローナ（約四二五円）の利用料金がかかる。

(10)　市が運営。准看護師とケアスタッフがチームを組んで巡回し、在宅障害者の夜の暮らしを支えている。

(11)　「Lagen om stöd och service till vissa funktionshindrade」の略で、日本語では「特定の機能障害者に対する支援とサービスに関する法律」などと訳されている。LSS部は、法律で示された内容を実行する部署。その働きの詳細については、拙著『日本の理学療法士が見たスウェーデン』を参照のこと。

(12)　年金生活者の日常生活を保障するために、年金額から税金、家賃、ケア費の自己負担額などを引いたあとで残されなければならないとされている金額。その額は、居住形態、配偶者の有無、六五歳以上か否かなどによって若干異なる。二〇〇七年二月現在の日本円換算で五〜七万円台。二三九ページにて詳述。

詳しくは次節に譲るが、ここで、個人アシスタント制度について簡単に触れておこう。

個人アシスタント制度はLSSのなかで規定されているもので、対象者が、その機能障害がゆえにできないすべてのことを手助けしてもらいながら生活するために、国と市による全額負担で対象者自身がアシスタントを雇用できるという制度である。手助けの内容は多岐にわたっており、排泄などの衛生管理、更衣、食事、他者とのコミュニケーションなどに対する援助から、その対象者の機能障害に関する詳しい知識を必要とする各種援助までとなっている。

個人アシスタントを利用できる時間数やその人数は、対象者の障害の程度によって異なっている。たとえば、日本の身体障害者手帳における一級や障害者自立支援法における障害程度区分の「6」に相当するような重度の障害をもつ人であれば、起床から就寝まで一人、もしくは同時に二人(場合によってはそれ以上)の個人アシスタントが付くことが一般的となっている。また、対象者自身が自分に合った個人アシスタントを選ぶことができるし、家族と同居している場合でも、一人暮らしの人と同じようにこの制度を利用することができる。

ところで、自宅で暮らす六五歳以上の高齢者は「社会福祉サービス法(SoL)[13]」による高齢者ケア制度の範疇に入るため、受給年金額に応じた一部負担金を支払いながらホームヘルパーを利用しなければならないが、六五歳になる前に個人アシスタントを利用できる権利を得た場合は、六五歳に達しても、それ以前に受けていた個人アシスタントによるサービスを継続して利用できることになっている[14]。インゲルの場合もそれに当てはまる。

多趣味なインゲル

インゲルの話題を続けよう。インゲルの趣味は、スキー、ヨット、車椅子ダンス、旅行と実に幅広い。スキーをするとき、もちろん通常のスキー板は使えないので、四枚の板の上に座面を取り付けた、腰掛けて乗るタイプの特殊なスキー板を使用している。また、ヨットを楽しむときには、普通は足でするところを両手で紐を引っ張って帆の動きを調節しているそうだ(15)。

私は、これら趣味を楽しんでいるところの写真を是非見せてほしいと頼んだが、残念ながら、インゲル自身もイェンも持っていないということだった。ただ、別の個人アシスタントなら何枚か

(13)「SoL」とは、スウェーデン語で「socialtjänstlagen《ソシアルシェンストラーゲン》」の略。社会サービスや社会福祉に関する法律。

(14) 原則として、六五歳に達した人は個人アシスタントを新たに付けることはできないが、制度の運用は市に任されているので、場合によってはそのかぎりではない。その具体例については、第3章二〇六ページで触れている。

(15) スキーとヨットの学校については、http://totalskidskolan.z.se と http://skotahem.se/ を参照。

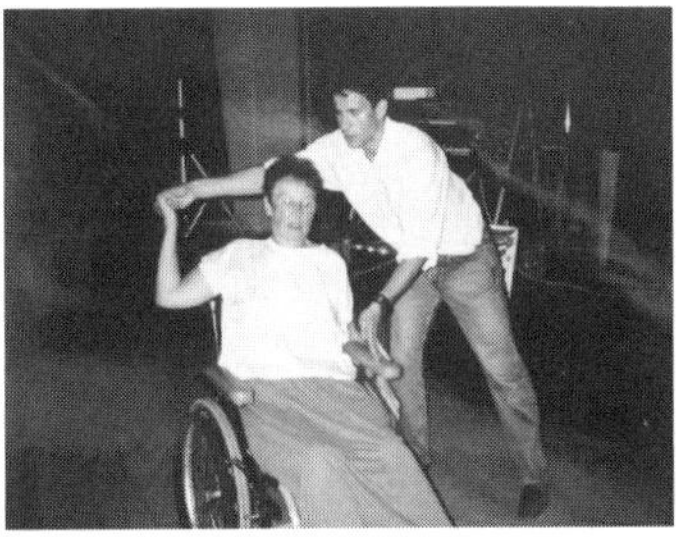

車椅子ダンスをするインゲル

スキーをつけたインゲル

持っているかもしれないということになり、早速イェンが心当たりの女性に電話で問い合わせてくれた。

その結果、ヨットをしている写真以外は彼女の手元にあるとのことだった。今日は無理だが、明日ならインゲルに届けることができるということなので、「今週の金曜日に、もう一度ここを訪れて写真を見たい」と私はインゲルに伝えた。インゲルは快く了解してくれて、金曜日の一〇時ごろに再びおじゃますることにした。

インゲルの日ごろの楽しみは、友人と会って食事をすることである。今週も予定は盛りだくさんで、明日は四人の個人アシスタントが勢ぞろいして、合計六人で市内のレストランで食事をし、木曜日には別の友人と食事をする予定となっている。実は、昨日もイェンと一緒にイェヴレ市まで電車で出掛けて、お気に入りのレストランで女友達とランチを食べたということだった。メニューは、炒めたチキンと野菜を麺にかけて、醤油やチリソースなどで味付けしたアジア料理の「Wok《ウォク》」だったらしい。

こういった食事の際においても、たとえば肉の切り分けのような作業はできないので、個人アシスタントに手伝ってもらっているとのことだった。先にも述べたように、嚥下《えんげ》（飲み込み）に関しては今のところ問題はない。

インゲルは、三つの車椅子を使い分けている。一つ目は、屋内外を問わず日常的に使う電動車椅子（座面も電動で昇降可能）で、二つ目は車への移乗用（一緒にスライディングボードを使用）、そして三つ目はダンス用である。肘乗せが通常のものより高く設置されており、ダンスのパートナーが把持《はじ》しやすくなっている。ちなみに、電動車椅子は年間五〇〇クローナ（約七五〇〇円）のレンタル料を支払っているが、それ以外の二つは無料となっている。

複数の車椅子が処方されることは、スウェーデンでは一般的である。その好例として思い出すのは、二〇〇五年にイェムトランド県（Jämtlands läns landsting）のクロコム市を訪問した際に、立ち上がりに介助を要する六〇歳の発達障害者が、自室の窓から外の景色を眺めるためだけに、三つ目の車椅子として立ち上がり介助式の車椅子を処方されていたことだ。立ち上がって眺めると美しい町並みが一望できるのだが、リビングの窓枠が高い位置にあるため、車椅子に座った状態では空しか見えなかった。そこで、自分で立って外の景色を眺めたいという彼の希望を、いつでも快適に叶えるために、担当の作業療法士が処方を決めたということだった。

このような処方が可能となる根拠は、「使用者の必要性（ニーズ）ありき」というスウェーデンの考え方にある。ストックホルム県（Stockholms läns）のホームページの「補助器具ガイド」には、次のように書かれている。

「補助器具を処方するための評価は、使用者の生活場面

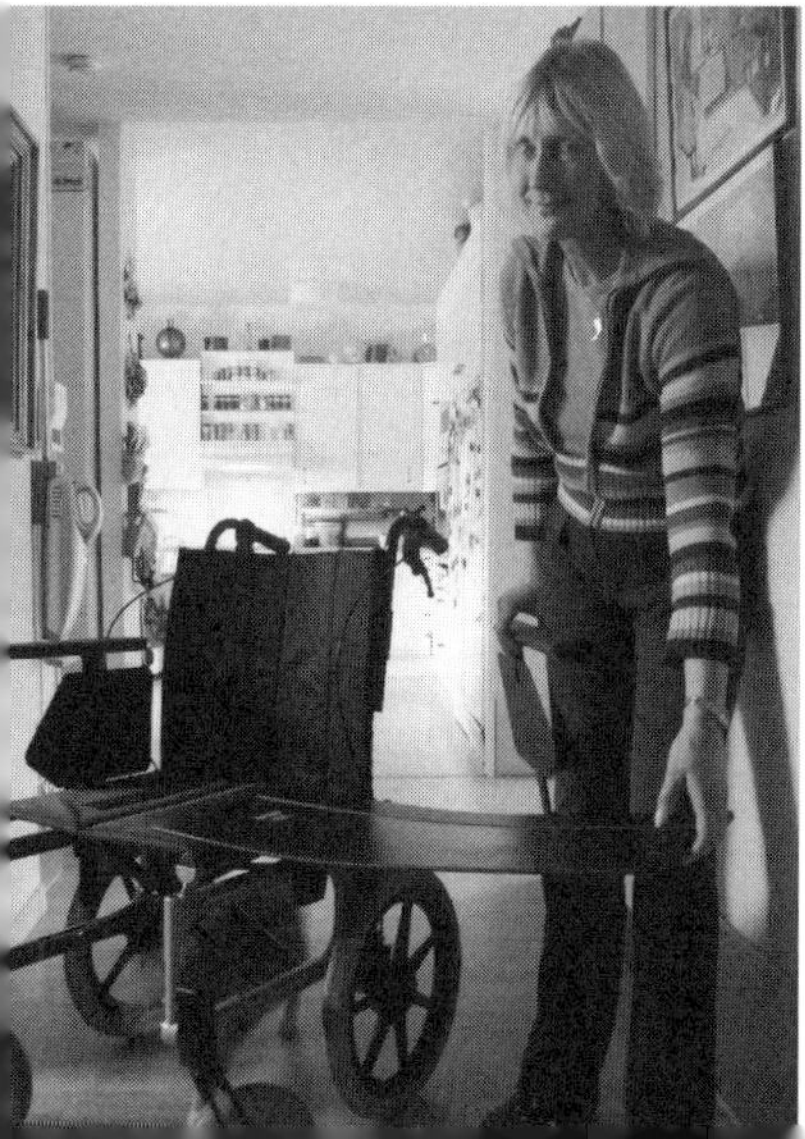

車への移乗用の車椅子

における あらゆる必要性に基づいて導き出されなければならない。すなわち、身体的な必要性だけでなく、心理的な必要性、さらには社会的な必要性に依拠した評価に基づいて補助器具は処方されなければならない。

補助器具の必要性を評価する際の出発点は、使用者自身による必要性である。使用者自身が処方のプロセスに参加して影響力を行使することが基本であり、処方の決定に際しては、使用者自身の機能障害や必要性に関して、本人がもつ経験や知識が保証されるように配慮されなければならない」(http://www.hjalpmedelsguiden.sll.se/)

詳しくは第5章に譲るが、こういった考え方は、「心身機能・身体構造」に影響を及ぼす「環境因子」を整えることが重要であるとする「ＩＣＦ(国際生活機能分類)」の理念にも合致する。良質な補助器具を惜しみなく利用することこそが、重度の機能障害を慢性的に抱える人々にとってはこのうえない理学療法となるのである。

バリアフリーが活動と参加を支える

インゲルのアパートにおいて、すでに済ませている住宅改修には次のようなものがある。大がかりなものとして、玄関前には車椅子用のスロープ、台所には昇降可能なシステムキッチン、さらにリビング、寝室、シャワートイレルームの三部屋には天井走行式リフトが設置されてある。

これに加えて、玄関の錠を遠隔的に操作できるように、玄関の傍の廊下とベッドルームの二か所にインターホン付きのリモコンパネルが設置されている。これらの改修は、言うまでもなく、すべて公費（税金）で賄われている。

雪の降る寒い日に、どのようにして出掛けているのかとインゲルに尋ねてみた。まず服装だが、私たちが着るのと同じダウンジャケットやスキーウェアといった防寒着を、ベッドの上で個人アシスタントに着せてもらうとのことだった。そして、実際に家を出る場合は、事前に時間を予約する運転サービス（介護タクシー）はあまり利用せず、個人アシスタントの助けを借りながら電動車椅子を転がして、バスや電車を利用して出掛ける方法を選んでいる。という

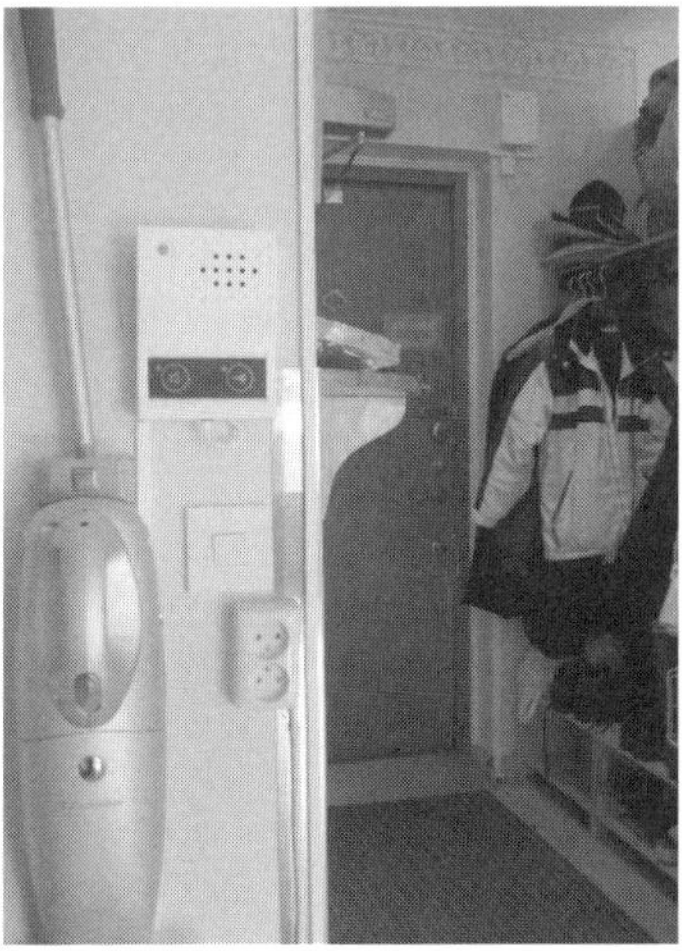

玄関の傍にあるインターホン付きの錠開閉リモコンパネル

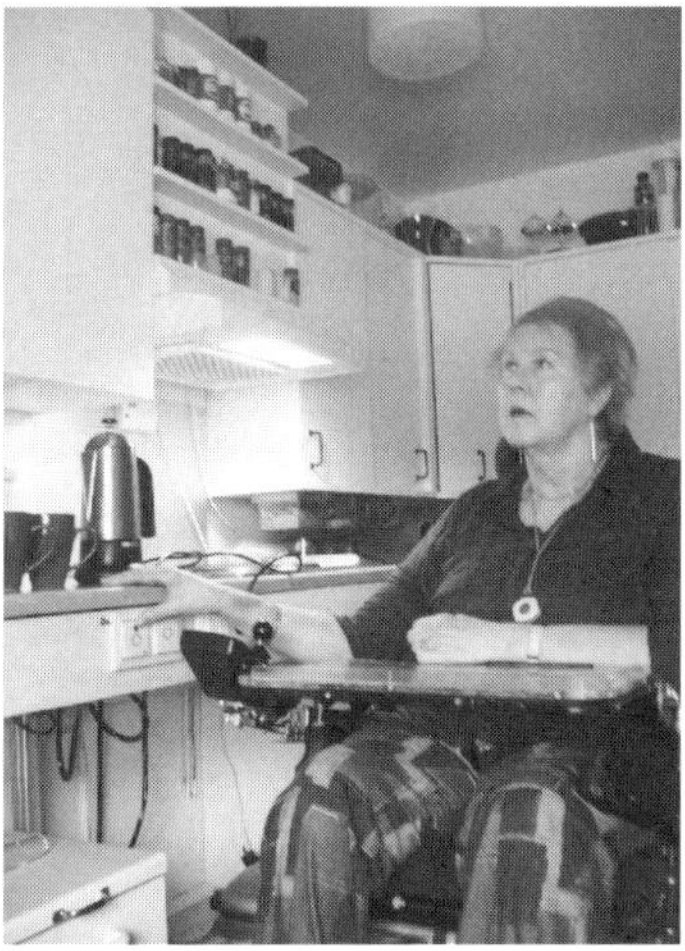

昇降可能なキッチンを操作するインゲル

のも、ほとんど不便を感じずに大概の所には行けるからだ。

「それでもまだ、町の造りは完全とは言えないのよ」と、インゲルがイェンの顔を見ながら次のような話題を提供してくれた。

「スウェーデンでは、私たち障害を抱えた人間から見ると、通りにしても、建物にしても、まだまだ通りにくかったり、入りにくかったりする場所が多いのよ。それで今、国を挙げて、そういう不具合をなくそうという取り組みがはじまっているの」

どういうことかと言うと、スウェーデンでは現在、「Tillgänglighet《ティルイエングリーグヘット》（バリアフリー）」を合言葉に、障害をもつ人々が社会にアクセスしやすくなるための諸施策を進めている。その一貫として、二〇〇〇年の国会で「二〇一〇年末までに『enkelt《エンケルト》 avhjälpta《アヴイエルプタ》 hinder《ヒンデル》（容易に取り除ける障壁）』を解消するための行動計画」が議決され、それに呼応して「計画建築法（**Plan-och bygglagen：PBL**）」が二〇〇一年七月に改正施行された。この時点では、期限までにまだ三年を残しているため、ほとんどの自治体がまだ目標を達成していないが、年々、着々と進められている（**コラム3**を参照）。

ちなみに、運転サービスは、男女を問わず乳母車を押した人も利用できる。インゲルのアパートにおじゃまをしている最中にも、「VIKING《ヴィーキング》（バイキング）」とボディに書かれた運転サービスの大きな車から、乳母車を押した若い女性が颯爽と降りてくる姿がリビングの窓から見られた。

最後に、彼女の経済面について説明しておこう。インゲルの年金額は、手取りで月額約一万クローナ（約一七万円）である。そこから五五〇〇クローナ（約九万三五〇〇円）の家賃を支払っている。

一見すると家賃が高く感じられるが、家賃には地域給湯暖房システムによる暖房費や水道料金が含まれているうえに、冷蔵庫、洗濯機、乾燥機などは備え付けとなっている。また、補助器具のレンタル代や住宅改修費、さらには個人アシスタントを雇う費用などは無料であるため、年金額から家賃を引いた可処分額（約七万六五〇〇円）は、日々の暮らしには決して困らない額であるということが理解できよう。

コラム３　「容易に取り除ける障壁」を解消するとは何か？

いくつかの自治体のホームページを見ると、「容易に取り除ける障壁」を解消する具体例として次のようなものが挙がっている。

・小さな段差の解消。
・手すりの設置。
・重い扉を軽くする。
・危険が予測される場所への注意喚起が促される工夫――例えば、階段の淵に色をつける、透明なガラス窓を認識しやすくする、ドアと壁とを色で区別する、明かりで見やすくする、音が鳴るようにする、など。
・受付カウンターを十分に低くする（車椅子利用者のために）。
・障害者のための駐車スペースの確保。

機能している真冬の生活

一二時までおじゃまをして、一二時三〇分発のバスに乗った。イェヴレ市まで、バスに揺られながら、たった今見知ったことをもう一度頭のなかで整理してみた。

やはりスウェーデンでは、雪深く寒さの厳しい真冬であっても、重度の障害を抱えた人が快適な状態で一人暮らしをしていることが分かる。その理由としては、個人アシスタントの派遣や補助器具のレンタル、そして住宅改修といったものが公費で賄われているという事実だけでなく、一般の人が住む普通のアパートと同様に、障害をもった人が住むアパートにも地域給湯暖房システムによってすべての屋内に暖房が効いているという事実も見逃すことができない。

このシステムによって、寝返りや起き上がりなどの基本動作における介助、そして入浴、整容、更衣といった日常生活の行為におけるケアに長い時間を要する重度の障害をもった人に対しても、夏場の快適な気候のもとで行うのとまったく変わらないペースで介助やケアが提供できている[16]。だから、冬であっても、自分の住み慣れたアパートで快適に住み続ける確率が高くなるのだろう。

そして、そのことによって、重度の障害を抱える人がベッドを離れ、起きて過ごす時間と頻度が増え、廃用症候群[17]と呼ばれる状態に陥らずにすんでいるのである。つまり、普通の生活を送れる環境を確保することが何よりの理学療法であり、リハビリテーションなのである。(詳しくは第5章を参照)。日本における重度の障害を抱えた年金生活者にはあり得ない環境である。

ふと気が付くと、スウェーデンでは珍しくバスが渋滞につかまっていた。その一〇分後、「イェヴレ市まで三・五キロメートル」という標識のある地点で、起こって間もないと思われる玉突き事故の現場をゆっくりと通過した。六台の車がそれぞれ別の方向を向いて道路脇に停まっていて、パトカーも来ている。

事故に巻き込まれた車のうち一台は後部座席がひしゃげていて、別の一台も前部がひどく壊れている。残りの四台も、へこんだり、こすったりした痕が少しずつあるようだ。道路が整備されているうえに除雪作業が頻繁になされているとはいえ、やはりスウェーデンの真冬の道路事情は厳しい。

---

(16)　全屋内暖房の効果は、介助やケアの提供における快適さだけではない。日本で毎年報告される「ヒートショック」と呼ばれる入浴中の死亡事故（脱衣所が寒いため、浴室や浴槽との温度差で血圧が急激に低下し、脳卒中や心筋梗塞で死亡する）の予防にもなる。ちなみに、大阪市だけで、二〇一一年一二月における入浴中の高齢者の死亡者は、前年の二倍に当たる三〇人であった（〈YOMIURI ONLINE〉二〇一二年一月四日）。全屋内暖房が実現すれば、湯船に浸かりたいと思う人が減って、スウェーデンのようにシャワーで済ませようとする人も増えると思われる。そうなれば、ヒートショックによる事故がさらに減少するように思う。

(17)　安静状態が長期にわたって続くことによって起こる、さまざまな心身の機能低下などを指す。「生活不活発病」とも呼ばれる。とくに、病床で寝たきり状態でいることによって起こる症状が多い。具体的には、筋萎縮、関節拘縮、褥瘡《じょくそう》（床ずれ）、廃用性骨萎縮（骨粗鬆症）、起立性低血圧、精神的合併症、括約筋障害（便秘・尿便失禁）などが挙げられる。

2 個人アシスタント制度とは?

個人アシスタント制度とアシスタント給付金

前節で簡単に紹介した個人アシスタント制度は、一九九四年の障害者政策における改革の際にもっとも注目を集め、多くの人々から、その改革における象徴的なものとして捉えられた。というのは、この改革の目的が、障害者の生活場面における独立、自己決定、完全参加と平等を実現することであったからである。

個人アシスタント制度が発足した背景には、多岐にわたる援助を必要とする人が、ホームヘルプサービスによる援助では十分なものが受けられなかったというこれまでの事実がある。ホームヘルプサービスによる援助においては、非常に親密な関係において提供される利用者への支援の内容に対して、利用者自身が影響力をほとんど発揮することができないという場面が数多く見られたし、その援助が、代わる代わる訪ねてくる多くの人によって提供されるということもしばしばだった。

個人アシスタント制度の理念は、できるかぎりその人にあった援助を提供することと、その援助の調整方法に対して、利用者の影響力を最大限に反映させることである。これを叶えるには、利用者にアシスタントの監督者(スーパーバイザー)としての役割を与えるしかない。

個人アシスタント制度は、障害者に対する法律「特定の機能障害者に対する支援とサービスに関する法律」（LSS）のなかで規定されている。また、アシスタント給付金制度は、LSSを補完する「アシスタント給付金法（LASS：Lagen om Assistansersättning）」で規定されている。アシスタント給付金制度の目的は、重度の障害をもつ人が、自分自身で、もしくは提供者（市、アシスタント会社、生活協同組合など）を通じて個人アシスタントを雇うことを経済的に可能にするというものである。すなわち、アシスタント給付金は障害者（利用者）本人に与えられているということだ。

以下で、二〇〇六年に保健福祉庁[18]が発行した文書「Socialstyrelsen Art.no 2006-114-17」を参考にして、その内容を紹介しておこう。

①誰が個人アシスタントを利用できるのか――LSSに基づく支援とサービスを受ける権利をもつすべての人が、個人アシスタント制度やアシスタント給付金制度を利用できるとはかぎらない。個人アシスタント制度を利用するためには、特定の条件を満たしていなければならない。

その条件とは、日常生活における特定の基本的ニーズを満たすために必要な個人的援助、すなわち排泄などの衛生管理、更衣、食事、他者とのコミュニケーションなどに対する援助や、その

（18）（Socialstyrelsen《ソシアルスティーレルセン》）国民の健康、福祉、医療やケアへの平等なアクセスを守るための中央行政官庁。

個人の機能障害に関する詳しい知識を必要とする各種援助を、その人が必要としているということである。

週当たり二〇時間を超える援助を必要とする利用者は、買い物や映画に行くというような日常生活においてのみならず、休日を利用した旅行などにおいても援助を受けることができる。また、成人と同様に、子どもも個人アシスタント制度を利用することは可能である。

個人アシスタントを利用しはじめる人の年齢は、六五歳未満と規定されている。その人が六五歳に達した場合、それまでに認められていた個人アシスタントの利用時間を維持することはできるが、増やすことはできない。歳をとるにつれてより多くの援助が必要になった場合は、ホームヘルプサービスから提供されることになる。

②個人アシスタントは何をするのか——個人アシスタントとは、「その利用者が、その機能障害ゆえに行うことのできないすべてのことをするために必要な援助をする人」と表現することができる。個人アシスタントは、利用者のできない動作、視力障害、知的障害などを補うことができる。その援助は、多くの異なる場面や場所で、限定された数の人によって提供される。利用者には、そのアシスタントが、何を、いつ、どのようにすべきかを決定する権利が与えられている。

個人アシスタントは、利用者の家においてその人の基本的なニーズを支援するだけでなく、利用者が買い物や映画に出掛けるときや勤務中、さらには親戚や友人に会いに行く、休日を過ごすといったような地域での活動においても援助者となる。つまり、援助は、その利用者が過ごす場所で提供されているということである。

③個人アシスタント制度における責任の分轄――個人アシスタント制度とアシスタント給付金に関する責任は、市と中央政府（社会保険事務所）によって分轄されている。利用者が基本的ニーズを満たすために、週二〇時間を超えて個人アシスタントを必要とする場合は、社会保険事務所がそのアシスタント給付金に関する決定を行う。二〇時間以下の場合には市が決定する。

④個人アシスタントは一日につき何時間受けられるのか――アシスタント給付金は、利用者が一定の期間において利用することを認められたアシスタント時間数に基づいて利用者本人に与えられる。すなわち、利用者が基本的ニーズを満たすためと、そのほかの個人的な支援を受けるために必要な時間数に応じて提供される。

個人アシスタントを利用できる時間数には、理論上制限はない。というのは、重度の機能障害を抱えた利用者は、二人以上の個人アシスタントを同時に必要とする可能性があるからである。重度の障害をもつ人のなかには、一日二四時間にわたって個人アシスタントを利用している人もおり、それによって自立した生活が可能となっている。

⑤個人アシスタントはどのようにして調整されているのか——法律は、援助を受ける人自身が、

その援助の提供のされ方について、かなりの影響力をもつことができるようにつくられている。アシスタント給付金は、機能障害をもつ利用者に直接支払われるため、利用者本人が、一人もしくは数人のアシスタントを雇うことができるようになっている。

利用者は、市、アシスタント会社、もしくは生活協同組合からアシスタントを雇うことができるわけだが、世帯をともにする家族の一員をアシスタントとして雇うことは原則としてはできない。たとえば、ある障害者の女性が、自分の夫を個人アシスタントとして雇いたいというような場合は、市、アシスタント会社、もしくは生活協同組合に対して了解をとらなければならない(19)。

個人アシスタントになるための資格と求められる資質は?

個人アシスタントになるための国家資格や認定資格、修業要件というものはない。基本的には、誰でもなることができる。よって、高校を卒業してすぐにある利用者の個人アシスタントになって、その利用者本人から実地で指導を受けつつ仕事をはじめるという人もいる。一方、全国各地にある「国民高等学校(folkhögskola《フォルクヘッグスコーラ》)(20)」や民間学校には養成コースが用意されているので(多くは一年)、そこを修了してからなるという人もいる。また、准看護師や療法士の資格をもっている人が、本職を辞めて個人アシスタントになるという場合もある(21)。

重度の機能障害をもつ人々の生活を支えることを目的として設立された「JAG《ヨーグ》」という協会

のホームページ（http://w1.jag.se/）のなかに、次のようなQ&Aが載っている。個人アシスタントに求められている資質を的確に表していると思うので、紹介しておく。

質問　個人アシスタントとして仕事をするにあたって、とくに重要とされる知識や教育歴は何ですか？

答え　個人アシスタントとして働くのに理想的とされる経歴を身につけるための養成コースや教育歴を、明確に示すことは非常に難しいです。それよりもむしろ、熱意、共感、献身、信頼される振る舞い、独創力、決断力などの人格や特性を有していることが求められている、と表現するほうが的確でしょう。スウェーデンには、個人アシスタントになるための教育を提供する国民高等学校が数多くありますが、その教育の内容は、必ずしもすべての利用者にとって十分なものとはなっていません。ある場面においては、看護とケアの分野における教育プログラムが、大いに、ときには決定的に必要となります。また、他の場面においては、あ

（19）　必然性が認められれば大抵許可される。詳しくは、第4章の二四五～二五五ページを参照。

（20）　北欧における成人教育のための学校形態。一八四四年にデンマークではじまった。デンマークでは「フォルケホイスコーレ（Folkehøjskole）」と呼ばれている。二〇一二年現在、スウェーデンには一五〇校ある。プログラムは多彩で、短期コースから長期コースまで用意されている。

（21）（undersköterska）《ウンデルフェッテシュカ》高校や成人学校のプログラムを修了してなるのが一般的である。

る種の教育学を修めた経歴をもっていれば大いに貢献することになるでしょう。ちなみに、関連職種での職業経験は多くの場合において役に立ちますが、必要条件とはなりません。

意味深い、素晴らしい答えである。二〇〇〇年に初めてスウェーデンを訪れて以来、数多くの個人アシスタントに出会ってきたが、みんな「顧客」である障害者との生活を楽しんでいるという印象があった。その秘訣の一つが、この回答文に表れているように思う。

一方、資格や肩書きを優先し、人物評価は二の次としている日本では、障害を抱えた人に親身にかかわるという点において、真に優れた人材が集まりにくくなっている。近年、国内の介護労働者不足を補うために外国からの労働者を受け入れようとしているが、その際においても、採用の条件として日本の国家資格を取得することを最優先させているため、彼らの力を有効に活用できていないという問題が指摘されている。この点においても、スウェーデンのような発想を取り入れていくべきであろう。

個人アシスタントの給付金はいくらか？

社会保険事務所は、利用者からの申請に基づいて、その利用者がアシスタント給付金を得る権利を有することをまず決定する。次いで、何時間分の給付金を支払うかを決定する。

給付金は、毎年、政府によって改定される標準額（二〇一一年は時間当たり二五八クローナ＝

約三三五〇円）に基づいて支払われている。特別な場合において、利用者は最高二八九クローナ（これも二〇一一年における時間当たりの額＝約三七六〇円）まで申請することが可能となっている。特別な場合とは、標準額よりも高い給料を必要とする特別な教育を受けたアシスタントを雇う必要があるときや、援助のほとんどが規定外の時間帯に行われる場合などである（ホームページ「個人アシスタンス」（http://www.personligassistans.com/）を参考に作成）。

個人アシスタントに関する統計的なこと

ここでは、個人アシスタントの利用者数と利用時間、個人アシスタント数、個人アシスタントを調整する事業者の形態別内訳と民間事業者数、団体協約について、スウェーデン全体における統計的な数字を紹介したい。参考にしたのは、ストックホルムに事務所をもつ「自立生活研究所（Independent Living Institute：ＩＬＩ）」のホームページ（http://www.independentliving.org/）である。

①個人アシスタントによる援助の実績——二〇一一年九月現在、社会保険事務所からアシスタント給付金を受けている人は一万五九三七人となっている。利用者一人の週当たりのアシスタント平均利用時間は約一一五時間（一日当たり一六時間強）で、男性が約一一六時間、女性が約一一四時間となっている。全体のアシスタント利用時間数の男女比は、男性五三・七パーセント、女

性四六・三パーセントである。これに加えて、市のＬＳＳ部に認められて個人アシスタントを利用している人が約三六〇〇人いる（二〇一〇年一二月）[22]。

②個人アシスタント数——フルタイムに換算すると約四万五〇〇〇人となるが、実際はパートタイムも多いので、約七万人（人口比から日本に置き換えると九九万人強に当たる）と推定される。

③利用者が個人アシスタントを雇う際に選択する調整事業者の内訳——調整事業者は次の通りである。利用者の四二・七パーセントが市を、四四・一パーセントが民間事業者を、一〇・五パーセントが生活協同組合をそれぞれ通して雇っている。残りの二・六パーセントの利用者は、どこも通させずに自らが直接雇っている。

④個人アシスタントを調整する民間事業者——全国で約九〇〇社にも上る私事業者が存在すると推定される。たった一人の利用者しかいない企業から、一〇〇〇人を超える利用者を抱える企業までと幅広い。

⑤団体協約——雇用者団体には四つあり、それぞれ異なる団体協約をもっている。その四つの団体とは、「Pacta《パクタ》」（市と県が運営主体）、「KFS《コーエフエス》」、「KFO《コーエフオー》」、「Vårdföretagarna《ヴォードフェーレターガナ》」である。

民間事業者が利用者の希望に基づいて個人アシスタントを募集する広告の例

前述したように、個人アシスタントは市、民間事業者、生活協同組合などを通して募集されるが、それらの募集広告文は各種ホームページに掲載されている。ここでは、民間事業者が「雇用サービス庁（Arbetsförmedlingen）」のホームページ（http://www.arbetsformedlingen.se/）上で、女性の個人アシスタントを募集している例を紹介する。

個人アシスタント募集――「○○AB（株式会社○○）」（二〇一一年一一月一六日）

お客様は一〇代の女性で、セーデルショーピン市で家族とともに暮らしています。アシスタント業務を行う場所は、お客様がおられる所です。すなわち、家の中であったり、町中であったり、今まさにお客様がおられる所となります。

人に対して献身的で、相手を尊重し、誰かの助けになりたいという人を私たちは求めています。自分の職務に対して熱心で、注意深く、そして臨機応変な対応ができることも重要で

---

(22)　個人アシスタントによる援助を受けている人は、少なくとも約一万九五〇〇人もいるということになる。日本に置き換えると、人口比（約九〇〇〇万人対約一億二八〇〇万人）からして、なんと二七万人強に相当する。

す。お客様は乗馬をされますので、馬が苦手ではなく、乗馬の手助けをできる人を求めています。雇用の必要条件は、自動車の普通免許をもっていることです。

（中略）

仕事は、主として午後、夕方、そして休日です。それに、一か月に四回ほど、夜中の見守りもお願いします。勤務時間は五〇パーセント（フルタイムの半分）です。ただし、必要に応じて、時間外にも仕事をしていただけたらありがたいです。

お客様は、二〇歳から三〇歳までの女性を希望しておられます。

（中略）

なお、お客様は未成年のため、アシスタントを希望する方には、法律に基づいて犯罪歴の確認をさせていただいております。その処理には少なくとも二週間を要しますので、まだ確認書をお持ちでない方は、早めにご用意下さいますようお願い致します。

3 スーネ・ボーゲフォシュ (Sune Bogefors)
—パーキンソン病と慢性関節リウマチを患いながら、高齢者向けのケア付き集合住宅に暮らす

二月二一日水曜日、六時四五分、携帯電話のアラーム音で目が覚めた。イェーテ家に滞在して三日目の朝である。キッチンの窓から外を眺めると、たくさんのふわふわとした大きな雪の粒が静かに落ちてきている。窓の外の寒暖計はマイナス一八度を指している。昨日と同様、イェーテは早々と仕事に出掛けてしまっている。

私の今日の予定は、イェヴレ市内にある高齢者向けのケア付き集合住宅に住むスーネ・ボーゲフォシュという六八歳の男性宅を訪ねて、彼の暮らしぶりを取材することである。彼は、パーキンソン病[23]と慢性関節リウマチ[24]を患っている。

と同時に、その高齢者用の集合住宅で、〈イェフレ・ダーグブラード紙〉から私が取材を受け

(23) 脳内の黒質にある神経細胞が減ることにより、運動を円滑に行うための神経伝達物質であるドパミンが減少して起こる病気。中高齢者に発症し、一〇万人当たり一〇〇人以上はいるとされる。片側の手や足が何とはなしに震える、動きが鈍くなる、歩き方が遅くなる、という症状が本疾患を疑うきっかけになる。

(24) 全身の関節に慢性的な炎症が起こる病気。自己免疫疾患の一つと考えられている。主に指、手、手首、膝、足、足首などに痛みと腫れを生じ、増悪と寛解を繰り返しながら徐々に進行する。ひどくなると関節が変形し、動かなくなる。女性に多く、二〇～五〇歳代で発症する。

ることにもなっている。この新聞は、イェヴレボリ県を代表する地方紙である。スーネや新聞社のスタッフとの待ち合わせは一〇時で、ここからバスで一五分ほどの所なので、昨日よりもゆっくりと朝を過ごすことができるのでありがたい。

私は、イェーテご自慢の大きな冷蔵庫（と言っても、備え付けだが）を開けて、朝食の準備に取り掛かった。メニューは、茶色で繊維質の多い食パンに濃厚なチーズとトマトと赤パプリカ、それにスウェーデン人であれば誰もが知っているチューブ入りカヴィア（魚の卵の塩漬け）を載せたオープンサンドを二枚と、「ミュースリ（müsli）」という名のシリアルに牛乳をかけたもの、そして紅茶というごくシンプルな取り合わせにした。

七時すぎ、キッチンに座り、窓の外を眺めながらオープンサンドをかじっていると、昨日と同様、アパートの前を除雪車が通っていった。

高齢者向けケア付き集合住宅「ヴァロンゴーデン（Vallongården）」へ向かう

シャワーを浴び、仕度を整えて、九時三〇分の少し前にアパートを出た。ディム通りの停留所から、昨日よりも一時間遅い九時三三分発の3番の路線バスに乗った。降る雪が顔にかからないようにうつむき加減になりながら、歩道を足早に歩く人たちが車窓から見える。カーセルン通りの、雪を被った森の木々や一戸建ての家々の美しい景色を楽しんでいると、あっという間にヴァロンゴーデンの最寄りの停留所に着いた。この辺りはセーデルテュルという地区に属し、イェヴレ市の中心街である大広場から南へ一・五キロメートルほどの所に位置している。

降りたバス停からスーネの住む集合住宅に向かう道すがら、まず目に付くのが、広大な敷地をもつ「セーデルテュル保健センター（Södertulls hälsocentral）」と呼ばれる三階建ての建物で、ここにはイェヴレボリ県が運営する一次医療センター、薬局、リハビリスタッフの事務所、中間施設、さらにはイェヴレ市が運営するリハビリテーション部などが入っている。

少し離れた所から眺めてみると、枝が綿のような雪で縁取りされた木々越しに、保健センターの赤レンガの建物、それに隣接しているアイボリーホワイトの外壁の建物が静かに調和していた。何気ない公共の建物だが、品のある美しさが備わっているところもスウェーデンらしい。

アイボリーホワイトの建物に近づきながら、その外壁にふと目をやると、白地の金属板に黒色で描かれた犬の絵があって、その下に金属のフックが取り付けてあった。なるほど、飼い犬をつなぎ留めておく場所らしい。犬の散歩がてら、このセンターを訪れるお年寄りの姿が目に浮かぶ。

地元新聞から取材を受ける

足元を確かめながら、ここからさらに五分ほど歩き、約束した一〇時ちょうどにスーネの住む集合住宅「ヴァロンゴーデン」に

セーデルテュル保健センター

到着した。服や靴に付いた雪を落としながら玄関を入ると、広いロビーで、焦げ茶色の皮のジャケットと青みがかったグレーのスラックスを身につけて車椅子に乗っている男性と、そのうしろで車椅子のハンドルに手をかけている女性がすでに待っていた。おそらく、この男性がスーネであろう。

私は二人を見比べながら、どちらから先に挨拶をすべきかと迷っていると、女性のほうが私を目的の人物であると確信したように車椅子のうしろから前に出てきて、微笑みながら私に手を伸ばしてくれた。スーネの妻であろうと思われるその女性は「ビギッタ」と名乗り、「わざわざ訪ねてくれてありがとう」と言ってくれた。私も、今回の取材を快く受けてくれたことへの感謝の気持ちを二人に伝えた。

ほどなくして、若い女性と年配の男性が玄関から入ってきた。女性は、迷いのない表情で私たちのほうに向かってきて、三人それぞれに握手を求めながら、「イェフレ・ダーグブラード紙のアンナ・バッゲ（Anna Bagge）です」とはっきりした声で自己紹介をしてくれた。続いて、うしろの男性とも握手を交わした。アンナは記者で、男性のほうはカメラマンということであった。

まずはアンナが、私に「今日の取材を受けてくれて大変感謝します」と言ってくれた。そして、「スウェーデン語と英語のどちらで話すのがいいですか」と英語で聞いてきた。それに対して私

ヴァロンゴーデン

が、スウェーデン語と英語を交ぜながら外国人と会話をする場合にスウェーデン人自身がよく使う「スウィングリッシュ（Swenglish）で話しましょう！」というフレーズをスウェーデン語で返すと、アンナは白い歯を出して「オーケー！」と軽快に了解してくれた。これで、一気に緊張感がほぐれた。

早速、玄関前のロビーで、お互いに立ったまま私に対する取材がはじまった。「今回のイェヴレ訪問の目的は何か？」、「スウェーデンに興味をもつようになったのはどうしてか？」、「二〇〇六年に出版したスウェーデンのケアとリハビリに関する本の内容はどういうものか？」、「ケア現場や制度に関するスウェーデンと日本における大きな違いは何か？」など、アンナは順を追って要領よく質問してきた。おそらく、事前に十分に練ってきたのであろう。

スウェーデン語交じりの英語で私は、「今回の旅の目的は、雪深い真冬のスウェーデンにおける障害をもつ人々の暮らしを知ることです。その思いのきっかけとなったのは、以前に私が書いた本に対して読者からいただいた感想でした……」と話しはじめ、続けてその感想や本に記した内容を思い出しながら先の質問に答えていった。

インタビューに答えたあと、ここからはスーネを交えての写真撮影となった。カメラマンの提案で、ヴァロンゴーデンのすぐ前の通りで、私がスーネの乗った車椅子を押しながら、雪道で車椅子が機能するかどうかを確かめているシーンを撮影するということになった。

実は、一昨日の夜、二年ほど前に一度訪ねたことのあるイェヴレ市郊外の認知症者が多く暮らす高齢者向けケア付き集合住宅で准看護師として働いている女性と久しぶりに電話で話した際、スウェーデンの施設では、零下の雪のなかであっても、希望する人には散歩の機会を確保するのが一般的で、常勤職員だけでは人手が足りないときには散歩専用の臨時職員を雇うことすらあるという話を聞いていたので、このときのカメラマンの提案に私は驚くことはなかった。そして、もちろんスーネも快くオーケーしてくれた。

ジャケットを着ているスーネに三色のチェックのマフラー、黒の手袋、黒のハンチング帽とビギッタが着せていって、最後に明るいブルーのひざ掛けで太腿から足首までを覆って準備完了となった。

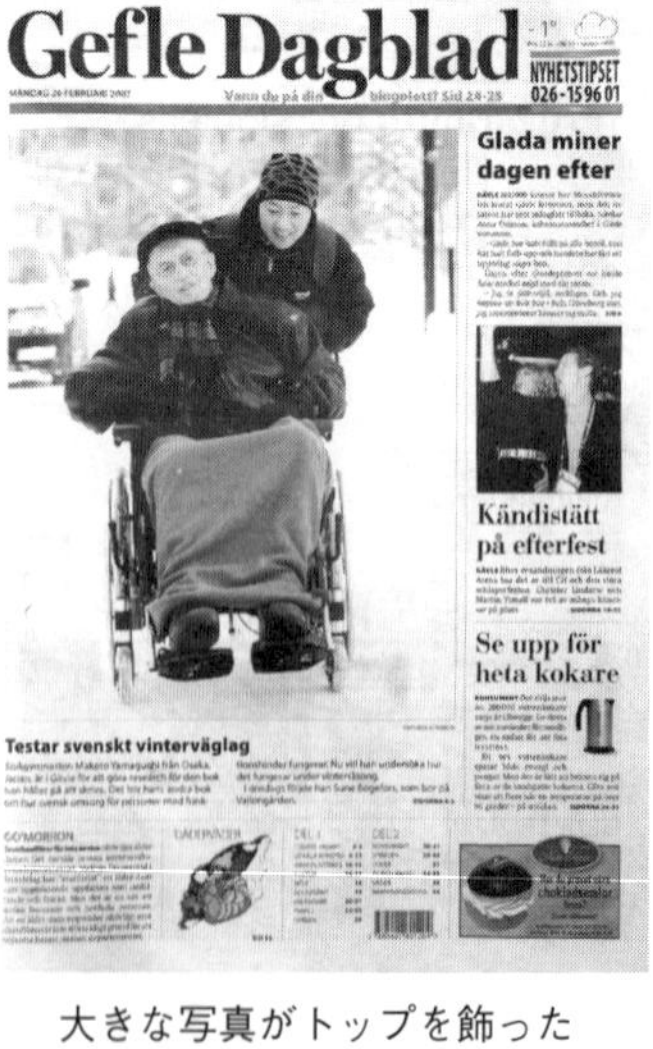
Gefle Dagblad

NYHETSTIPSET 026-15 96 01

Glada miner dagen efter

Kändistätt på efterfest

Se upp för heta kokare

Testar svenskt vinterväglag

大きな写真がトップを飾った

スーネの車椅子を押しながら、私は玄関から通りへと出た。カメラマンは、数メートル先に小走りに走っていってカメラを構え、私たちを前から狙い出した。ここで、少し緊張気味の面持ちの私に対して、「リラックスした雰囲気でスーネの耳元で語りかけるように」との注文がカメラマンから飛んだ。そこで、私がスーネの耳に口を近づけて、「寒くない？　気分はどう？」と尋ねながら顔をほころばせると、「大丈夫。楽しいよ」とスーネも笑顔で答えてくれた。

このあと、カメラマンは私たちの横やうしろに素早く回り込んでは、ときおり簡単な指示を出しながら幾度かシャッターを切った。そして撮影の最後に、「二人のいい表情が撮れました。協力、どうもありがとう」とカメラマンが言い、アンナは、「もし、何か尋ね忘れたことがあったら、イェーテを通じて再度連絡を入れるかもしれません」と言ったあとに「本当にありがとう」と言い、握手とともに少しはにかんだ表情で日本人がするように軽く会釈をして車に乗り込んだ。

時間にしてほんの三〇分間ほどの、あっという間の取材であったが、とても新鮮で、思い出に残る時間であった。この時点で、早くも記事[25]ができあがるのを楽しみにしていた。

スーネの部屋におじゃまをする

さて、ここからはいよいよ私がスーネを取材する時間である。

玄関前のロビーから場所を変えて、スーネの部屋でくつろぎながら話をしようということになった。ビギッタがスーネの車椅子を押してエレベーターに乗り、私もそのあとに続いた。「F・H

(25)　スウェーデンの新聞では、ほとんどすべての記事に、記者の顔写真、名前、連絡先が掲載されている。

ヴァロンゴーデン内の共用スペース

棟」と呼ばれている二階のフロアで降りる。広い共用スペースで音楽に合わせて体操をしている人たちを遠目に眺めながら、そちらとは反対側の廊下を通ってスーネの部屋へと向かった。

部屋に入ると、遠くまで見わたせる二つの大きな窓と、黒のモノトーンの花の絵が描かれた白いレースのカーテンが目を引いた。外の景色を眺めながら、ビギッタがすすめてくれた椅子に私は腰掛けた。

早速、スーネが「去年の一二月には雪が降らなくてホワイトクリスマスにならなかったけれど、この一週間はたくさん雪が降って冬らしくなったよ。そういえば、明日から日本の札幌でスキーの世界大会が開かれることは知っているかい？」と話しかけてきたので、私は驚いて彼を見返した。するとビギッタが、

立位介助式リフトで立つスーネ

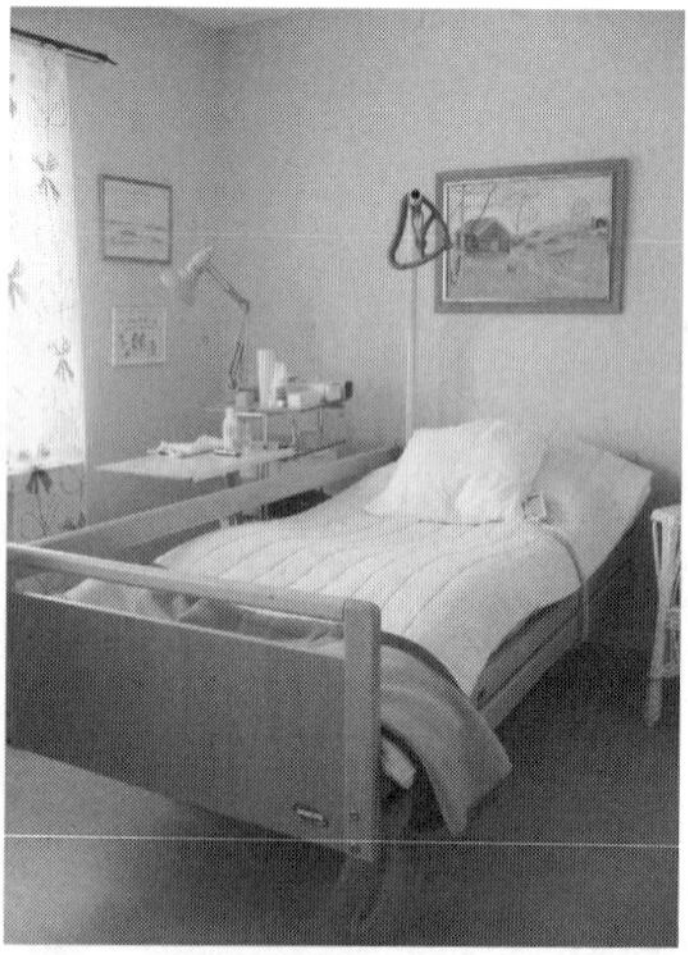

多機能ベッド

「スーネはテレビでスポーツを見るのが大好きだから、スポーツのことなら外国で開かれる大会にも詳しいのよ」と教えてくれた。

改めて部屋の中を見回すと、これまでにも何度も目にしてきた床上立位介助式リフト、立位練習機、自転車型ペダル踏み運動器といった大型の補助器具やリハビリ機器が置いてあることに気が付いた。また、ベッドも多機能なものとなっており、上半身の上げ下げと膝関節部の曲げ伸ばしが行えると同時に、足関節部だけの上げ下げもできるという優れものとなっていた(26)。そのほかにも、テレビ、ソファ、大きな戸棚などがある。その戸棚には、破顔してポーズをとっている人たちやコミカルな表情をした猫の写真が所狭しと飾られていた。

ところで、スウェーデンのケア付き集合住宅では、こういった家具類は、長年にわたって自らが愛用してきたものを持ち込むことが一般的となっている。ただし、手持ちの家具がなくて部屋が殺風景になってしまうというような場合には、市から無料で借りることができる。

戸棚の写真について質問をしてみた。パーキンソン病の影響で発音がままならないスーネだが、聞き取るのにさほど苦労はしない。彼によると、写っているのは彼の両親、四人の子ども、九人の孫たち、それに小学生のころの自分だそうだ。それらの写真に目を細めながらスーネは、「ハ

(26) リフトはLiko社、ベッドはINVACARE社、車椅子はEMINEO社、ペダル踏み運動器はFOLLO FUTURA AS社、立位練習機はSPACEMAKER社。

ルスベリ市に住んでいる四二歳の長女のエヴァが、子どもたちのなかではもっとも多く電話をかけてきてくれるし、訪問もしてくれるんだよ」と嬉しそうに語ってくれた。ハルスベリ市とは、ダーラナ県（Lanstinget Dalarna）とヴェストマンランド県（Lanstinget Västmanland）を間に挟んで、イェヴレ市から南西に二〇〇キロメートルほどの所にある小さな自治体である。

新聞の「出会い欄」で知り合った二人

二人から、スーネの病気のことやこれまでの人生、そして集合住宅での暮らしぶりなどについて話を聞いた。

スーネは、一九九六年、五七歳のときにパーキンソン病と慢性関節リウマチを発症した。彼を担当している理学療法士のイェーテとビギッタの話からすると、慢性関節リウマチの症状はここ一年でかなり進行したようだ。また、昨年には右肩関節の手術もしたが、結果は芳しくなく、可動域の制限(27)が残ってしまったとも言っていた。現在の障害は、それに加えて、パーキンソン病による重度のバランス障害と筋の固縮、さらには慢性関節リウマチによる手指を含む両上肢の各関節における軽度から中等度の拘縮(28)などである。

ベッド上での寝返り、起き上がり、坐位姿勢の保持といった基本動作、更衣動作、車椅子での移動動作、排泄、入浴などには全般的な介助が必要である。食事は、準備さえしてあげれば、あとはスプーンでなんとか自分で食べられるとのことだ。また、今のところは、嚥下《えんげ》する能力には問題はないということだった。

スーネが生まれたのは、スウェーデンの首都であるストックホルム市から北東へ五〇キロメートルほどの海沿いにあるノルテリエ市という所で、ここイェヴレ市に移り住んでからは二二年になるという。ビギッタと知り合ったのは、二三年前の一九八四年ごろとのことである。〈エクスプレッセン・ストックホルム（Expressen Stockholm）〉というタブロイド判の夕刊紙に載っていた「出会い欄」の記事を見て、ビギッタに手紙を出したのが交際のはじまりだった、と少し照れながらスーネが話してくれた。実は、ビギッタは正式な妻ではなく、いわゆる同棲者[29]である。したがって、彼女の姓は「ボーゲフォシュ」ではなく「テュンベリ（Thunberg）」のままである。

スーネは、一九五五年から一九九六年までの四二年間、肉屋の主人として二つの店舗を経営してきた。病気になるまでの彼の趣味はスポーツをすることで、とくにアイスホッケーとサッカー

---

(27)　各々の関節には生理的に正常とされる運動範囲が示されているが、その範囲が何らかの機序《きじょ》により制限された状態。次註に示した拘縮はその典型例である。

(28)　固縮とは、筋肉が硬くなって滑らかな動きが損なわれる状態。拘縮とは、筋肉や関節が固まって動かなくなる状態。

(29)　スウェーデン語で「sambofórhållande《サンボフェルホッランデ》」と呼ばれている同居の形態。同居相手を「サンボ」と呼ぶ。日本語では「事実婚」や「同棲」と訳すしかないが、日本におけるそれとは大きく異なる。「サンボ法（sambo-lag）」で規定され、社会的にも認知されている。

が得意だったと言っていた。

ヴァロンゴーデンでの生活における満足度

スーネは、この集合住宅での生活には概ね満足しているものの、居住者のほとんどが八〇歳以上の女性であるために会話や趣味が合わないことなどが理由で、ビギッタと一緒に個人アシスタントの助けを借りながら自宅で暮らしたいという本音を語ってくれた。残念ながら、個人アシスタントを利用できる権利を得るほどの重い障害をもつことになったのが一年半くらい前で、そのときはすでに六五歳に達していたために、サービス利用開始時の年齢を六五歳未満とするLSS法に基づくサービスは利用することができなかったのである。

それでも、もちろん、社会福祉サービス法（SoL）に基づいて一日に数回来てくれるホームヘルパー（多くは准看護師の資格をもつ）や夜間パトロールチームに支えられてビギッタの介護量はずいぶん軽減され、数年間にわたって自宅暮らしを続けてきたのである。しかし、入れ代わり立ち代わりやって来るホームヘルパーたちに対して、スーネの障害やケアの内容について同じ説明を何度も繰り返すことが二人にとっては面倒になり、二〇〇六年一月、ヴァロンゴーデンに入ることを決めたのだ、とビギッタが語ってくれた。

この点に関して少し補足しておこう。たとえスウェーデンでも、重い障害をもった場合、それ以前とは生活が一変するし、本人や家族の思いを完全に満たすということも場合によっては難しい。しかし、その満たされない部分の大きさは、日本に比べれば非常に小さいと言える。というのは、スウェーデンでは、重い障害を抱えた高齢者が自宅に住む場合、一日に何度も訪れるホームヘルプや夜間パトロール、さらには数種類にも及ぶ補助器具のレンタルといった各種サービスを極低額の自己負担で利用できるうえに、大掛かりな住宅改修も無料でしてもらえるので、介護にまつわる家族の負担を大きく減らすことができるからだ。

また、スーネのように施設で暮らす場合であっても、眺めのよい個室が与えられ、ほとんどの補助器具を個人用として無料でレンタルできるうえに、首からぶら下げたアラームコールを押せばすぐにスタッフが来てくれて、毎回の移乗の介助やさまざまなケアを実にゆっくりと、快適にしてもらえるようになっている[30]。

運転サービスと月収支

現在、ビギッタが一人で住んでいる彼の自宅は、イェヴレ市の中心部から北西へ五キロメートルの所にあるセートラ地区（Sätra）のフェルツパット通り（Fältspatvägen）にあり、ヴァロン

(30)　近年、日本においても、全室個室・ユニットケアを売りにした「新型特養」と呼ばれる集合住宅が登場しているが、その多くは住宅としての機能が不十分で、補助器具もほとんど整備されていないなどの問題点が早くも指摘されており、重度の障害を抱えた人が快適に暮らせる環境にはほど遠いものとなっている。

ゴーデンからは車で一〇分くらいとのことである。[31] スーネは、普通の乗用車の乗り降りが困難なので、自宅に帰る際には運転サービスを利用している。このサービスで使用される車は、後部から車椅子ごと乗降できるタイプなのでとても便利だと、ビギッタが教えてくれた。利用料金は、片道二五クローナ（約四二五円）とのことだった。

ところで、スーネの経済面に関して説明すると、年金額と障害者手当金を合わせた手取り月額は一万二九〇〇クローナ（約二一万九三〇〇円）[32] であり、そこからヴァロンゴーデンの家賃（光熱費・水道代を含む）、食費、洗濯代を合わせた七七〇〇クローナ（約一三万九〇〇〇円）とケア費の自己負担分として一六一二クローナ（約二万七四〇四円）[33] を支払っている。したがって、これらの必要経費を差し引いても、毎月三五八八クローナ（約六万九九六円）が自由に使えるお金として確保されている。

できることは自分でする

ヴァロンゴーデンにおける一日のタイムテーブルは、もちろんスーネ自身が決めている。八時くらいに起きて、准看護師に介助してもらって床上立位介助式リフトを使用してシャワートイレ椅子に移乗してからシャワートイレルームに行くのが、通常の一日のはじまり方である。

スーネによると、首からぶら下げたアラームコールを押すのは一日に一〇回程度で、夜間はときどきとのことだ。呼ぶ用件は、ベッド上で身体の位置を変えてもらうようなちょっとした介助から排泄介助に至るまでさまざまということだった。

私と話をしながら、スーネがアラームコールを鳴らした。普段、自室でやっているペダル踏み運動を私に見せるため、機器のセッティングをしてもらおうと准看護師を呼んだのだ。約一分後、レーナという名の准看護師がやって来た。レーナは、折り畳み式の機器をスーネの部屋の戸棚の横から取り出して広げ、ペダル部をスーネの両足に取り付けた。スーネは、まだまだ脚の力は十分に残っていることを私に誇示するかのように、とても得意気に漕いでみせてくれた。

スーネに処方されている理学療法のメニューとしては、このほかに、週一回、理学療法士（イエーテ）の指導のもとで行われる手と脚の自動運動練習と、同じく彼による関節可動域を広げる徒手的治療（ストレッチング）、そして毎週木曜日のプールでの理学療法となっている。また、立位練習を随時自室内で行っているが、その機器のセッティングは、ペダル踏み運動をする場合

(31)　スーネの家は、隣同士が壁でつながった「radhus《ラードヒュース》」と呼ばれるタイプの建売住宅。

(32)　詳細に記すと、税込みの一か月の年金額は一万六五〇〇クローナ（約二八万五〇〇〇円）で、そこから税を引いた手取り額は一万一七〇〇クローナ（約一九万八九〇〇円）となるが、これに障害者手当金一二〇〇クローナ（約二万四〇〇〇円）が加えられるので、一か月の手取り額は一万二九〇〇クローナ（約二一万九三〇〇円）となる。（一クローナ＝一七円で換算）

(33)　この一六一二クローナというのは、国が定める二〇〇七年におけるケア費の自己負担額の最高限度額に当たる。この最高限度額は、物価の変動などを考慮して毎年更新されている。ちなみに、二〇一二年においては一七六〇クローナである。

と同じように准看護師であるスタッフたちの役目となっている。

プールでの理学療法は、スーネの筋肉の過緊張状態がさらに進行してきたために、つい最近、医師の処方によって開始されたそうだ。とりあえずは、週一回の頻度で一〇回分が処方されている。スーネによると、プールの水温は三七度に設定されていて、水中で運動をするのにはちょうどよい温度らしい。偶然にも翌日が木曜日だったので、その様子を取材させてもらうことにした。

このあとスーネが、床上立位介助式リフトを使って移乗する方法を見せてくれた。ビギッタが介助役だ。車椅子に腰掛けたスーネの両脇の下から背中に専用のベルトを回して、その端をリフトのフックに引っ掛けた。ビギッタがボタンを操作すると、スーネがゆっくりと立ち上がった。満足げにポーズをとるスーネを見ながらビギッタが私に言った。

「スーネには、こんなふうにリフトの助けを借りれば立ち上がる能力はまだ十分あるし、本人も自分の力を使って少しでも立ち上がりたいから、立位式のリフトを選んだのよ。これを使わずに立ち上がりの介助をしようとすると、介助する人が大変だし、スーネにも苦痛を強いることにな

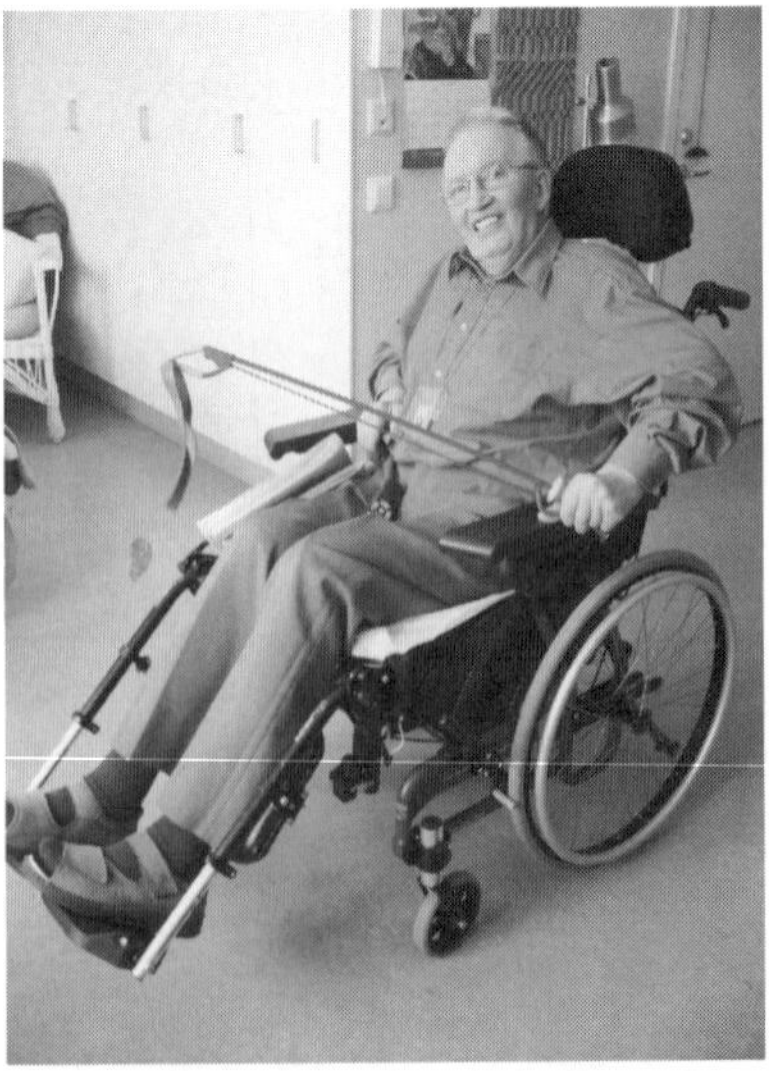

できることは自分でするのがモットー

るの。そういう意味で、このタイプのリフトがスーネには合っているわ」

この言葉に私はふと、いまだに信じられないような介助を行っている日本の介護現場を思い出してしまった。つい最近、古くからの知人のお見舞いのために訪問した、ある施設で見かけたシーンである。

どう頑張っても自力では立てそうにない、つまり立つ能力を機能的に失ってしまっている障害者を車椅子から便器へ移乗させるシーンにたまたま出くわした。本来であれば、リフトを利用した介助を必要とする場面である。にもかかわらず、介護士がその人のズボンのベルト部などを把持して、「ハイッ！　頑張って立ちなさい。やる気がないんじゃないの？」などときつい言葉を投げかけながら、無理やり引き上げて立たせようとしていたのだ。いじめにも等しい介助だと、そのとき思ったのを覚えている。

とはいえ、このとき私は少し離れた所から見ているだけで、その介護士に対して何も言うことができなかった。言えるような雰囲気ではなかったというのがその理由であるが、もし注意でもしようものなら、おそらく露骨に不快な表情をされたであろうし、私がその施設を立ち去ったあと、入居者がかえって不利益を被りかねないとも感じたのである。

このような事例は、おそらくこの施設にかぎったことではないだろう。似たような介助を数か月にもわたって利用者に強いながら、それを「生活リハビリ」などと本気で思っている介護士がいまだに多数存在するというのが日本の現状なのである。

ヴァロンゴーデンの間取りとスタッフの体制

ここで、レーナから聞いたことをもとに、ヴァロンゴーデンについて簡単に説明しておこう。一ヴァロンゴーデンは三階建てで、認知症者用の一六の部屋を含む九六の部屋を有している。一部屋の広さはおよそ三二平方メートルで、各部屋に簡易キッチンとシャワートイレルームが付いている。入居者に対するさまざまなサービスは、入居者八人ずつを一つの単位とした小グループごとに提供されるようになっており、これによってよりきめ細やかなサービスを可能にしている。

たとえば、入居者が食事をする際に利用する共用のダイニングスペースも、それぞれの単位ごとに備えられていて、落ち着いた雰囲気のなかで食事を楽しむことができる。このスペースには、大きな冷蔵庫、電子レンジ、オーブン、皿洗い機などが備わったキッチンと、一〇人ほどが席に着ける大きな食卓が用意されている。

一方、職員の勤務ローテーションに関しては、二つの単位のなかで調整しているとのことだった。二つの単位を合わせた合計一六人の入居者に対して准看護師が一二人配置されていて、そのうち同時に働くのは、日勤帯は四～五人、夜勤帯は三人となっていた。

昼食の時間となったので、食事の様子を見せてもらうことにした。スーネとともにダイニングスペースに行くと、すでに五人の老婦人たちが車椅子や歩行車で出てきてテーブルに着いており、飲み物を飲んでいた。飲み物は数種類のなかから選べるが、彼女たちはみなリンゴンベリー（コケモモ）ジュースを選んでいた。メニューは、食べやすいように細かく切ったニシンのフライとマッシュポテト、それにニンジンサラダである。食事を見守っている二人の准看護師のうちの一人が、スーネの皿にニシンとポテトを取り分け、それらの味が馴染むように軽く混ぜあわせた。

スーネは、右手でスプーンの柄を長めに持ち、左手の人差し指と中指の背でスプーンの先のほうを軽く支えながら、ニシンとポテトとが混ざりあったものを少しずつ慎重にすくっては口に運んでいった。ときおり、コップの水を含んでは飲み下していく。結局、ほんの少し手伝ってもらっただけで、ほとんどを自力で食事を平らげていた。

このあと私は、スーネに今日のお礼を述べ、明日のプール療法で再会することをお互いに確認しあって、ヴァロンゴーデンを後にした。

みんなで昼食

リハビリチームによる「転倒対策プロジェクト（fall《ファル》 projekt《プロジェクト》）」

二月二二日（木曜日）は六時三〇分に目覚めた。窓の外の寒暖計に目をやるとマイナス二五度を指しており、小雪がちらついている。この四日間でもっとも寒い朝だが、家の中はというと、その寒さをまったく感じさせず、昨日までと同じ暖かさが保たれている。除雪車が七時前にアパートの前を通っていく。この日も、イェーテはすでに職場へと向かったあとである。

今日の私は、まずはイェーテの職場であるイェヴレ市のリハビリテーション部を訪れたあと、保健センター内にあるプールでスーネのプール療法を取材する予定となっている。

いつものバス停から、一昨日と同じ八時三三分発の路線バスに乗った。相変わらず雪景色のきれいな町並みを眺めていると、あっという間に最寄りの停留所に到着した。そこから歩いて、ちょうど九時にフレミング通りにあるイェーテの職場に着いた。一階の入り口にある呼び鈴を押してしばらく待っていると、地下のリハビリテーション部から女性スタッフが出迎えに来てくれた。早速、イェーテから、イェヴレ市のリハビリテーション部に関する簡単な説明を受けた。

ここの部署には、現在、責任者が一人と、理学療法士と作業療法士がそれぞれ一一人ずつの合計二三人が勤務している。理学療法士と作業療法士がペアを組んで、イェヴレ市全体におけるケア付き集合住宅に住む六五歳以上の障害をもつ約九五〇人の身体機能や生活能力を維持もしくは向上させるような取り組みを行っている。具体的には、対象者それぞれに適した療法プログラムの作成や施行、さらには各種補助器具の処方などである。

また、二〇〇六年の九月からは、「転倒対策プロジェクト」と称する新しい取り組みを開始したということだ。この背景には、障害をもつ高齢者が転倒して大腿骨の頸部を骨折するという事例が多発しているという現状がある。このプロジェクトにおいて理学療法士は、転倒の予防[34]を目的としたバランストレーニングを提供したり、大腿骨頸部の骨折を予防するために大転子部を保護するように装着する軽量の強化プラスチック製の器具ヒッププロテクター（höftskydd《ヘフトフィッド》）を処方したりするなどの役割を担っている。

このヒッププロテクターを実際に見せてもらうため、同じフロア内にある倉庫へと向かった。イェーテによると、このプロテクターには硬いものと軟らかいものがあって、軟らかいタイプのほうがベッド上で側臥位になる（横向きに寝る）際に都合がよいとのことだ。そして、骨折予防の効果に関するこれまでの実績では、どちらのタイプも同等の威力を発揮しており、ヒッププロテクターを処方された患者の八〇～九〇パーセントが転倒による骨折を予防できているとのことだった。またそれ以外にも、最近登場したばかりの、ズボンの外から装着できるという着脱に便利なタイプもパソコンの画面上で紹介してくれた（http://www.nordicare.se/ を参照）。

ところで、イェーテには、イェムトランド県のやや北に位置するクロコム市内のオース（Ås）という集落にある一軒家で一人暮らしをしている八〇歳代の母親がいるが、彼女は昨年軽い脳卒中を患ってからというもの立位におけるバランスが悪くなってしまったようだ。そこでイェーテは、もっとも新しいタイプのヒッププロテクターを彼女に買ってあげたと言っていた。

「このプロテクターをはじめとして、高齢者の転倒に対するさま

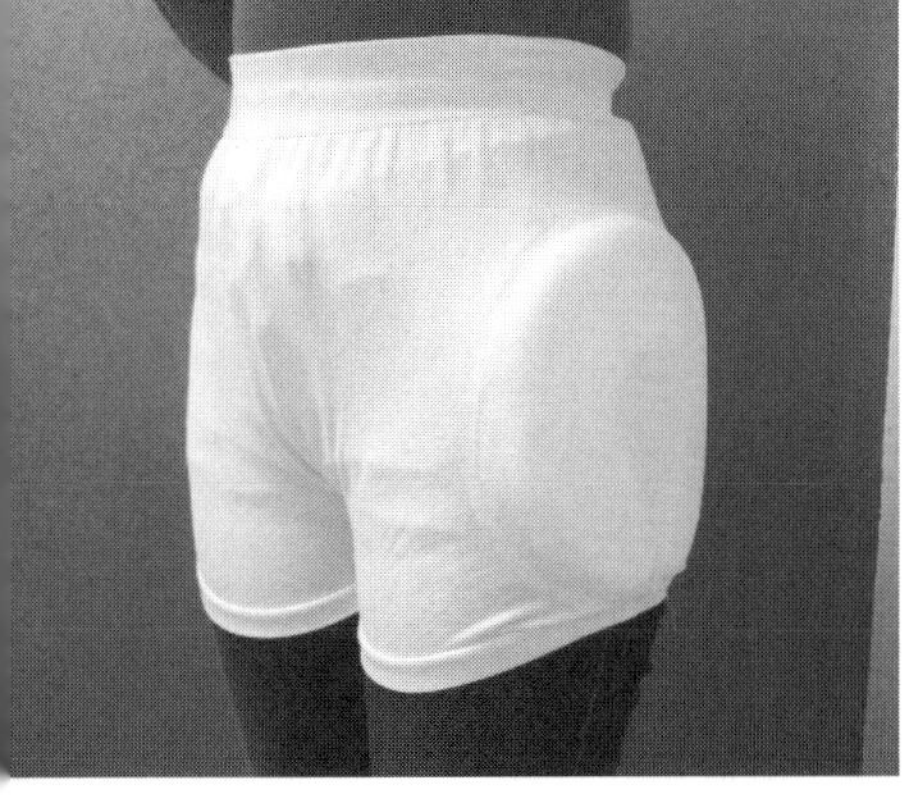

大腿骨の頸部を守る
ヒッププロテクター

（34）　大腿骨の股関節に近いあたりで外側に隆起している部分。

ざまな取り組みの効果を検証することが、この転倒対策プロジェクトの一番の目的なんだよ」と、イェーテは最後に締めくくった。

このあと私は、作業療法士のイングリッド（Ingrid）、理学療法士のソフィー（Sofie）とイェーテとともに、同じ建物の上階にある中間施設（mellanvård）を訪れることになった。ここの患者を担当しているイングリッドが明日から数週間の有給休暇をとって旅行に出掛けるので、その間の引き継ぎをソフィーとイェーテに申し送るためである。

中間施設とは、病院での治療を終えたあと、自宅に戻ったり、ケア付き集合住宅に入居したりするまでの期間、さらなるリハビリやケアを必要とする患者が滞在する施設である。イェーテによると、ここでの患者の平均滞在期間はおよそ二週間で、その形態は個室もしくは二人部屋となっており、経済コストは病院より安く、その利用費用は県と市が折半するとのことだった。また、医師と看護師が常駐していて、リハビリはイェヴレ市のリハビリテーション部、すなわちイェーテたちが担当するのだと教えてくれた。

（左から）イェーテ、ソフィー、イングリッド

スーネのプール療法を見学

一〇時二〇分になり、スーネのプール療法を見学するために、イェーテとともに階下にあるプ

ールへと向かった。しばらくして、ヴァロンゴーデンの職員で准看護師のエーリック（Erik）がスーネを車に乗せてやって来た。スーネは、昨日よりもさらにリラックスした表情で私に視線を向けて、「God morgon!《グッモロン》（おはよう）」と挨拶をしてくれた。そのあと、エーリックとイェーテは、スーネの着替えを手伝うために更衣室へと向かった。

　プールサイドで待ちながら、すでにプールに入っている二人の女性障害者と一人の付き添いの女性が行っている療法を私は眺めていた。待つこと五分、海水パンツ姿のスーネが笑顔で登場した。

　まずは、イェーテがスーネの小脇を抱えて、車椅子からプールに入るために使う大型リフトの椅子へと移乗させた。リフトは、プールの四つある角のうちもっとも出入り口に近い角に据え付けられている。エーリックは、スーネのプール療法に付き添うのは今日が初めてとのことで、イェーテがスーネの移乗を介助するのを隣で観察しながら彼からの説明を熱心に聞いている。その後、イェーテが先にプールに入り、続いてこのプール専属の女性職員がリフトを操作して、イェーテが待つ水の中へとスーネをゆっくりと下ろしていった。

　大きな窓から見える外は一面真っ白な雪景色。マイナス二〇度という極寒だが、屋内は至ってぽかぽかだ。軽快に流れるハワイアン

リフトでプールに入るスーネ

の音楽と窓のそばに置かれた観葉植物が、その暖かさをよりいっそう引き立てている。

イェーテは、スーネの首の周りと脇の下に浮き輪をつけて、スーネの身体を水に慣れさせるように、静かに仰向けで浮かばせた。スーネが軽く脚をバタつかせると、勢いはないが、少しずつ身体が頭のほうへ進んでいく。

次は歩行練習である。スーネの身体が浮き上がったり、バランスを崩したりしないように、仰向けで浮かんでいるスーネの足首にイェーテが重りを巻きつけてから、ゆっくりとスーネを水中で立たせた。イェーテは、スーネが傾かないように注意しながら、うしろから彼の上半身を軽く支えている。この状態のまま、別のグループが使っていないスペースを使ってゆっくりと二、三周歩いた。

それが終わると、今度は上肢全体の関節可動域を広げる運動である。水中で立位を取らせた状態で、まずは肩関節の屈曲と外転(35)をし、さらに肘の曲げ伸ばしも行った。左右ともに、十分に時間をかけてゆっくりと行っていた。

慎重に歩くスーネ

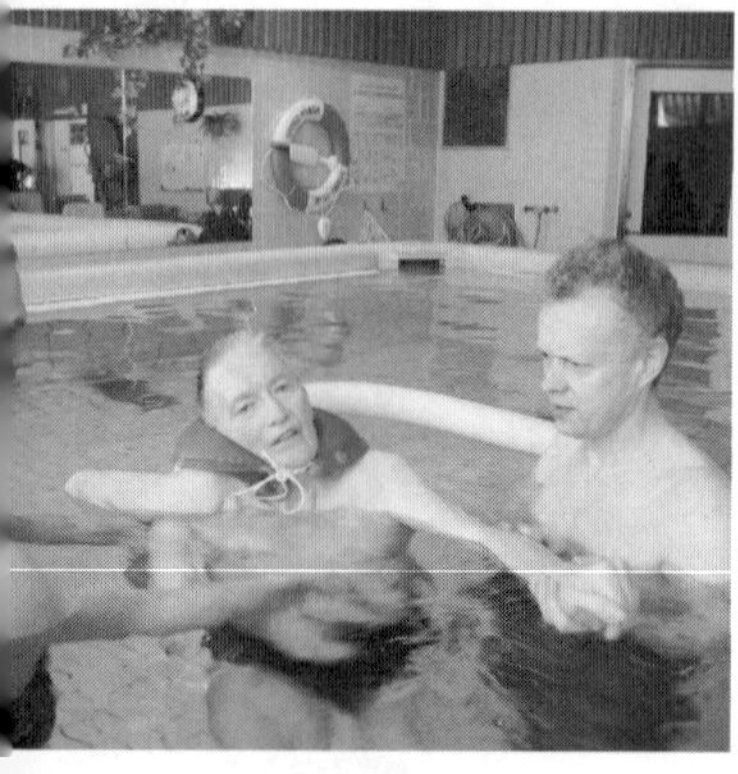

しっかりと腕も伸ばす

さらに、立位でのバランス練習へと続いた。真っすぐに立ったスーネのうしろにイェーテが立ち、スーネの胸郭を支えながら、上半身を右に、そして左に傾けるように指示を出していく。この間、エーリックはスーネを正面から支えていた。スーネは、少し緊張した面持ちでなんとかこなしていった。続いてイェーテは、スーネに対して、自分の背中側の景色が見えるくらいまでしっかりと首と上半身を後方に捻るように指示を出した。とても真剣な表情で、スーネがうしろを振り返った。

再び歩く練習を行ったあと、最後は仰向けで水面に浮かびながら、初めにやったバタ足の運動をして締めくくった。これは、自動運動による有酸素運動と筋のリラクセーション効果を狙ってのメニューである。

こうして、イェーテとエーリックという二人の大きな男性の介助による、たっぷり三〇分間をかけたプール療法は終了した。イェーテがスーネをプールのリフトのある角のほうへと誘導していく。エーリックが水中に下ろしたリフトの椅子をしっかりとつかんで固定し、イェーテがスーネの脇の下を抱えるように介助してその椅子に座らせた。エーリックがプールから上がってリフトのスイッチを押すと、スーネの身体が宙に浮き、無事プールの外へと運ばれていった。

プール療法を終え、介助用の車椅子に戻って、エーリックからピンクのバスタオルを掛けても

(35)　屈曲は腕を前方に上げる動作で、外転は同じく横に上げる動作。

らったときのスーネの火照った顔は、実に生き生きとしていた。私はスーネに、改めてこの二日間のお礼を述べてプールを後にした。

やはり、スウェーデンのリハビリ事情は充実している。今回のみならず、これまで取材をした多くの障害者がプール療法を処方されていたことを思い出した。

プール療法が一般的な理学療法として日常的に処方されているという事実のみならず、水温が水中運動に適した温度に設定されており、そのメニュー内容も非常に充実していたことが印象に残っている。とくに今回は、極寒の雪のなかを、准看護師が一人の高齢者を施設（ケア付きの高齢者用集合住宅）から車で連れ出してプール療法を提供しているのである。おそらく、日本では滅多に見られないシーンであろう。

温水プール療法が障害をもつ人の心身両面に及ぼすさまざまな効果は、医学的に広く認められている。スウェーデンでは、そういった知見がごくありふれた日々の臨床に活かされているのだ。一方の日本においては、経済的な理由から、ごくかぎられた特別なリハビリ施設でしか行われていないというのが現状である。

一二時すぎ、スーネの取材を終えて建物の外に出ると、来たときのうっそうとした雪雲が消え、青い空が広がっていた。太陽の光に照らされた雪の町並みは本当に美しい。

コラム4 日本はポータブルトイレをやめよう

日本の多くの療養病院や施設では、自室のベッド脇にポータブルトイレを置いて排泄する方法を推し進めているが、やはりこれはおかしい。特に、多床部屋のベッド脇にポータブルトイレを置くことが常態化しているのは異常とも言える。

個室トイレまでは歩けないが洋式トイレに座る能力はある人に対して、ベッド脇のポータブルトイレで排泄を促す方法は、彼らの日常生活の自立を助けることには決してならず、本来、用意すべき様々な環境因子を端折るための巧妙な手口であり、本人や同部屋の人々の人格をも損なう重大な人権侵害とさえ言える。

特に、人手の少ない夜間などにおいては、ポータブルトイレにさえ誘導されず、「オムツに出しておいて」と言われることもしばしばである。その結果、ベッド柵を外したり、越えようとしたりした場合、不穏行動と見なされてしまうことさえある。

立場を自分に置き換えて考えてみればいい。他人のベッドのすぐ傍で排泄をしたいだろうか。他人の排泄音や匂いに晒されたいだろうか。せめて腰掛けて排泄したいという思いから、それらをすべて受け入れる覚悟でポータブルトイレに座らせてもらいたいと訴えても、「夜中なんだからオムツに出しておいて」と言われる屈辱に耐えられるだろうか。私なら絶対に嫌である。

以前、イェーテが来日し、長期療養病棟の病室を見た時のことを今でも思い出す。4人部屋の患者のベッド脇のポータブルトイレを指差して、「あのマシーンは何？」と私に尋ねた。ポータブルトイレだと答えると、興味津々だった表情が一気に消え、しかめ面をつくって「ウヘッ」という言葉を発した。

独力で個室トイレに行けない人に対しては、公的な責任で人と補助器具と居住空間とをセットにして提供して、トイレへのアクセスを確保することが正当であることに、もう日本も気付くべきである。

4 イェヴレの町を歩く

私は、スウェーデンの町を歩くのが好きだ。一昨年までの六度の滞在においても、よく散歩をした。観光名所をわざわざ訪れなくても、縁があってたまたま訪れた場所の近くを散歩するだけでいい。スウェーデンの町は、そんなふうにして行き当たりばったりに歩いても、いつも十分に楽しませてくれる。とくに今回は、初めての真冬のスウェーデン滞在である。空いた時間はできるだけ散歩をして、思う存分、景色をまぶたに焼き付けることにした。

プール療法を取材し終えたあと、まずはセードラクングス通りを町の中心に向かって歩いてみた。この通りはイェヴレ市内を走る幹線の一つで、町中を北西から南東へと貫いている。車道は実に広々としている。その両脇には、自転車や歩行者のために、これまた十分な広さの滑らかな舗道が確保されている。車道と同様に舗道にも適時に除雪車が入り込んできて、除雪するだけでなく滑り止めの細かい砂利を撒いていくので比較的歩きやすい。

道すがら、大きめの車輪が付いた歩行車を押しながら歩く高齢者に何度もすれ違う。バス停では、ごく当たり前のように、大きな乳母車を押しながら若い女性がバスに乗り込んでいる。この

セードラクングス通りの舗道

ような光景は、二年前の夏にイェヴレ市を訪れたときと少しも変わっていない。真冬であっても外出しやすい環境が整っているということである。

スウェーデンと日本の町並みの違い

歩き出してすぐに感じるのは、日本の道路事情との明らかな違いである。日本では、土地が十分に確保できるはずの地方都市であっても、自転車や歩行者専用の舗道が整備されていない所が多い。そのため、路肩での事故が後を絶たない状態となっている。つい先日の新聞でも、北海道のある町で、ヘルパーに介助をしてもらいながら路肩を車椅子で通行していた高齢者が、うしろから来たトラックにはねられて死亡したという悲惨な事故を伝えていた。

危険はこれだけではない。電柱と電線の問題もある。日本では、そこら中に立っている電柱が自転車の通行や歩行の障害物になることを日常的に経験しているわけだが、上空を横切る電線も実はやっかいな障害物となっている。景観を損なうだけでなく、時として実害も及ぼしている。つい三か月ほど前には、トラックに積んだ重機が通りを横切る電線に引っ掛かって街路灯を倒し、通行していた親子を死傷させるという事故が横浜市であった。安全で、景観のよい町にするためには、町全体のプランニングが重要だと改めて思う。

スウェーデンを参考にしてあえて理想を語るならば、町の中心部と郊外とを明確に区別する必要があるだろう。商業地区と住宅地区の機能区分も必要だ。電線はすべて地下に埋めて歩道や路肩に立つ電柱をなくし、道端の側溝もなくす。そして、歩道や自転車道の幅を十分に広げるだけでなく、住宅地における建物同士の距離を十分に確保して、心地よい空間をつくりあげるべきである。

やはり、信号のない横断歩道で、歩行者が渡ろうとする気配を見せているだけで車が停止するスウェーデンの習慣は素晴らしい。日本では、歩行者のほうが自転車や車に注意を払わなければならないが、これでは気を配る側が逆転している。道路の造り方、交通ルールのどちらもが、車両優先の発想でしかない。

スウェーデンに行くと、生身の人間を十分に意識した空間づくりがなされていると感じる場面によく出くわす。道路の整備の仕方しかり、住宅の構造しかり、である。つまり、インフラを人間にあわせていく傾向が強い社会であると感じる。スウェーデンと比較すると日本は、中途半端な整備しかしておらず、インフラへの適応を人間に強いる傾向が強い社会であると感じてしまう。

きれいに除雪された大広場

町の造りや道路事情におけるスウェーデンと日本の違いに思いをめぐらしながら、イェヴレ城(Gävle slott)と、その周りの広場を左手に見ながらクングス橋を渡ってガヴレ川を越えた。右手前方には、緑色をした大きな時計台とベージュ色の壁が印象的なイェヴレ市の庁舎が立っている。その北側には庁舎前広場があり、その向こうにはノラクングス通りとノラロードマンス通りに挟まれた細長い公園が五〇〇メートルほど先まで続いている。公園を縁取るように植えられた木々の枝は、薄く雪の化粧をまとっている。

しばらく歩くと、イェヴレ駅前から南西に伸びて、市庁舎前公園と中庭とを分けているドロットニング通りに出た。そこで左へ折れてほんの少し歩くと、その通りとそのすぐ北を並行して走っているニュー通りに挟まれた大広場に出る。ここは、夏になるとオープンカフェがよく似合う場所である。大広場の周囲にはさまざまなテナントの入ったショッピングセンターがあるので、冬であっても、週末や休日はもちろん、ウィークデーでも、若者や家族連れ、高齢者など、幅広い世代の人々で賑わっている。

大広場に入ってみると、ここまで歩いてきたどの道よりもきちんと除雪がなされているようで、地面そのものが見えている箇所が多いことに気付いた。行き交う人々も、この大広場のなかでは下を向いて足元を確かめる必要がなく、顔を上げて颯爽と歩いている。そういえば、一昨日の火曜日、サンドヴィーケン市に行った帰りにイェヴレ駅に立ち寄った際にも、駅前の広場がきれいに除雪されて地面が見えていたことを思い出した。

このあと、大広場の西側にあるショッピングセンター「ギャレリアン・ニーアン（Galleria Nian）」の中にある「Husman《ヒュースマン》」と

大広場

いうレストランで昼食をとることにした。サラダと飲み物がセットになったランチメニューのなかから、ヴィーナー・シュニッツェル（ウィーン風牛ヒレカツレツ）をメインに、飲み物はライトビールを選んだ。まずは乾いた喉にビールを流し込み、ヴィーナー・シュニッツェルをナイフとフォークで切り分けて口に運んだ。散歩による空腹が手伝って、美味さが喉から首筋にまで染みわたった。

教会のある風景

昼食を満喫したあと、ドロットニング通りをさらに西へと進んでいくと、イェヴレ市のシンボルの一つ、一六〇〇年代の中ごろに建てられたというヘリガ・トレーファルディーグヘッツ教会（聖三位一体教会）が、その荘厳な姿に逆光を受けてこちら側に大きな影をつくっていた。さらに歩を進めて、太陽のあるほうへ回り込んで正面から教会を眺めると、青い空と白い雪の地面をキャンバスにして、実に清らかに、そして粛然としてそびえ立っている姿が辺りを一瞬にして静寂にさせる。

スウェーデンの町並みを散歩するときの楽しみの一つは、教会のある風景に出合うことだ。ど

聖三位一体教会

の町にも必ず複数の教会があるので、私にとって散歩は、とても気軽にできる、それでいて贅沢な趣味となる。教会の建物だけでなく、その周囲の芝生、木々、通り、小川、匂い、風といったさまざまな付属物が織り成す、その教会にしかない独特の雰囲気を味わうことがなんとも言えないぐらい楽しい。

そして、もちろん、教会の中に入ってみるのもいい。静かで、ひんやりとした空気に心が洗われること請けあいだ。残念ながら、この日は珍しく教会の扉には鍵がかかっていたので入れなかったが、普段の日中は、あらゆる人が自由に出入りできるようにどこの教会も鍵をかけていない場合が多い。装飾を楽しむためだけに立ち寄ってもいいし、日曜日の礼拝

コラム５「自然享受権（Allemansrätten《アッレマンスレッテン》）」とは？

自然享受権という言葉は第２次世界大戦後に生まれたが、それと似た考え方は1900年代以前にまで遡ると考えられている。

通りを散歩したり、川をカヌーで下ったり、川岸の岩に腰かけて考え事をしたりというようなあらゆる場面において、すべての人が自然享受権を利用している。

その一方で、各自は自然や土地の所有者や他の訪問者に対して責任を負っている。「スウェーデン環境保護庁（Naturvårdsverket）」は、自然享受権を次のように要約している。

「邪魔をしてはいけない。しかし、壊してはいけない（Inte《インテ》 störa《ステーラ》-inte《インテ》 förstöra《フェシュテーラ》」

すなわち、「何人《なんぴと》も自然を楽しむ権利を妨げられないのと同時に、すべからく自然に対して責任を負う」ということである。詳しくは、スウェーデン環境保護庁のホームページ（http://www.naturvardsverket.se/Start/Friluftsliv/Allemansratten/）を参照。

に参加してもいい。以前私は、南スウェーデンのヴェクショー市に長く滞在していたが、そのときには、市内にある複数の教会に散歩の途中に立ち寄っては休憩所代わりとしたり、日曜日には礼拝にも参加していた。

ところで、スウェーデンでは、散歩の途中などに自由に入れる所は何も教会にかぎらない。「自然享受権」（前ページの**コラム5**参照）という慣習法があって、土地の所有者に損害を与えないかぎりにおいて、すべての人に対して、他人の土地への立ち入りや自然環境の享受を権利として認めているのだ。たとえば、個人所有の土地に入って、茸《きのこ》やブルーベリーを採ることも許されている。

さらに五〇メートルほどガヴレ川を上流に進んで、ドロットニング橋の所まで来た。ここから眺めるガヴレ川は、水辺の形状に個性があって、クングス橋から見た景色よりもさらに美しく感じられる。太陽は相変わらず輝いていて、一面に雪を被った水辺と雪化粧された木々が、右岸のクングスベックス通り沿いに立つ色とりどりの家並みを見事なまでに美しく装飾している。

せっかく晴れ間が続いていたこともあるので、ここから東へ二キロメートルほど行ったブリュネース地区という所にある、これまた堂々とした造りのスタッファンス教会にまで足を延ばしてから、イェーテのアパートへ戻った。たっぷり三時間の散歩となった。

スタッファンス教会の見える風景

夕方、「散歩したとき、大広場にはほとんど雪がなかったよ」と、仕事から戻ってきたイェーテにその理由を尋ねてみた。彼によると、大広場や駅前の広場のような、多くの人が利用する公共の場所の地下には一般の家々を暖めているものと同じような地域給湯暖房システムが働いていて、雪が溶けやすい構造になっているのではないか、ということだった。そういえば、以前、知人のスウェーデン人女性が一軒家を建てているのを見に行ったとき、下水道や水道だけでなく、電気ケーブルや暖房のためのパイプラインなども含めて、すべてが家の下から配管される仕組み

コラム❻ 理学療法士という職業の魅力――これから目指す人のために

理学療法士が対象としている人の年齢は小児から高齢者まで、疾患はスポーツ外傷のような整形疾患から脳卒中のような中枢疾患までと幅広い。障害を予防するための助言・指導やコンディショニングづくり、そして疾患の発症後における障害の治療までと、仕事の内容は多岐にわたっている。養成校に入学後、自分の興味や得意分野がはっきりしてから就職先を決める学生も多い。

よい臨床成果を上げるためには、脳、神経、骨、筋肉などの解剖生理学、運動学に加え、心理学、社会（福祉）学といった周辺科学における深い理解が不可欠となる。それらをベースに、多様な手段（徒手療法、物理療法、運動療法、装具、補助器具、社会制度など）を利用して、障害を抱える人の疼痛、筋力低下、関節可動域制限といった機能障害の評価と予防や治療、そして基本動作（寝返り、起き上がり、座位、立ち上がり、移動など）や日常生活活動（摂食・嚥下、排泄、入浴など）の再獲得や代替え手段の確保、さらには社会参加に向けた調整を支援する。「人間が好き」という人にはうってつけの仕事である。

になっていることに私がしきりに感動していたら、「この技術は日本からのものよ」と言われたことを思い出した。もしかしたら、この広場の地域給湯暖房システムにも、日本の技術が導入されているのかもしれない。

スウェーデンの理学療法雑誌に掲載される

　実はこの日、私は午後三時からイェーテの職場でスウェーデンの理学療法雑誌である〈Fysioterapi《フィシオテラピ》〉の記者からの取材を受ける約束になっていた。ところが、今書いたように、スーネのプール療法を見たあと散歩に出たまますっかりその約束を忘れてしまい、仕事から帰ってきたイェーテに指摘されるまで思い出すことができなかったという大失態をやらかしてしまった。

　しかし、取材に関しては、次のような方法で結果的には事なきを得た。まず、インタビューに関しては、帰国後、先方からのメールと国際電話に答えるという形でこなし、写真については、私が帰国する直前にイェーテが、記者からの注文通りに自分の本を手にしながらポーズをとっている私を一眼レフのデジカメで撮って、メールで先方に送ってくれた。そして無事に、二〇〇七年の六・七月号にその記事は掲載された。

〈Fysioterapi〉誌に掲載された記事

第2章

最果ての町、
北極圏のキルナ市へ

キルナ市庁舎

キルナ市を旅先に選んだ理由

二〇〇八年二月一八日月曜日、朝八時五〇分、アーランダ空港の三七番ゲートの待合室に、搭乗開始を知らせるアナウンスが入った。いよいよ出発だ。私は、はやる気持ちを抑えてゆっくりと搭乗口に向かった。今日乗るのは、これまでに幾度となく利用しているスカンジナビア航空機だ。

搭乗口から飛行機へとつながる通路を進んでいくと、飛行機の扉の手前にはスウェーデン語と英語で書かれた数種類の新聞が置かれている。私は、スウェーデン語のタブロイド紙を手に取って機内へと乗り込んだ。ほとんどの乗客がすでに席に着いている。私の席は左側の列の真ん中、やや前のほうだ。手荷物を前の座席の下に入れ、シートベルトを締めた。客室乗務員は女性二人と男性一人の計三人で、いずれも年配で非常に落ち着いた雰囲気をしており、それぞれが自分の担当している列の客をゆっくりと最終確認している。

九時二五分、機長の声で離陸を伝えるアナウンスが入った。エンジン音が大きくなり、機体が動き出すと一気に加速していく。機首が上がり、機体はスムーズに地面を離れ、そのままの角度を保って上昇を続けていく。ある程度上昇したところで下を見ると、森の緑と湖が広がっていた。雪はまったく見えない。そして、飛行機はすぐに雲の中に突入した……。

雪のイェヴレ市とサンドヴィーケン市を旅してからちょうど一年、今回目指しているのはスウェーデン最北の自治体、人口二万三〇〇〇人のキルナ市である。昨日のお昼前にフィンランド航空機で関西国際空港を飛び立ち、ヘルシンキで乗り換えて、その日のうちにストックホルムに入った。

今回の旅は、二〇〇七年の一二月初め、イェーテに「もう一度、二月にスウェーデンを訪れたいと思っている」という旨のメールを送ったところからはじまっている。そして、そのときすでに「キルナ市」という地名を出しながら、その地で働いている理学療法士にコンタクトを取ってくれないかというお願いもしていた。

なぜ、キルナ市だったのか。理由はいたって簡単である。キルナ市が北極圏に位置し、スウェーデン最北の自治体だからだ。晩秋から晩春までの約半年間、大地は雪に覆われ、もっとも寒い一二月から二月にかけては、平均最高気温がマイナス八～一〇度、平均最低気温はマイナス一八～一九度にもなる北の果ての町で、障害をもつ人々の暮らしがどうなっているのかを知りたかったのだ。

キルナ市は、私にとってはもちろん初めての土地であり、知り合いはまったくいない。イェーテにとってもキルナ市は疎遠な町で、おそらく彼にも知り合いはいないだろうと思っていた。それにもかかわらず、彼に対して気軽にアレンジを頼んだ理由は、異なる自治体で働いていてお互いを知らないはずのスウェーデン人たちが、いかにシンプルに連絡を取りあったり、情報を交換しあったりしているかということを、私はこれまでのスウェーデン訪問のなかで経験的に知っていたからである。

その連絡方法とは、自治体が立ち上げているホームページを見て、目的とする部署の担当者の名前と電話番号を確かめて電話をかける……これだけである。各々の自治体が立ち上げているホームページには、通常、各種の社会サービスを担当する部署名が明記されているほか、担当職員の氏名とともに仕事用の携帯電話番号とメールアドレスが公開されているので、異なる自治体に所属している職員同士が容易に連絡を取りあうことができるのだ。

イェーテにメールを出してからおよそ二週間後、返事のメールが届いた。それによると、私からの依頼を受けた直後に、彼が電話で連絡をとってくれていたキルナ市で働いている女性の理学療法士から返事があって、年末から年始にかけては組織再編成の時期で忙しいが、そのあとは落ち着いているだろうから、私が訪問を希望している二月であれば喜んで引き受けたい、と言ってくれているとのことだった。これを受けて、改めて具体的な日程を伝えるメールをイェーテに送ると同時に、早くも航空券を私は予約した。そして、今こうして再びスウェーデンの上空にいるのである。

キルナ空港に降り立つ

離陸から一五分が経ち、ふと気が付くと、分厚い雲を抜けて窓の外には青い空が広がっていた。客室乗務員が飲食物を収めたカートを押してやって来たが、食べ物はもちろん、水を含むすべての飲みものがすべて有料となっている。スカンジナビア航空は、近距離便であるヨーロッパ路線のエコノミークラスにおいては、二〇〇八年一月からすべての飲食物を有料にしている。燃料費が高騰し、航空会社同士の価格競争が激化する昨今、少しでも無駄を省こうとする取り組みの一つなのであろう。(1)

しばらくして、「キルナ市は現在マイナス六度」というアナウンスが、女性の客室乗務員からトーンの低い落ち着いた声で入った。現地は、思ったほど寒くはないようだ。窓から眼下をのぞくと、分厚い綿を斑《まだら》に敷いたような雲の上を強い陽射しが眩しく照らし、その雲の隙間からは無数の森と湖が見え隠れしている。時計を見ると、一〇時三〇分。森は所々が雪で覆われ、その森の中を蛇行している大きな河が白く凍っていた。

一五分後、機長の声で、「あと一〇分でキルナ空港に到着」とのアナウンスが入った。このとき、地表はすでに一面の雪景色に変わっていた。さらに高度を下げると、平らで真っ白な雪面に、スノースクーターが通った跡らしき二本の線がくっきりと引かれている。いよいよスウェーデン最北、北極圏の町、キルナ市に到着である。

一〇時五〇分、白く凍った滑走路が斜め前方に見えてから数十秒後、機体は静かに着陸した。予定時刻通りの到着だ。ドアから出てタラップを踏み出した瞬間、新鮮な外気を顔面に感じた。雪の地面に降り立ってすぐに、大きく息を吸い込んでみた。ひんやりとした、北国の空気が鼻の

---

(1)　このような取り組みは、二〇一一年三月現在、どの国の航空会社においても当たり前になっている。

奥から肺まで一気に行きわたる。周りを見回してみると、真っ白い滑走路の向こうには針葉樹林を頂いたこんもりとした山の景色が広がっている。思わずデジカメを取り出し、今降りたばかりの飛行機を手前に置きながら、その向こうに見える山際を写真に収めた。さらに、赤色の壁が印象的なキルナ空港の建物にもカメラを向けて、立て続けに何度もシャッターを切った。

小さな空港内の、短いターンテーブルから荷物を拾い上げ、キルナの町がある北側に向いた小さな玄関口を出てみると、これまた小さなロータリーがあった。友人や家族を迎えに来たらしき乗用車が二、三台待っているが、一般の客を乗せそうなバスは見当たらない。少し歩いてみたが、どうやらバス停はなさそうだ。

そのとき、すぐ右手に張られている何の変哲もない金網の柵に「タクシーはこの番号へ」と書かれたプレートが無造作に括り付けられているのを見つけた。その前で、年配の男性が携帯電話にその番号を打ち込んでいる。どうやら、こうやってタクシーを呼ぶシステムのようだ。ところが、辺りに公衆電話が見当たらない。さて、どうしたものかと、私はしばらく思案した。その結果、思いついたのは、話しやすそうなスウェーデン人らしき人に声をかけて、その人の携帯電話でタクシーを呼んでもらうという方法だった。私は空港の出口から出てくる人を観察した。する

キルナ空港

と、地元の若者らしき優しそうな男性がこちらに向かって歩いてきた。「Hej《ヘイ》（こんにちは）」と、私は彼に声をかけた。「私は日本人の旅行者で、携帯電話を持っていないので困っています。もし、携帯電話を持っているなら、あの看板の番号に電話をかけてタクシーを呼んでもらえませんか」と英語で頼んでみた。

彼は快くオーケーしてくれて、すぐに電話をかけてくれた。その際、私が泊まる予定の「Hotell《ホテル》 E10《エーティーエ》」までの運賃を尋ねてもらったが、三五〇クローナ（約五九五〇円）とのことだった。インターネットからプリントアウトして日本から持ってきた地図で距離を確かめてみると、空港からホテルまでは六～七キロメートルといったところだ。それにしては運賃が高く感じられたが、ほかに手段がないので仕方がない。

彼にお礼を言い、待つこと一〇分、タクシーがやって来た。運転手は人の良さそうな年配の男性で、車から降りると、彼は笑顔で私の荷物を持ち上げ、トランクに入れてくれた。車が発車し、後部座席から窓の外の風景に目をやる。遠くまで広がる平地は一面の雪景色となっている。その景色も、ヨーロッパ自動車道10号線（E10）に入って間もなく、建物が点在する風景へと変化していった。

そして、空港を出てから十数分後、右手には産業区域らしき建物が、左手には住宅街が見え出して、ほどなくホテルに到着した。

① サーミ人の理学療法士からキルナ市を知る

サーミ人の理学療法士、カタリーナと会う

ホテル・エーティーエは、ラスト通りとエステル通りとの交差点の角にあって、赤褐色の壁が目立つ二階建てだった。ゆったりと広くとられた駐車スペースからは、少し高台にあるキルナ市の中心街を北西に眺めることができる。その景色をしばし楽しんだあと、交差点側の角にある玄関から中に入り、チェックインをするためにフロントへ向かった。

フロントでは、背の高い黒人の男性が応対してくれた。クレジットカードをわたして、二日分の宿泊代を決済した。その際、カタリーナという女性からのメッセージが届いていることを彼が伝えてくれた。

カタリーナは、イェーテに紹介してもらったキルナ市所属の理学療法士である。これからの一週間、私の案内役を務めてくれることになっている。彼女とは、すでに二、三度メールでやり取りをしていた。日本を発つ直前に送ったメールで、自分が宿泊するホテルの名前と到着する日時を知らせたうえで、会う場所と時間を指定した私宛のメッセージをホテルに届けておいてほしい

ホテル・エーティーエ

と記しておいた。メッセージによると、午後一時ごろに、わざわざホテルまで迎えに来てくれるとのことだった。

荷物をほどき、交差点と大きなスーパーが見える二階の自室でくつろいでいると、壁に掛かっている電話が鳴った。受話器をとるとフロントの男性からで、女性と電話を代わると言っている。代わった声の主がカタリーナで、もうフロントに来ているという。約束の時間よりなんと三〇分も早い。これから支度をしようと思っていたところだったので、多少戸惑いながら、「すぐに支度をするので少しだけ待っていてほしい」とだけ伝え、十分な挨拶ができないまま電話を切った。

すぐにポリエステルのタイツの上にジーンズをはき、保温効果の高い長袖のアンダーシャツを着て、長いストラップの付いた小さなバッグにデジタルカメラを入れて肩から斜め掛けをして、その上からスキーウェアを羽織った。そして、耳まですっぽりと覆うことのできる帽子と財布をナップサックに入れて、急いで部屋を出た。

フロントに下りると、その前にあるロビーの茶色いソファに眼鏡をかけた女性が座っていた。彼女は私を見るとすぐに立ち上がって、少しはにかんだ笑顔で「カタリーナです」と挨拶してくれた。私も「マコトです。迎えに来てくれてありがとう」と感謝の言葉を返しながら握手を交わした。

カタリーナは小柄で、とても誠実そうな女性である。彼女は私に、「もしよかったら、今からキルナの町を車で案内したいと思うのですが、いかがですか」と聞いてきた。「是非、お願いします」と答えると、彼女はホテルの前に停めてある自分の車へと案内してくれた。実は、この案内がきっかけとなって、キルナ市が寒い北の果ての町というだけではなく、自然と産業と文化に富んだ非常に魅力的な町だということを、この短い旅のなかで私は知ることになる。

大移転の計画が進むキルナ市

車を出す前にカタリーナは、今回私が取材をしたいと考えている事柄について改めて聞きたいと言ってきた。私は、昨年、イェヴレ市とサンドヴィーケン市で行った取材について簡単に触れてから、今回もそのときと同様、重度の機能障害をもちながら普通のアパートやケア付きの集合住宅に住んでいる人々の暮らしぶりを取材したいことをまず話した。と同時に、成人の障害者が日常的に利用している「活動所[2]」についても取材をしたいと伝えた。さらに、地域で働く理学療法士や作業療法士の通常の業務に同行しながら、障害をもつ人々のさまざまな生活シーンを体感するとともに、北の果てに位置するキルナという町のあり方についても広く理解できるような動きをしたい、と少し盛りだくさんな希望を伝えた。

もちろん、これらの内容のいくつかは、イェーテへの最初のメールで簡単に触れておいたので、カタリーナにも漠然とは伝わっていると期待していた。それに対してカタリーナは、次のようなプランを提案してくれた。

「まずは、今からキルナ市内の主だった場所を案内しますね。それによって、キルナがどういう町なのかということがざっと理解できると思います。明日は、作業療法士のリンダと一緒に、彼女が担当している成人障害者の活動所を中心に回りましょう。そして、木曜日には、別の作業療法士のアニータとペアで担当しているケア付きの集合住宅を訪問しましょう。なんとそこは、ここから一八〇キロメートルも離れた所にあるんですよ。往復三六〇キロメートルの旅になります。そうそう、金曜日のあなたの講演を楽しみにしています。午前一〇時から一時間という予定で大丈夫かしら？」

そう、今回の旅行では、私はキルナ市の医療や福祉の分野で働く職員に対して講演をすることになっているのだ。日本におけるケアとリハビリのシステム、そして臨床現場のあり方について話す予定となっている。カタリーナが上司に私の訪問の予定を報告した際に、せっかくの機会なので、日本の医療や福祉の事情に関して何か話をしてもらってはどうかと上司が提案し、カタリーナを通じて私に依頼があったのだ。この経緯については、昨年末の時点でカタリーナからメールで連絡を受けていた。

（2）（daglig《ダーグリッグ》 verksamhet《ヴェルクサムヘット》）ＬＳＳ法に規定された機能障害者を対象とし、彼らの日々の生活が有意義なものになるように、彼らの希望に沿って自治体が責任をもって提供する活動の場。詳しくは、拙著『日本の理学療法士が見たスウェーデン』（新評論、二〇〇六年）の一五七ページを参照。

キルナ市街地図

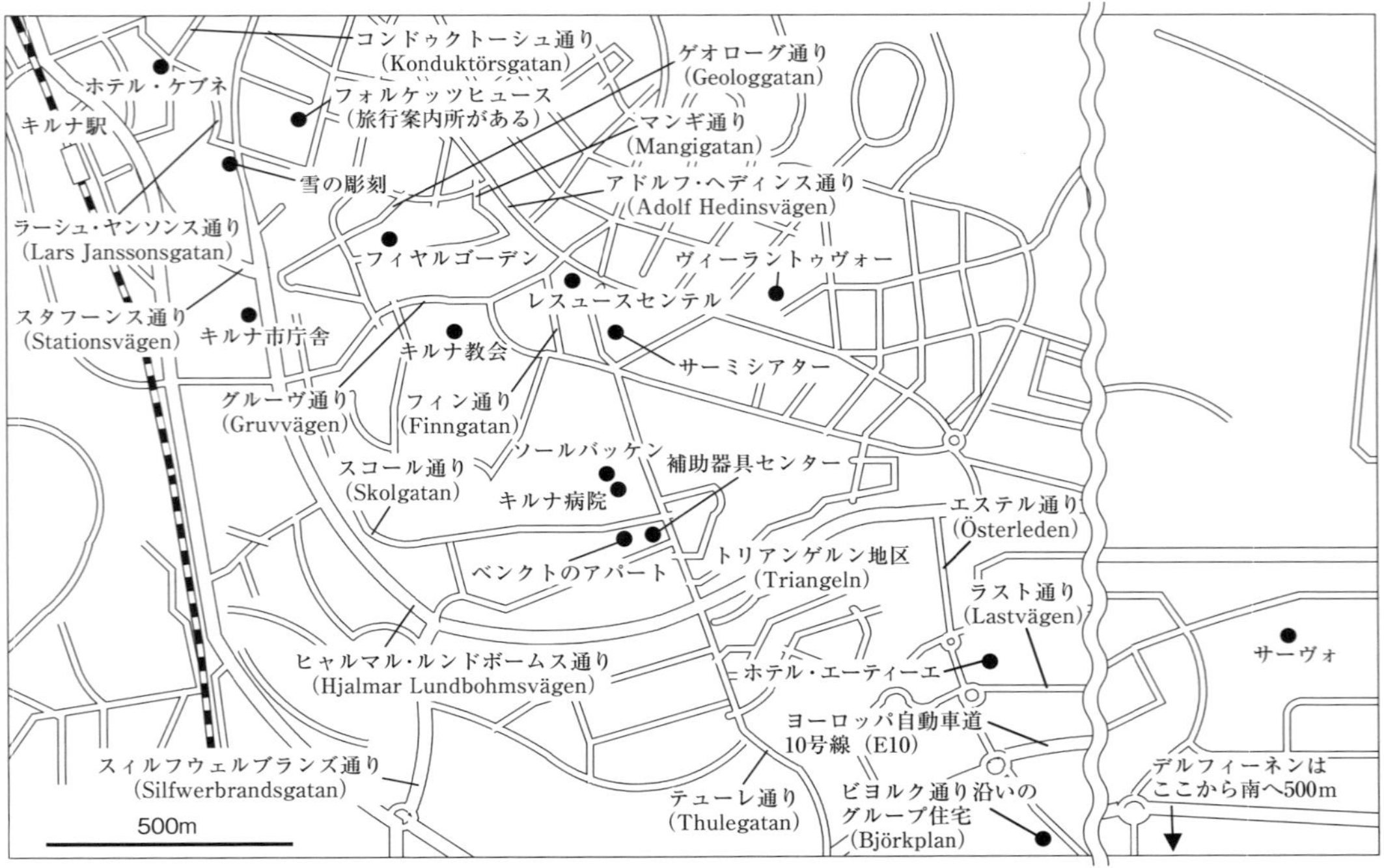
コンドゥクトーシュ通り
(Konduktörsgatan)
ゲオローグ通り
(Geologgatan)
ホテル・ケブネ
フォルケッツヒュース
(旅行案内所がある)
マンギ通り
(Mangigatan)
キルナ駅
雪の彫刻
アドルフ・ヘディンス通り
(Adolf Hedinsvägen)
ラーシュ・ヤンソンス通り
(Lars Janssonsgatan)
フィヤルゴーデン
ヴィーラントゥヴォー
レスュースセンテル
スタフーンス通り
(Stationsvägen)
キルナ市庁舎
キルナ教会
サーミシアター
グルーヴ通り
(Gruvvägen)
フィン通り
(Finngatan)
ソールバッケン
補助器具センター
スコール通り
(Skolgatan)
キルナ病院
エステル通り
(Österleden)
ベンクトのアパート
トリアンゲルン地区
(Triangeln)
ラスト通り
(Lastvägen)
サーヴォ
ヒャルマル・ルンドボームス通り
(Hjalmar Lundbohmsvägen)
ホテル・エーティーエ
ヨーロッパ自動車道
10号線（E10）
スィルフウェルブランズ通り
(Silfwerbrandsgatan)
テューレ通り
(Thulegatan)
ビヨルク通り沿いの
グループ住宅
(Björkplan)
デルフィーネンは
ここから南へ500m
500m

カタリーナは、まずはヨーロッパ自動車道10号線を東に車を走らせた。路肩は雪で真っ白だが、車道の轍《わだち》にはグレーのアスファルトが見えている。しばらく走ったところで、彼女は右前方の遠くを指差しながら、「あれがキルナ市庁舎で、その右に見えるのがキルナ教会よ」と教えてくれた。そして、「どちらも、あとでのぞいてみましょう」と言ってくれた。

スウェーデンでは、その市のシンボルとなる大きな教会が中心部に立てられていて四方から眺められる場合が多いが、どうやらキルナ市もそのような造りになっているようだ。かなり離れたここからでも、キルナ教会がはっきりと見える。

次にカタリーナは、側面が幾何学的に削られた左前方の山と、その前に立つ背の高い建物について説明してくれた。その山は「キルナヴァーラ」（七三二メートル）と呼ばれる鉄鉱山で、実はそこから町の中心部の地下にかけて鉄鉱石の岩盤が広がっているとのことだ。山肌が削られているのは、露天掘りによるものらしい。

そして建物は、その鉄鉱石を掘り出している世界的にも有名な鉄鉱山会社「ＬＫＡＢ《エルコーアーベー》」のビルだという。彼女によると、ＬＫＡＢはキルナ市という自治体を語るうえでは絶対に外せないキーワードとも言うべき会社らしい。というのは、このＬＫＡＢをつくった人物こそがキルナという町をつくった人物だからだ。

続いて、同じく左側の手前に、雪で覆われてはいるが、その上からでもはっきりと分かる大きな窪地が見えてきた。月並な表現だが、「クレーターのような」というたとえがぴったりくるような窪地である。カタリーナに尋ねると、彼女はよくぞ聞いてくれました、という表情で答えてくれた。

「この窪地は、数年前まではルオッサヤルヴィ（Luossajärvi）という、この辺り一面に広がる湖の一部だったの。キルナヴァーラからこの湖の下にまで広がる地下の鉄鉱石を採掘するのに際して、湖の底が崩落してしまうのを防ぐ目的で水を抜いたためにできたものなの」

ちなみに、線路を挟んだ北側の部分は、まだ湖のまま残っているとのことだった。

カタリーナは、さらに驚くような話をしてくれた。

キルナ市では、町全体の地下に埋蔵されている鉄を掘り続けるために、二年後の二〇一〇年には、なんと町の大部分を移転しはじめるというのだ。これまで一〇数年にも及ぶ期間、鉄鉱山事業の存続と町の引っ越しに関する議論がずっとなされてきて、三年前の二〇〇五年、二〇一〇年に大移転を開始することが決定されたのだという。市庁舎やキルナ教会のような大きな建造物は、そのまま大きな荷台に載せて大型のトラックで引っ張って移動させることを検討しているらしい。あまりにも壮大すぎて想像がつかない(3)。

市中心部から見たLKABのビル

サーミ独自の村

ヨーロッパ自動車道10号線を北西にさらに二キロメートルほど進んだ場所で、「この先にとても眺めのいい場所があるのよ」とカタリーナは言いながら右折をし、その先に見える山のほうに向かって車を走らせた。坂道をどんどん上っていく。この山は「ルオッサバーラ」（七二四メートル）と呼ばれ、かつてはここからも鉄鉱石を採掘していたが、現在は休止しているとカタリーナが教えてくれた。五〇〇メートルほど上った所で車をUターンして止め、エンジンを切った。

「どう、素晴らしい眺めでしょう」

彼女の言葉に、フロントガラスの向こうに広がる景色に目をやると、澄んだ青空に遠くの山々の稜線がくっきりと浮かんでいる。実に雄大で、かつ美しい。私はすぐさま車から降りた。かすかにそよぐ風音以外に何も聞こえない静寂のなかで改めて眺めるその景色は、いっそうの神々しさを感じさせてくれる。私はデジタルカメラを構え、続けざまにシャッターを切った。

「あの山脈には、スウェーデンで一番高いことで有名なケブネカイセ山（二一〇六メートル）があるのよ。周りの山も同じくらい高いから、ここからでは分かりにくいけどね」と、運転席からカタリーナが教えてくれた。

（3）二〇一二年四月末現在、キルナ市の大移転は順調に進んでいる。詳細はキルナ市のホームページの専用欄（http://www.kommun.kiruna.se/Stadsomvandlingen/）で閲覧できる。

ルオッサバーラを下り、ヨーロッパ自動車道10号線を来た方向へと戻りながら、カタリーナはふと思い出したように、「イェーテにメールで伝えたので知っていると思うけど……」と前置きをしてから、自分がサーミ人であることを話してくれた。サーミ人とは、現在のスウェーデン、ノルウェー、フィンランド、そしてロシアのコラ半島にまたがって暮らす北ヨーロッパの先住民のことである。彼女によると、サーミ人の人口はおよそ八万人で、そのうちの約二万人がスウェーデンに住んでいるとのことだった。

また、サーミ人には昔から継承されている独自の村(4)があるそうで、スウェーデン国内には全部で五一あり、そのうちの三二はノルボッテン県に、さらにそのうちの八つがキルナ市にあるらしい（地図参照）。

スウェーデンに位置する全51村のサーミ村。名称は本書に登場するもののみを記載

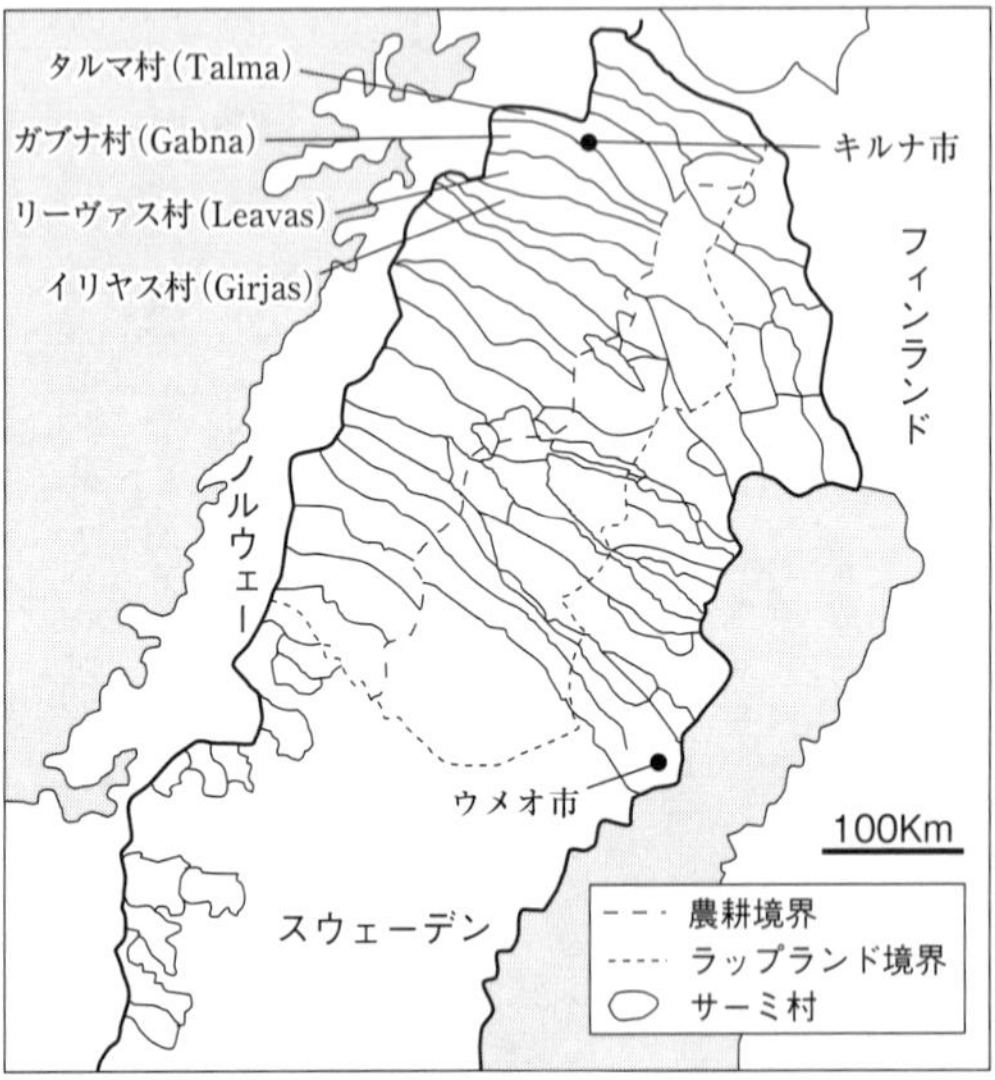

サーミ人は、それぞれの村をとても大切にしているという。ちなみに、彼女の息子さんは、キルナ市内に位置する「タルマ村」に住んでいると言っていた。そして、サーミ人による、サーミ人のための議会(5)があることも教えてくれた。

さらに、カタリーナは次のように続けた。

「サーミ人はトナカイとの結び付きがとても強いのよ。サーミ人は『八つの季節をもつ人々(people of the eight seasons)』と呼ばれているけれど、これもトナカイを追う暮らしのなかから生まれてきた表現ね。私の家族にしても、夫の一家は代々トナカイの肉の会社を経営してきていて、私もつい数年前までは、夫と一緒にその会社を切り盛りしていたの。今は、息子が私たちの跡を継いでくれているわ。それでも最近は、トナカイで生計を立てるサーミ人が減ってきて、今は二五〇〇人くらいかしら。そのほかの人は普通の仕事をしているのよ。外国の人からは、私たちはみんなトナカイを追って暮らしているように思われているみたいだけど……」

カタリーナは、理学療法士として働いて一〇年になるそうだ。彼女はかねてより理学療法士に

（4）（sameby《サーミビー》）村といっても現在の行政上のものではない。サーミ人の暮らしのなかで綿々と引き継がれてきた区分であり、「村」という呼び方のほかに「テリトリー」とか「エリア」などという表現を用いることもある。サーミ人にとっては、生きていくうえで切り離すことのできない地域概念である。

（5）サーミ議会は、サーミ語で「Sámediggi《サーミディッギ》」、スウェーデン語では「Sametinget《サーミティンゲット》」という。

コラム❼ スウェーデンと日本における理学療法士と養成校の比較

スウェーデンの登録理学療法士連盟（Legitimerade Sjukgymnasters Riksförbund: LSR、1943年設立）の統計によると、2011年12月末現在における登録理学療法士数は11,793人（稼働人口は推定約12,400人）、養成校数は８校となっている。スウェーデンの養成校はすべて国立大学の学部にあり、３年制である。ちなみに、大学院まで学費は無料である。

理学療法士の勤務形態の内訳は、地方公務員が73％、私企業12％、国家公務員１％、開業14％となっている。

一方、日本理学療法士協会（1966年設立）の2011年４月現在の統計によると、日本における理学療法士会員数は66,256人（国家試験合格者数は９万人強）、養成校数は247校となっている。養成校の形態は専門学校、短大、大学が混在している。

ちなみに、スウェーデンの登録理学療法士数と養成校数を、人口比（日本：約１億2,800万人、スウェーデン：約900万人）から日本に置き換えると、それぞれ約165,000人、約112校に相当する。この数字からすると、日本の理学療法士数はまだ少なく、逆に養成校数は多すぎの感がある。日本の養成校は2000年に入って、いわゆる小泉改革によって乱立気味に急激に増えた（2010年からはほぼ横ばい）ために、理学療法士数の増加は飛躍的に図られている（毎年約１万人の理学療法士が誕生）反面、教育の質の低下が叫ばれている。

スウェーデンでは、長い年月をかけて、教育の質を担保しながら少数精鋭で着実に養成してきた。理学療法士全体における年齢構成のバランスがよく、理学療法士に対して、補助器具を処方する権限や開業権も早くから認めている。職能団体として組織も安定し、社会的な認知度も高い。質量両面において、日本の理学療法士がスウェーデンに追いつくには、まだしばらく時間がかかりそうだ。

なりたかったそうで、息子が会社を継げる年齢になるのを待って、満を持《じ》して養成校に入ったのだと語ってくれた。

役所には見えないキルナ市庁舎

彼女との会話を楽しんでいると、車はあっという間に三キロメートルほどを走ってスタフーンス通りを左に折れ、先ほど遠くに見えた市庁舎が目の前に近づいてきた。どうやら、次は市庁舎を案内してくれるようだ。

キルナ市庁舎はレンガ調の外壁をもつ三階建てで、最上階には、幾何学的なオブジェにも見える時計台がそびえている。門扉は漆黒で重厚だ。その手前には、キルナ市のシンボルであるライチョウと、鉄をモチーフにした紋章の描かれた二本の大きな氷柱が玄関柱のように立っている。なかなか見応えがある。私はデジタルカメラを取り出しながら、庁舎全体が収まる所まで離れて、縦横斜めにカメラを構えてシャッターを切った（本章の扉写真を参照）。

中に入ると、暖房がよく効いていて、写真を撮る間に冷えきってしまった顔や手が一気に火照ってくる。目の前に広がる空間は上階までが大きな吹き抜けになっていて、日本の典型的な市役所の造りとは雰囲気がまったく違う。この建物だけでも観光客を呼べそうだ。あとで聞いたところによると、この市庁舎は建てられた五年後の一九六五年に、スウェーデン建築家協会から「スウェーデンでもっとも美しい建物」として賞を受けたということだった。

でも、ここはれっきとした市庁舎であって、一階から三階まで、「Socialkontor《ソシアルコントール》」と呼ばれる社会福祉サービスを扱う部門の事務室をはじめとして、公務を行う事務室がロの字型にずらりと並んで吹き抜けを取り囲んでいる。その部屋のいくつかをカタリーナが案内してくれた。どの部屋も個室で、ドアを開け放ったまま仕事をしていた。職員のほとんどがカタリーナの同僚や上司なので、彼女や私に気付くと、みんな仕事の手を一瞬止めて挨拶をしてくれた。

二時ごろ、市庁舎の見学を終えて外へ出ていくと、電動車椅子に乗った女性が玄関に通じるスロープをちょうど上って来ようとしていた。「ヘイ!」と、カタリーナが笑顔で声をかけた。どうやら知り合いらしい。その女性を私に紹介してくれた。彼女の名はライラ・ニーア（Laila Niia）といった。「Niiaというのはサーミ人に特有で、かつよくある苗字。実は、私の苗字もNiiaというのよ」と、カタリーナが教えてくれた。

ライラは一人暮らしの六五歳で、多発性硬化症を二五年間にわたって患っているが、とても行動力に富み、さまざまな趣味活動にいそしんでいるらしい。「とても六五歳には見えない。少なくとも、一〇歳は若く見える」と、私はお世辞抜きで彼女に伝えた。

私はこのとき、別のことにも感心していた。それは、スウェーデン最北の地で、極寒の季節に、

市庁舎の玄関前でカタリーナとライラ（右）

ほんのちょっと散策しただけでも（まだ一時間二〇分しか経っていない！）、こうして電動車椅子に乗って一人で出掛けている障害者に出くわすという事実である。スウェーデンの外環境が、障害をもつ人にとって出歩きやすい造りになっているということの証明のようにも思われた。

「会話ができてとても楽しかったです。私はあと五日間この地に滞在するので、またどこかでお会いするかもしれませんね」と私がライラに言うと、「こちらこそ楽しかったわ。では、またどこかで」と言いながら、入り口の壁の手前にある重厚な門扉を開けるためのボタンを押して、彼女は車椅子を市庁舎の中へと走らせていった。

サーミ人の伝統的な住居を模したキルナ教会

私たちは再び車に乗り込んだ。走り出して間もなく、「さっき、ちょっと話題に出したサーミ議会の建物はあれよ」と言いながら、カタリーナが左斜め前方を指差してくれた。やはり彼女は、サーミに関することには思い入れが強いようだ。彼女の説明によると、独自の文化や言語をもちながら国境をまたいで暮らしているサーミ人たちが、あらゆる生活シーンでより快適に暮らせるような役割を果たしているのがサーミ議会だそうだ。ただし、サーミ人の障害者だけが入る施設を造ったり、彼らに

サーミ議会の建物

だけ適用されるサービスを別枠で設けたりというような排他的なことは一切していないとのことだった。

一四時一五分、次はキルナ教会を見学だ。グルーヴ通りからなだらかな坂道を上っていくと、まずは右手前に鐘楼が見え、正面の奥に教会の建物が現れた。その外観は、これまでスウェーデンでたくさん見てきたほかのどの教会とも似ていない。カタリーナが車を教会の正面に止めて、エンジンを切った。車の外に出てみると、辺りはしんと静まりかえっている。教会の外壁は一面ベンガラ塗装の赤褐色で、切り立った三角形の切り妻が印象的な造りとなっている。「ラップコータ（Lappkåta）」と呼ばれる、サーミ人の伝統的な住居を模しているとカタリーナが説明してくれた。

中に入ると、大きな切り妻から差し込む光が祭壇とパイプオルガンを明るく照らしていた。実に

キルナ教会と鐘楼

開放的な造りとなっていた。

この教会では、市民向けにさまざまな催しが定期的に行われている。そのなかでも、「silence《サイレンス》 retreat《リトリート》（静修）」と呼ばれる、ただただ静かに過ごすことを目的とした六時間の講座は人気があるらしい。普段はミサに参加してお祈りをするための長椅子に、この講座のときにかぎっては寝転んで瞑想をしたり、ヨーガをしたりできるのだそうだ。

帰り際、教会の敷地内の南側にある林を指差しながら、カタリーナが次のように教えてくれた。

「この町とＬＫＡＢをつくった、ヒャルマル・ルンドボーム（Hjalmar Lundbohm）という人物の墓があそこにあるのよ。いわば、この町の初代のボスの墓ね。そして、ヨーロッパ自動車道10号線の内側を、この教会を囲むように町の北から東へ抜ける大通りは、その名もヒャルマル・ルンドボームス通り（Hjalmar Lundbohmsvägen）と言うのよ」

キルナ市に着いてたったの三時間半だというのに、キルナ市の主だった場所を把握できたように思う。それだけではない。この町が鉄鉱石とは切り離せないこと、そしてサーミ人が非常に重要な役割を担っていることも肌で感じることができた。すべては、ほんの二時間足らず前に初めて会ったカタリーナのおかげである。

そして、このあと、いよいよカタリーナの事務所のある建物へと向かうことになった。

2 高齢者向けケア付き集合住宅を垣間見る

学生アパートと高齢者向けケア付き集合住宅が同居

「私の事務所に向かう前に、ちょっと見せたい建物があるの」とカタリーナが言ったのは、キルナ教会を後にして、グルーヴ通りを走り出して間もなくだった。アドルフ・ヘディンス通りからマンギ通りに入ってすぐを左に折れた所で、彼女が車を止めた。

「あの建物は、一階から三階が『fjällgården《フィヤルゴーデン》』と呼ばれる高齢者向けのケア付き集合住宅になっていて、そのうちの三階は認知症者専用なの。そして、四階は学生のアパートになっているのよ。面白い組み合わせでしょ」と、ゲオローグ通り沿いにある四階建ての建物を指差しながら教えてくれた。

キルナ市は宇宙物理学の研究においても世界的に知られており、ヨーロッパ自動車道10号線を、中心部から一〇キロメートルほど東に行った道路沿いにスウェーデン国立宇宙物理学研究所（Swedish Institute of Space Physics）があるが、それと関連した単科大学に通う学生がこのアパートに住んでいるらしい。それにしても、高齢者向けケア付き集合住宅と学生アパートとが同じ建物内というのは実に興味深い。インテグレーション、インクルージョン、実際主義、といったスウェーデンという国が是とする哲学を象徴している感じがする。

広域に機能する高度専門病院

このあと、スコール通りを南下して彼女の事務所へと向かった。キルナ病院（Kiruna sjukhus）とつながっている二階建ての「ソールバッケン（Solbacken）」という名の高齢者向けケア付き集合住宅の二階にあるそうだ。

ソールバッケンは一階と二階に分かれていて、それぞれ「ソールバッケン１」と「ソールバッケン２」と呼ばれている。一八戸ずつの個室から成り、合わせると三六戸になる。「ソールバッケン１」は身体機能面に重い障害をもつ高齢者が暮らすフロアで、「ソールバッケン２」は認知症を患っている高齢者専用のフロアとなっている。ここの入居者の機能障害や基本動作、日常生活活動のレベルなどについて評価するのも、カタリーナや同僚の作業療法士であるアニータらの仕事らしい。

キルナ病院の駐車場に車を止めて事務所に向かう道すがら、カタリーナは、キルナ病院とスウェーデンの北部をカバーしている高度専門病院について次のように教えてくれた。

目前にあるキルナ病院はノルボッテン県運営の病院で、四五の病床と約五〇〇人の従業員から成っている。また、初期医療診療所の役割も果たしているという。県をまたいで広域に機能する高度専門病院には、ノルボッテン県内の「イェリヴァーレ病院（Gällivare sjukhus）」と「スンデルビー病院（Sunderby sjukhus）」、南隣の県であるヴェステルボッテン県のウメオ市にある「ノルランズ大学病院（Norrlands universitetssjukhus）」の三つがあって、キルナ市からそれぞれ一

スウェーデン北部をカバーする三つの高度専門病院とキルナ病院

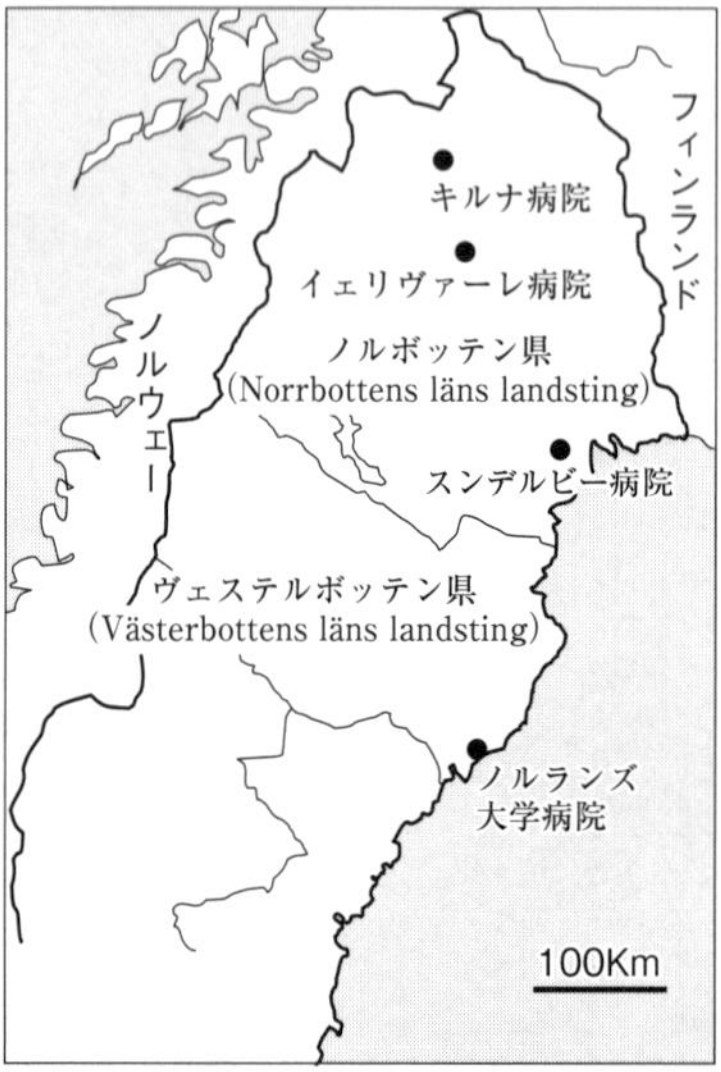

キルナ病院

二〇キロメートル、三五〇キロメートル、八〇〇キロメートルほど離れているそうだ。より効率的に運営するために、役割が分化しているとのことだ。

たとえば、キルナ市に住む女性が子どもを産む場合は、イェリヴァーレ病院に入院することになる。一方、今から三年前の五〇歳のときにカタリーナの妹が心筋梗塞を発症した際には、ヘリコプターでノルランズ大学病院まで運ばれて手術を受けたということである。

認知症者に対する洗練されたかかわり

一四時三〇分、「ソールバッケン２」に到着した。まずは、共用キッチンの横にあるダイニングテーブルの椅子に女性の入居者と向かいあって腰掛けているハラルド（Harald）というおじいさんに挨拶をする。カタリーナは、ハラルドに事情を説明しながら、彼の部屋を私に見せてくれるように頼んでくれた。ハラルドはとても優しい笑顔で「オーケー」と言ってくれた。

カタリーナが、彼女自身が処方したという赤い歩行車をハラルドに差し出すと、彼はゆっくりと立ち上がって歩き出した。私がカメラを構えていることに気付いたハラルドは、しばし立ち止まって笑顔でポーズ。このあと、部屋までの二〇メートルほどを、

ハラルドとカタリーナ

カタリーナに横から見守られながら歩いた。

　部屋の入り口には表札が掛かっていて、それ専用の小さな照明から放たれた柔らかい光が「Harald《ハラルド》 Klemo《クレモ》」という文字を浮き立たせている。中に入ってみると、簡易キッチンとシャワートイレが付いたワンルームになっていた。広さを尋ねると、三〇平方メートルほどとのことだ。ハラルドは、両手を広げながら「どうぞ自由に見て」というしぐさをしてくれた。大きな窓から見える景色が、室内を実際よりも広く感じさせている。体格のよい大人二人がゆったりと座れるソファに腰を下ろし、茶色の木製の箪笥《たんす》に掲げられている家族の写真をしばし眺めさせてもらった。

　ハラルドにお礼を言って廊下に出ると、体格のがっしりしたおじいさんがこちらに向かって歩いてきた。カタリーナは彼にも声をかけた。スティーグ（Stig）という名のその男性に、私が日本から来たことを伝えると、彼は大きく目を見開いて「それは大変だ！」という表情をした。

　次に出会ったのは、カーリン（Karin）という女性。廊下の壁に向かって立ち、しきりに右の手のひらで壁をこすっている。しばらく観察してみたが、常に同じリズムで上下左右に手を動かし続けている。カタリーナが「こんにちは、カーリン。元気？」と尋ねると、「壁拭きを手伝っているの」とまったく汚れていない白い壁をこすりながらカーリンが答えた。どうやら、壁の掃除をしているつもりらしい。「ありがとう。おかげできれいになったわ」とカタリーナが労《ねぎら》いの言葉をかけると、カーリンは「いえいえ、どういたしまして」と嬉しそうに答えた。

しばらく見守ったあと、そっとその場を離れたカタリーナがカーリンの部屋に入って、手拭き用の白い紙ナプキンを持って戻ってきた。

「これを使って拭くと、仕事がしやすいかもしれないわよ。どうぞ」と言いながら、カタリーナは紙ナプキンをカーリンに手わたした。するとカーリンは、「あら、忘れていたわ。どうりで指先が汚れるわけね。ありがとう」と言ってそれを受け取り、壁拭きの仕事を続けた。もう少しだけ見守ったあと、「ちょっと仕事をお休みして、向こうのダイニングで休憩しない？」と言いながら、カタリーナはカーリンの手を引いてダイニングルームまでゆっくりと誘導していった。

ダイニングルームでは、女性のケアワーカーが午後のコーヒータイムの用意をしている最中であった。「カーリンは、壁拭きの仕事をとてもきれいに仕上げてくれたのよ」とカタリーナが伝えると、そのケアワーカーは、「あらそうなの、ありがとう。カーリンは本当に掃除がじょうずだものね」と言いながらカーリンをしっかりと抱きしめ、彼女の頬に頬ずりをすると、カーリンはとても嬉しそうな表情をした。それを見届けてからカタリーナは、私を彼女の事務室があるほうへと案内してくれた。

カタリーナたちの丁寧な接し方を見た私は、これまでのスウェーデン滞在で印象に残っている二つのエピソードを思い出した。

一つは、イェーテボリ市のすぐ北で西海岸沿いのストレムスタッド市にある認知症者用の集合住宅「ソールボーゴーデン（Solbogården）」を二〇〇三年の秋に訪れたときに聞いた話である。

語ってくれたのは、当時、そこの看護師のリーダーを務めていた女性である。食欲をなくした認知症者に対して彼女が行った二つの取り組みの成功事例である。

一つ目は、ある高齢男性に関する話だ。彼は、ある日を境に食欲をなくしたが、原因が分からなかった。声掛けをしたり、口元まで食物を持っていってあげたりと、職員がいろいろなアプローチ方法を試みたが、彼の食欲は戻らなかった。点滴でつないでいた数日後、この看護師がたまたまお皿をオレンジ色の縁取りのあるものに変えてみたところ、食欲が戻ったというのだ。

もう一つは高齢女性の話で、彼女も、ある日を境に食欲をなくしてしまっていた。彼女に対しても、スタッフはいろいろと試してはみたが、やはり食欲は戻らなかった。点滴でつなぎながら試行錯誤を続けていたある日、この女性がいつも自室の天井と壁の境目のところを注視しながら、不安な表情をしているということに前述の看護師が気付いた。その境目には何もなく、壁と天井は同じ色で続いていた。看護師に確信はなかったが、単なる思い付きで、その境目にブルーのラインを引いてみたところ、彼女の不安な表情が消えて食欲が戻ったというのだ。

二つ目のエピソードは、二〇〇〇年に初めてスウェーデンを訪れた際に、レッセボー市の郊外のホーヴマントルプ地区（Hovmantorp）という所で准看護師による在宅訪問に帯同したときに

壁と天井の境目に引いたブルーのライン

体験したことである。

その日の午前中、私はニーナ（Nina）という名の准看護師に付いて、アルコール中毒症で軽度の認知症を患っている男性のアパートを訪ねた。ニーナが呼び鈴を押したが応答がない。ノブを捻ると玄関のドアは開いていた。中に入ってみたが男性はおらず、ダイニングテーブルにはビールの空き缶や食べ物の残骸が散らかしてあって、奥の居間のベッドは尿で濡れて異臭を放っていた。

ニーナは少しあきれた表情をしたが、特段驚いた様子はなく、淡々と仕事に取り掛かった。まずは、窓を開けて空気の入れ替えをしながら、冷蔵庫の整理からはじめた。「すぐに男性を探さなくていいのか」と私が問うと、「まずは片づけてからね。いる場所は見当がついているわ」と言いながら、ニーナは冷蔵庫の中の賞味期限切れの食品を取り出して、買ってきたばかりのものと入れ替えた。次にダイニングを片づけ、ベッドの周りを掃除して、ベッドメイクも済ませた。

「さあ、彼の所に行きましょうか」と言って私を連れていってくれたのは、歩いて五分足らずのスーパーの前だった。ベンチに彼が座っていて、手にはスーパーで買ったばかりのライトビールの缶が握られていた。

「やあ、ニーナ。元気かい？　今日は彼氏を連れているのかな？」

そんな調子で話し掛けてくる彼に対して、「部屋を片づけておいたからね。あまり飲みすぎないでよ。何か用事はある？　そう、なければまた来るわね」とニーナは言って、この日の訪問は終了した。こんな彼でも、地域で一人暮らしを続けているのだ。

今回のカタリーナのさりげない接し方といい、ストレムスタッド市やレッセボー市でのエピソードといい、スウェーデンにおける認知症者へのかかわり方に対する意識の高さがうかがえる。一方、認知症へのかかわり方が不十分な日本では、いつのまにか精神的・身体的に壊されていく患者が多い。

キルナ市の高齢者向けケア付き集合住宅

カタリーナの事務室の前に着くと、一人の女性が私に挨拶をしてくれた。そして、「カタリーナの妹です」と自己紹介をした。彼女は看護師をしていて、カタリーナの事務室の斜め前が彼女の事務室とのことだ。「私たちは年子で、私が五四歳、妹は五三歳なの。私は四人兄弟姉妹の一番上なのよ」と、カタリーナが付け加えた。

このあと、自分の事務室に私を招き入れ、「何か質問があればどうぞ」と言ってくれた。私は、思いつくままに、キルナ市の高齢者向けケア付き集合住宅にはどれくらいの人が住んでいるのか、その人たちを担当する療法士や看護師の数は何人か、高齢者向けケア付き集合住宅に暮らす人の経済面（収支）はどうなっているのか、ということについて質問をした。カタリーナは事務机の上のパソコンを操作して、キルナ市のホームページ（**コラム8**を参照）の高齢者ケアに関する情報を見ながら、次のように回答してくれた。

まず、キルナ市の高齢者向けケア付き集合住宅に住む高齢障害者数は約三〇〇人で、彼らを担当する理学療法士はカタリーナを含めて二人、そして作業療法士は四人とのことであった。看護師はおよそ二五人で、そのうち「ソールバッケン1」と「ソールバッケン2」には二人ずついるらしい（次ページの**表2－1**を参照）。

そして、キルナ市の高齢者向けケア付き集合住宅に住む人々の経済面に関しては次のような説明があった。

住居費、食費、ケア費を合わせてこの入居者が支払う一般的な自己負担額は、一か月に七～八〇

コラム8　スウェーデンの自治体のホームページ

各自治体のホームページは非常に充実している。使いやすく、デザイン性に優れているだけでなく、情報の質と量に圧倒される。各部門の責任者や担当者の名前が明らかにされていて、その個別の連絡先（電話・ファクス番号、メールアドレス）が明記されていることも多い。様々な背景をもってともに暮らす一人ひとりの市民にとって、非常に有益な情報が得られる。スウェーデン社会の情報公開のレベルの高さを象徴している。

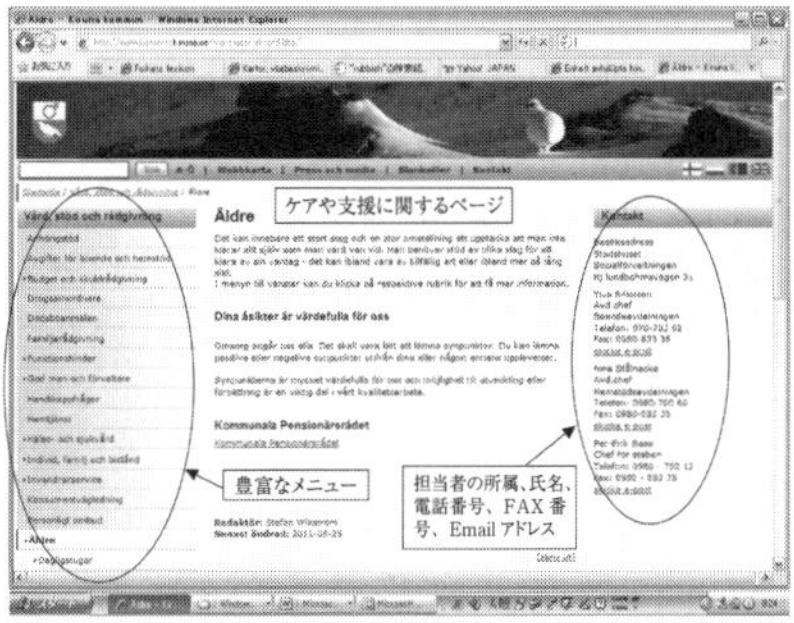

表2－1　キルナ市における高齢者向けケア付き集合住宅
（2012年1月現在）

中央地域（Centrala）

・ソールバッケン（Solbacken）—キルナ病院に隣接している2階建て。住戸数36。9戸ずつからなる四つの単位で構成。そのうちの二つの単位は認知症者用。

・ローセンゴーデン（Rosengården）—町の中心部に位置する2階建て。認知症者用。住戸数33。二つの単位からなる。

・ヴィーランエット（Vilan 1）—6階建て。住戸数33。

・ヴィーラントゥヴォー（Vilan 2）—ヴィーランエットに隣接している3階建て。住戸数33。

・フィヤルゴーデン（Fjällgården）—街の中心部に位置する4階建て。住戸数24。1階と2階は機能障害をもつ高齢者用。3階は認知症者用。4階は大学生のアパートとして使用。

・グレンタン（Gläntan）—2階建て。認知症者用。住戸数32。四つの単位からなる。

・グラスィヤーレン（Glaciären）—グレンタンに隣接する2階建て。1階は介護をする家族のレスパイトを目的とした短期滞在型。居室数18。二つの単位からなる。2階は支援管理者による相談、介護ニーズ判定、トレーニングなどを提供する事務所。

・ミッスィンゲ（Mysinge）—互いにつながった三つの建物からなる。住戸数59。

東地域（Östra）

カレスアンド地区（Karesuando）

・ヴィーデゴーデン（Videgården）—10戸の住戸とレスパイト目的の1居室。

ヴィッタンギ地区（Vittangi）

・イェングスゴーデン（Ängsgården）—平屋造り。14戸の住戸とレスパイト目的の1居室。

・ブロムステルゴーデン（Blomstergården）—2階建て。住戸数24。四つの単位からなる。

（詳細は、キルナ市のホームページ http://www.kommun.kiruna.se/Vard-och-stod/Aldre/ を参照）

○○クローナ（約一一万九○○○円～約一三万六○○○円）で、そのうち食費は二七七○クローナ（約四万七○○○円）である。ただし、ケアに対する自己負担額は、国が定める「最低生活保障額（minimibelopp）」と住居費を確保したあとに決まるものなので、受給年金額が少ない人は当然減免されることになり、生活に支障をきたすことはないとのことだった（詳しくは二三九ページの**コラム15**を参照）。

　このあと、「ソールバッケン1」を見せてもらえることになった。その共用スペースに向かうと、品のよい色白の女性がリクライニング式の車椅子に座ってくつろいでいた。彼女はロシアからの移民だという。

　また、このフロアには、食事を経口摂取することが困難な二人の胃瘻《いろう》栄養患者がいるとのことだった。一人はエルサ（Elsa）という女性で、一日に五回に分けて栄養を投与しているという。彼女の所へ向かってみると、共用ダイニングで特別あつらえの車椅子に乗りながら、ちょうどこれから胃瘻栄養を受けようとしているところだった。

　最後に出くわしたのはライラ（Laila）という女性だ。たくさんのカーラーに髪を巻きつけて、これまた特別あつらえのリクライニング式の車椅子に乗ってテレビを見ていた。発語に障害があるようで、なかなか言葉が出てこないが、私に笑顔を向けてくれながら一生懸命に何かを言おうとしている。カタリーナと一緒にいる、見慣れないアジア人の私を見て、客人だと分かったのかもしれない。

コラム9 スウェーデンにおける経管栄養の使用と廃用症候群の予防について

これまでのスウェーデン滞在のなかで、経皮内視鏡的胃瘻造設術（percutaneous endoscopic gastrostomy：PEG《ペグ》）を施行された多くの経管栄養患者に出会ってきた。一人ではほとんど動けないレベルの機能障害を抱えて長期間生活していたにもかかわらず、日本で見られるような重度の廃用症候群（褥瘡や拘縮をあわせもつ状態）に彼らは陥っていなかった。

したがって、日本の一部の医療関係者による「スウェーデンで重度の廃用症候群を抱える患者がいない理由は、経管栄養による延命処置をしないからだ」という理解の仕方はまちがいとなる。

スウェーデンでは、経管栄養による安易な延命をすべきではないという議論も度々起こるほどに、経管栄養、なかでもPEGは一般的に施行されている。手元にある2009年3月の〈ダーゲンスニーヘーテル紙〉にも、PEGにより12年間生き続けている実母を間近で見続けながら、医師の決定に従うしかないスウェーデンの延命のあり方に、次のように疑問を投げ掛けている女性の記事（http://www.dn.se/insidan/insidan-hem/jag-vet-att-mamma-vill-do）が載っている。

「母に対する看護やケアには満足している。リフトで離床をさせてもらい、マッサージを施され、温かいお風呂にも入れてもらっている。でも、身体を自分で動かすことも、意志を伝えることもできない母親は、このような状態で生きながらえていることに納得していないと思う。意思疎通の能力を失った際の自らの延命処置について、生前遺言書で意志を表明できるデンマークの制度を見習うべきだ」

経管栄養を長期にわたって使用することの是非は、ここではあえて取り上げない。私が伝えたいのは、スウェーデンでも経管栄養による延命は普通にあること、それでも廃用症候群は可能な限り予防されているということである。

三時すぎ、カタリーナが段取りをしてくれた本日の予定はすべて終了した。「キルナ市初日の取材はどうでしたか?」とカタリーナが聞いてきた。大変満足したことを私が伝えると、とても嬉しそうに微笑んでくれた。このあとカタリーナは、車で私をホテルまで送りながら、火曜日と木曜日の予定について再度詳しく話してくれた。

明日一九日（火）は、まず一二時にカタリーナがホテルまで迎えに来てくれて、ホテルからほど近い所にある機能障害者のための活動所をいくつか案内してくれるそうだ。その後、二五キロメートルほど離れたプオルツァ（Puoltsa）という村にある活動所にも向かってくれると言う。さらに、市内に戻ってきてからは、重度の障害者が暮らすグループ住宅を訪れたあと、最後は「レスュースセンテル（Resurs center）」と呼ばれる、もう一つの活動所にも立ち寄ってくれるとのことだ。夕方五時くらいまではかかりそう、と言っていた。

そして二一日（木）には、キルナ市の中心部から一八〇キロメートルも離れたカレスアンドという地区にある高齢者向けの集合住宅を訪問する予定となっている。その朝は、七時三〇分に私を迎えに来てくれるらしい。

ホテルに送り届けてくれる前にカタリーナは、二〇日の水曜日に私が小旅行を計画しているため、キルナ市の東に位置するユッカスヤルヴィという地区に関する情報を収集しようと、町の中心部にある旅行案内所（通称「i《アイ》」）に立ち寄ってくれた。ちなみに、ユッカスヤルヴィには、ラップランドでもっとも古い「ユッカスヤルヴィ教会」（一七八五年完成）がある。

旅行案内所は、地元の人々の憩いと集いの場である大きな劇場やカフェなどが入った「Folketshus《フォルケッツヒュース》（人々の家）」という建物の中にある。月曜日だが、結構賑わっていた。カウンターで順番を待っているとき、カタリーナがふと思い出したように、「そうそう、明日めぐる活動所と言えば……」と言いながら、障害者と活動所の橋わたし役となる療法士が普段心掛けていることについて語ってくれた。

「数ある活動所のなかから、障害を抱えた一人ひとりの利用者の好みや性格にあった場所をアレンジすることが、私たちの一番大切な仕事なの」

ユッカスヤルヴィの見どころ情報を手に入れてホテルに向かう道すがら、雪の彫刻が立ち並んでいる広場を通りかかった。毎年一月から二月にかけて行われる「キルナ雪祭り（Kiruna snöfestival）」[6]の名残とのことだ。この年は、つい先週までやっていたらしい。「この時期には、世界中から大勢の人が集まるのよ」とカタリーナは言ったが、この小さな町がどんな感じで賑わうのか、ちょっと想像がつかなかった。

あっという間にホテルに着き、カタリーナに今日のお礼を述べ、明日の再会を約して握手をして別れた。

3 障害者の「生きがい」を支える活動所をめぐる

一九日の火曜日、朝五時二〇分に目が覚めた。窓の外に目をやると、真っ暗な空を背景にして、街灯のオレンジ色の明かりが積もった雪を淡く照らしている。目の前の通りは、まだ車がほとんど走っていない。

外の空気を確かめるべく、斜めに少しだけ開く窓を向こう側に押すと、暖房の効いた室内にほどよい冷たさの外気が入ってきて、とても気持ちがいい。窓を閉め、気温は何度だろうと思いながら、ノートパソコンを電話回線につないでインターネットのブラウザを開いてみた。スウェーデンの大手新聞である〈ダーゲンスニーヘーテル紙〉のホームページにある天気欄では、現在のキルナ市の気温はマイナス一一度となっている。

無性にお腹が空いていることに気付いた。洗面を簡単にすませ、すぐに階下のレストランへと向かった。朝食の開始時間は五時三〇分。テーブルには、すでに二人の先客がいた。ビュッフェスタイルのメニューはなかなか豊富で、私好みの料理が多い。早く食べはじめたい気持ちを抑え

（6）一九八六年から二〇年以上にわたって開催されているキルナ市の冬の最大イベント。趣向を凝らしたさまざまな催し物が、国内外の観光客を毎年数多く引きつけている。

ながら、料理の並んだカウンターの右側に置いてあるトレーを手に取り、ナイフとフォーク、そして大皿と小皿を載せた。

ソーセージ、スモークハム、キャビアの載った輪切りのゆで卵、そしてミートボールを大皿にとり、茶色のライ麦パン三枚を小皿に載せて、最後に牛乳とホットコーヒーをそれぞれグラスとカップに注いで窓際のテーブルに着いた。徐々に車が多くなってくる通りを眺めながらあっという間に平らげ、パプリカとチーズを載せたオープンサンドを追加で食べて朝食は終了。

朝八時、シャワーを浴びたあと、自室の窓に再び隙間をつくって外の新鮮な空気を取り込んでみた。それにしても、外の寒さとは裏腹に、建物の中は実に心地のよい暖かさが保たれている。日本のホテルでよく見られる天井送風式の暖房ではなく、床暖房とラジエータによる暖房なので、暖かさに偏りがないし空気も乾燥していない。また、送風時に出がちなブーンという耳障りな機械音もない。

窓の外には、エステル通りとラスト通りとの交差点であるラウンドアバウト（**コラム10**参照）が目の前に見えていて、先ほどまでの閑散とした道路とは打って変わってヘッドライトを灯した車が行き交っている。

ようやく、東の空に朝の太陽が顔を出しかけている。そこから放たれた淡い光は、雲の層の透き間を貫いて、町の西側に位置する、かつて鉄鉱石が切り出されていた名残で階段状になっているキルナヴァーラの雪の山肌をだいだい色に染めている。これらの風景を眺めながら、待ち合わせの時間まで、昨日までに記したメモと撮った写真をコンピュータに落とし込む作業を行った。

三つの活動所が集まった「サーヴォ（SAVO）」

約束の時間の一〇分前、一一時五〇分に一階のロビーに下りた。昨日初めて会ったときのように、おそらく今日もカタリーナは早目に現れるだろうと思ったからだ。

一一時五五分、「KIRUNA KOMMUN《キルナコミューン》」とドアに大きく書かれた車に乗ったカタリーナが、助手席に女性を伴ってホテル前の駐車場に入ってきた。ソファの上に置いてあったナップサックを背負い、彼女たちに向かって手を振りながら玄関を出ていった。

車の後部座席のドアを開けながら、

「God morgon!《グッモッロン》（おはよう）……ではなく、もうお昼だからGod dag!《グッダーグ》（こんにちは）だね」と言

コラム10　ラウンドアバウト

英語では「roundabout」と表記する。スウェーデンでよく見かける交差点の形式。これによって、信号を使わずに車が右左折できる。図では、車の流れを矢印で示した。サークル内に入った車が優先となる。信号機にかかる経費が節約できると同時に、交差点における走行速度が落ちることで事故が減少すると言われている。残念ながら、土地の活用の仕方が下手な日本ではほとんど存在しない。

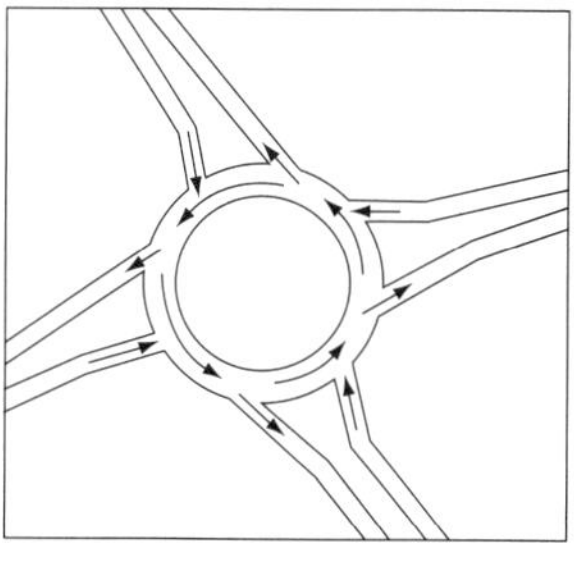

いながら乗り込むと、カタリーナは運転席から振り向いて笑顔で、「そうね、グッダーグね、マコト。ところで、昨日伝えたと思うけど、こちらは作業療法士のリンダ（Linda）よ。今日は、彼女が日ごろかかわっている所を訪問するわよ」と、助手席の女性を紹介してくれた。

リンダはカタリーナと同じくキルナ市の職員で、二〇歳から六五歳までの障害者およそ一五〇人を担当する部署で働いている。彼女を含めて、理学療法士一人と作業療法士三人でその部署は構成されているそうだ。

まず、私たちは、このラスト通りを東へ一キロメートルほど行った所にあるリンダの事務所に向かうことにした。よく除雪された通りを走っていくと、世間話をする間もなく、あっという間に着いた。広い駐車スペースに車を止めて降りると、前面に大きく「SAVO」と書かれた看板のある平屋の建物がある。「この中に、リンダの事務室と、障害者が集う活動所があるのよ」と、カタリーナが歩きながら説明をしてくれた。

中に入ると、個室の事務室が並んでいる。スウェーデンでは見慣れた風景である。それぞれの部屋の廊下側の壁はガラス張りになっているので、廊下から室内をのぞくことができる。在室中の職員にガラス越しに挨拶をしながら、いくつかの部屋の前を通りすぎ、リンダの事務室へと向

サーヴォの入り口

かった。

事務室に着くと、リンダとカタリーナが、今日これから訪問する場所について改めて説明してくれた。まずは、サーヴォの中にある三つの活動所を見てから、郊外の活動所に向かう。その後、再び市内に戻って、障害者の暮らすグループ住宅、自閉症の人たちが通う学校、補助器具センター、そして最後にもう一つの活動所と、今日の予定は盛りだくさんとなっている。

活動所とは、特定の機能障害者を支えるために一九九四年に施行された「LSS」と呼ばれる法律に基づいて、発達障害、自閉症もしくは自閉症同様の状態をもつ障害、脳外傷、そのほかによる重度の機能障害をもつ人に対して市が提供している活動の場のことである。

サーヴォには、キルナ市が運営する七つの活動所のうちの三つがある。ここには、毎日たくさんの障害者が通ってきているとのことだ。「SAVO」という名称は「Socialt《ソシアルト》 Arbete《アルベーテ》 Verksamhet《ヴェルクサムヘット》 Omsorg《オムソーリ》（社会的な仕事・活動を提供する）」というフレーズの単語の頭文字をつなげたもので、いわゆる「知的障害者（begåvningshandikappade《ベゴーヴニングスハンディカッパーデ》）」や、人間関係づくりや仕事をこなすという点において問題を抱えているために、一般の会社などでは働くことが難しい人の活動の場となっている。三つの活動所を具体的に挙げると、自動車をきれいにする（洗車や車内の掃除などをする）ガレージである「Bilvård《ビールヴォード》」（Bil＝車、vård＝ケア）、パン工房の「Bageri《バーゲリ》」、いわゆる白物家電の修理場である「vitvaruhantering《ヴィートヴァールーハンテーリング》」（vitvaru＝白物家電、hantering＝修理）である。

話のついでに、キルナ市に暮らす障害者に対してサービスを提供しているすべての活動所について解説してもらった。リンダとカタリーナは、図を描きながら丁寧に説明してくれた（**表2－2**を参照）。そしていよいよ、この事務室の裏側にある活動所の見学である。

まずはビールヴォードだ。一〇〇平方メートルくらいありそうな空間の片隅に、緑色のアウディが一台止めてある。二人の男性が車体の外側を布で拭き、一人の男性が車内で何やら作業をしていた。リンダによると、一人がダウン症者で、二人は学習障害を抱えているとのことであった。

「仕事の調子はどう?」カタリーナが、車の外で作業をしている一人に声をかけた。

「まあまあだよ」

「日本から来たマコトを紹介するわ」カタリーナがそう言いながら、何か話しかけてみたらと私を促した。

「ここで働くのは楽しいですか」と私が尋ねると、「楽しいよ。車が好きだからね」と、彼ははにかんだ表情で答えてくれた。もう一人の男性は、こちらを振り向かず、ミラーの辺りを熱心に磨いていた。

このあと、すぐ隣の白物家電の修理場へと移動した。眼鏡をかけた男性が小さな部品を修理している。「彼はロバート（Robert）というのよ」と、リンダが紹介してくれた。彼の了解を得て、彼が仕事をしているところを写真に収めた。

今度は、ロバートが手仕事をしている机の横で、ほかの障害者たちと談笑している男性に声をかけてみた。ニクラス（Nicklas）という名前で、ここの指導員（handledare《ハンドレーダレ》）をしているとの

表2－2　キルナ市における主な活動所

活動所は、認知に問題をもつ人々が日常的に利用する所で、利用者は、就学前の子どもから高齢となった障害者までと幅広い。キルナ市では、およそ150人が利用している。多くの場合、「Handledare《ハンドレーダレ》」と呼ばれる指導員が付いている。

活動所には、市が運営しているもの（「Interna《インテルナ》」と呼ばれる）と、市から依頼を受けた民間企業が障害者の活動する場所を提供している形式のもの（「Externa《エクステルナ》」と呼ばれる）がある。それぞれ、以下の通りである。

市が運営するもの（インテルナ）

① SAVO《サーヴォ》
・bilvård《ビールヴォード》—洗車や車内の掃除などをするガレージ
・bageri《バーゲリ》—パン工房
・vitvaruhantering《ヴィートヴァールーハンテーリング》—白物家電の修理場
② RC《アールセー》—resurscenter《レスユースセンテル》の略で、あえて和訳すると「才能（資源）センター」となる。障害が重度で、多くの支援が必要な人が利用する。
③ Delfinen《デルフィーネン》—利用者の多くは就学前および就学中の自閉症の子ども。ごく短時間だけ利用する人から長時間利用する人まで、利用の仕方は様々である。
④ Café《カフェ》—市庁舎と高校（gymnasium《イムナシウム》）の中にある。
⑤ Ljungan《ユンガン》—精神障害者が利用している。

民間企業が提供するもの（エクステルナ）

① Församlingshemmet《フェーサムリングスヘメット》—直訳すると「教区の家」。日本の公民館のようなもので、地区の人々が様々な催し物やクラブ活動などで利用している。障害者がスタッフとして働いている。
② Kiruna guidetur《キルナガイドテュール》—北極圏やラップランドにおける小旅行を企画・運営している会社。障害者に対しては、スコップ仕事や荷物運びなどの肉体作業を中心に提供している。
③ Lindex《リンデックス》—衣類販売会社。作業療法士が評価して、それぞれの障害者に適した仕事を紹介する。主な仕事は、商品を畳んだり、運んだりすること。
④ Ofelaš《オフェラシュ》—乗馬体験やサーメの文化に触れるプログラムなどを提供する会社。自閉症者や発達障害者などに、馬の餌やりや、馬を厩舎から外へ連れ出すなどの仕事を提供している。

ことだった。知的障害者たちが満足感を得ながら働けるように気を配るのが、彼の主な仕事らしい。

次に、一旦外に出て、敷地の裏側にあるパン工房へと移動した。ちょうど、男性三人が働いているところだった。一人ひとりと握手をしながら挨拶を交わした。このうちの一人に、「モハメッド」という名の中東からの移民がいた。彼は障害者ではない。移民してきたばかりなので、実用的なスウェーデン語を学ぶことを目的に市からここを紹介されたそうだ。「しばらくの間ここで過ごしながら、スウェーデン語の上達を図っているんです」と、彼が直接話してくれた。

話が横道にそれるが、こういうシステムに関しても、私は素直に感心してしまう。外国からの移民にとっては、単に言葉を学ぶだけでなく、実地でスウェーデンの福祉事情を垣間見ることは新鮮だろうし、国や自治体にとっても、移民に自分たちの社会についていち早く理解してもらうことは非常に有益となろう。おそらく、スウェーデンという国は、こういった効果を十分に意図してこのような施策を行っているのではないだろうか。スウェーデン社会のシステムにおける合理性、実際主義というものの具体例を肌で感じた気がした。

部品を修理するロバート

馬の厩舎「オフェラシュ（Ofelaš）」(7)

一二時四五分、事務所の共用ダイニングでみんなと一緒に昼食をとったあと、この中心部から西南へおよそ二〇キロメートルの所に位置する「Puoltsa《プオルツァ》」という村へ向かった。そこにある「オフェラシュ」（http://www.ofelas.se/first.html）という名前の活動所が次の訪問場所である。

ラスト通りからヨーロッパ自動車道10号線に乗り、スィルフウェルブランズ通りを南に向かいはじめてすぐにカタリーナが、キルナ市が所有する車について、「ロシア製の車はミッションがよくないわね。それに比べて日本製は性能がいいわね。さっきの自動車ガレージで働いている利用者たちも、そんなことを言っていたわ」と、独り言のようにコメントをした。

しばらく走っていると、昨日話題に出た、キルナ市全体の大移動のあとに中心街となる場所の横を通過した。「あそこは今、地下に電気ケーブルを通すための工事をしている最中よ」と、カタリーナが工事車両を指差しながら教えてくれた。さらに彼女は、思い出したように、サーミ人の村に関することを話し出した。昨日に引き続いての「サーミ話」だ。

話を聞くと、作業療法士のリンダはリーヴァス村からやって来たそうだ。カタリーナ自身はと言えば、母親の代からガブナ村の出身で、結婚してから、夫の出身であるタルマ村へ移ったとのことだった。私にとってはどの村がどこに位置して、それぞれどういう特徴をもつのかまったく

（7）Ofelašはサーミ語で、スウェーデン語でいうと「vägvisare」、すなわち「道案内人」の意味になる。

見当もつかないが、カタリーナたちサーミ人が、その文化や村についてひとかたならぬ思いを抱いていることだけは十分に伝わってくる。

このあと、道中は見わたすかぎりの平原となった。右斜め前方、西の地平線の向こうには、スウェーデン最高峰の山であるケブネカイセを囲む山々が見えている。実に美しい。

カタリーナが、時速一〇〇キロで車を運転しながら、プオルツァで過ごす障害者の一日の大まかなスケジュールについてリンダに確認しつつ、私に説明をしてくれた。それによると、彼らは、午前中の早い時間にサーヴォに集合して、指導員が運転する車でオフェラシュまで来て午前中を過ごし、午後はまたサーヴォまで送ってもらうということである。

サーヴォを出発してから二〇キロメートルくらいがすぎ、もうすぐプオルツァの集落に入るという所でニッカルオクタの山々がさらに近くに見えてきた。このあとも車は順調に流れ、一三時すぎ、オフェラシュに到着した。

オフェラシュとは、サーミ人のマッツ・ベリィ（Mats Berg）と妻のシャスティン（Kerstin）の二人が経営している、アイスランド産の馬の厩舎をもつ小さな会社の名称である。ケブネカイセの山々が間近に見えるなかでの乗馬体験や、サーミ文化に触れるプログラムなどを提供している。実は、この会社は、ダウン症者や発達障害者、学習障害者などの働く場所、いわゆる彼らの活動所としてもキルナ市と提携しているのだ。

広大な敷地の手前にある自宅の玄関の呼び鈴をリンダが押すと、すぐに夫婦が笑顔で出迎えてくれた。リンダが私を紹介すると、「遠い日本から、ようこそ」と、マッツが私に言葉をかけてくれた。二人と握手をしながら挨拶を交わし、今回の旅の目的を私は簡単に伝えた。

ここでまた、カタリーナが経営者夫婦の出身村について教えてくれた。マッツはイリヤス村、シャスティンはリンダと同じリーヴァス村の出身だそうだ。何度も言うようだが、実にサーミ人は自分たちの村に対する思いが強い！

マッツによると、すでに朝から二人の障害者が厩舎で働いているとのことだったので、早速、カタリーナ、リンダとともに厩舎へと向かった。厩舎に入ると、いくつかある馬房の一つに背の低い白馬が一頭いて、三人の男女が干草を与えている最中だった。私たちが馬房に近づくと、中年のブロンドの女性が手袋をとって、柵越しに私に手を差し伸べながら「Hej!《ヘイ》」と挨拶をしてくれた。残りの二人の男女も、少しはにかみながら「ヘイ！」と挨拶をしてくれた。

ブロンドの女性の名はイングリッド（Ingrid）といい、二人の指導員をしているそうだ。イングリッドが、その男女二人と白馬を紹介してくれた。男性のほうはローゲル（Roger）といい、年齢は三〇代後半で、発達障害を抱えているそうだ。女性のほうはエーヴァ（Eva）で、年齢は四一歳、ダウン症者とのことであった。そして、白馬の名はヒルデュール（Hildur）、一四歳のメスということであった。

みんなで少し世間話をしたあと、私はローゲルとエーヴァに了解を得てからデジカメで写真を撮りはじめた。エーヴァは堂々とカメラ目線でポーズをとってくれるが、ローゲルはときおり両手で顔を覆ったりして、少し照れているようだ。それでも、手をとって顔を見せてくれるときは、屈託のない笑顔で応じてくれた。

前述したように、このオフェラシュは、活動所としてつくられた会社ではない。本業は、馬を使った企画を目玉にする旅行会社だ。一般の旅行客や法人向けに、馬にまたがっての山の旅をアレンジしたり、乗馬教室を開いたりしている。また、宿泊して、ゆっくりと乗馬を楽しみつつ、サーミ人の生活や文化、自然を体験してもらうという企画もある。もともと馬が大好きなローゲルとエーヴァに、リンダら市の担当者がオフェラシュを紹介したのだ。

ローゲルとエーヴァは、月曜日から金曜日の午前中、ここに来て過ごしている。馬と触れあったり、水や餌をやったり、厩舎から放牧場に出してあげたり、厩舎の掃除をしたりといったことが彼らの仕事となっている。

「今から、エーヴァがヒルデュールを外へ連れだすわ。彼女の大好きな仕事よ」と、イングリッドが私に教えてくれた。エーヴァはとても手馴れたしぐさで、ヒルデュールを馬房から放牧場へと連れだしていく。放牧場へ出たヒルデュールは、心なしか嬉しそうに、すでに外に出ていた栗毛のメスであるカティーナ（Kátina）を追いかけるように、一面雪で覆われた放牧場の端のほうへと歩いていった。

ヒルデュールに干草をあげるエーヴァ

ここで私は、リンダに彼女の役割について尋ねてみた。すると彼女は、エーヴァやローゲルの能力を定期的に評価し、経営者のマッツやシャスティン、そして指導員のイングリッドらに、その情報を提供することが主な仕事だと教えてくれた。

リンダによると、エーヴァは母親とともにキルナ市内のアパートで暮らしているそうだ。そして、ここから戻った午後は、パン工房で働いているという。そこには、ケアワーカーによる支援が定期的に入るそうだ。一方のローゲルは、グループホームで暮らしていて、午後はカフェなどで働いている。パン工房、カフェともに、二人にとって大好きな仕事場とのことである。

そんな説明を聞きながらローゲルとエーヴァに目をやると、放牧場の向こうへ歩いていく二頭の馬を眺める二人の横顔はとても生き生きとしていた。そして、その放牧場の遠くには、白く雪を被ったケブネカイセの山々の稜線がくっきりと見えていた。

ビヨルク通り（björkplan）のグループ住宅

一三時一五分、プオルツァの訪問を終え、余韻を残しながら市内に向けて出発した。次に向かうのは、私がこの二日間泊まっているホテル・エーティーエからエステル通りを南へ四〇〇メートルほど下ったビヨルク通り沿いにあるグループ住宅(8)である。道すがら、車窓からは緑の葉のついた松と裸の白樺からなる林が見えた。

一三時三五分、グループ住宅に到着した。ベンガラの塗られた赤褐色の壁とクリーム色のバルコニーが印象的な建物だ。この区画にはグループ住宅としての建物が七つあって、それぞれに四〜五人ずつが住んでいる。ひと続きの大きな建物ではない。カタリーナの言葉を借りれば、「居住者が戸惑わずに尊厳をもって暮らすために、少人数ずつの建物に分かれている」のだ。ここの居住者のほとんどは、身体的に重度の障害を抱えているのと同時に、認知面にも障害を抱えているという。

中に入ってみると、間取りが実にゆったりとしている。当たり前だが、居室はすべて個室である。それぞれの広さは三〇〜三五平方メートルで、リビング、ダイニングキッチン、ベッドルーム、シャワートイレルームが設備されている。

ここでリンダが、共用スペースでくつろいでいた居住者の女性に声をかけて了解を取り、部屋を見せてもらえることになった。彼女の名はマリアンといった。彼女の部屋は、それほど凝った装飾もなく、ごくシンプルな佇まいである。リビングの片隅には、通称「リッラヴィーキング（Lilla viking・小さなバイキング）」と呼ばれている介助者用の電動アシスト付きの車椅子があった。リンダによると、グループホームの周囲には小さな坂が多いので、これが処方されたとのことだ。

ビヨルク通り沿いのグループ住宅

このあと、立位を保持する能力を維持させながら、介助も楽に行うために処方された補助器具、ロメディック（Romedic）社の「ロスリターン（Ross ReTurn）」も見せてもらった。

グループ住宅一つにつき、七人のケアワーカー（personalen《パショナーレン》）が一日中（二四時間）常駐している。つまり、四～五人の居住者に対して七人のケアワーカーが常駐しているということである。

私たちを案内してくれた、とても冗談好きで明るいケアワーカーはアニーカ（Anika）で、もう一人はライラ（Laila）だった。この二日間で、三人目となるライラだ。カタリーナによると、ライラはサーミ人にとても多い名前らしい。

（8）とくに名称は付いておらず、単に「gruppbostad《グルップブースタッド》（グループ住宅）」と呼ばれている。住所：Björkplan 2, 98142 KIRUNA

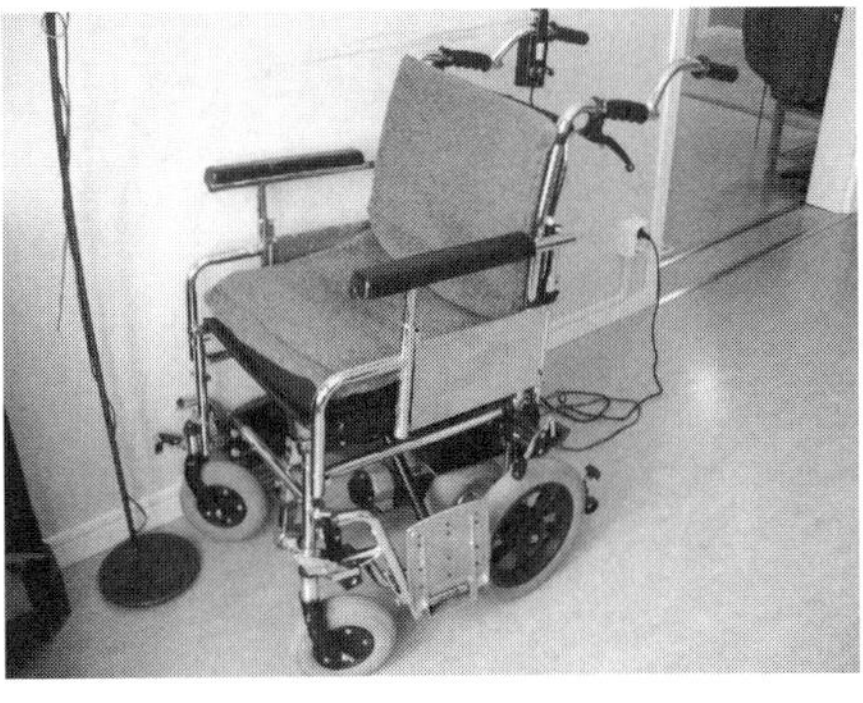

「リッラヴィーキング」と呼ばれている介助者用の電動アシスト付き車椅子

ロメディック社のロスリターン

自閉症児の学校「デルフィーネン（Delfinen）」

一四時すぎ、グループ住宅を後にして、「デルフィーネン」という名称の、主に自閉症（Autism）やそれに類似した症状をもつ子どもたちが学ぶ学校へと向かった。デルフィーネンとは英語で「the dolphins」、すなわち「イルカたち」という意味である。エステル通りを東へ一キロメートルほど進み、フォシユカル通り（Forskarvägen）を右折して、さらにタルファーラ通り（Tarfalavägen）を右折したすぐ左側にあった。ほんの三分間のドライブで到着だ。

デルフィーネンには、日本における保育園と幼稚園とをあわせたような就学前の保育施設である「フェシュコーラン（Förskolan）」と、就学年齢に達した子どものための学校である「スコーラン（skolan）」がある。入り口を入って左側がフェシュコーランで、右側がスコーランである。

初めに、モーナ（Mona）という名前の女性スタッフが入り口近くの二つの部屋を案内してくれた。一つは「ヴィートルーム（vitrum・英語で white《ホワイト》 room《ルーム》）」と呼ばれる、室内を白で統一したリラクセーションルーム。もう一つは「スヴァットルーム（svartrum・英語で black《ブラック》 room《ルーム》）」と呼ばれる小さな暗室で、いろいろな物思いに耽ったり、音楽を聴いたりする場所として利用しているとのことだった(9)。

デルフィーネン

ここに通ってきて学んでいる子どもたちは合計七人。もう一人、自宅で個別に教育を受けている人もいるそうだ。つまり、この学校がかかわっている自閉症児・者は合計八人なのだが、通ってきて教育を受けることを望まない人には、その家を訪問して教えているということである。とても行き届いたかかわり方と言える。

廊下の一角に掲げてあるスケジュールボードが面白い。これから行う活動が一目で分かるように工夫がされている。具体的に説明すると、ある活動を意味する単語を記した白い台紙にその活動を象徴するアイテムが貼られ、その台紙がマジックテープでボードに貼り付けてあるのだ。たとえば、「買い物」であれば、買い物を意味する単語である「handla《ハンドラ》」を記した白い台紙に本物の硬貨を貼り付けてあるし、「コーヒータイム」であれば、「Fika

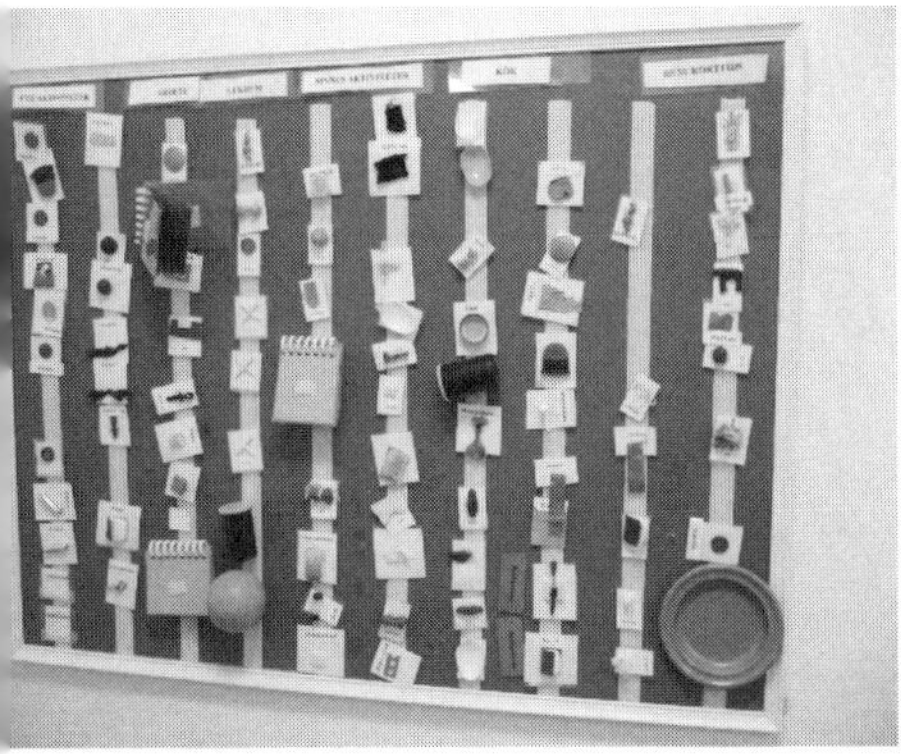

スケジュールボード

（9）スヌーズレンの一種。スヌーズレンとは一九七〇年代にオランダではじまった一種の教育的刺激を与える環境設定方法。「感覚のバリアフリー」とも呼ばれている。重度知的重複障害者、身体障害者、感覚障害者、認知症者、慢性の疼痛患者、精神疾患患者、あるいはストレスや過労になりがちな一般の人々にも効果があるとされる。スウェーデンでは一九九〇年代の初めから積極的に取り入れ、病院、デイケアセンター、グループホーム、特別学校、保育園、学校などあらゆる所で活用している。詳しくは、『スウェーデンのスヌーズレン』（河本佳子著、新評論、二〇〇三年）を参照。

（コーヒーを飲む）」という単語を記した台紙に飲み物の蓋が貼り付けてある。また、そのアイテムをくっ付けて持ち歩くことのできる水色の小さな手帳も、そのボードに貼り付けてあった。利用者が出歩くときに、その手帳を携帯していくことを彼ら自身に想起させるという意味あいから、そのようにしているらしい。

　共用スペースとしてのリビングには二種類あって、スコーランに通う児童用のものは「大きな部屋（Storrum《ストールルーム》）」、フェシュコーランに通う子ども用のものは「小さな部屋（Lillarum《リッラルーム》）」と、それぞれ呼ばれている。

　ひと通り一階をのぞいたあと、続いて二階を案内してもらった。二階には二つの居室があった。一つは、一週間に二～三回の頻度で、日中の時間を過ごしにやって来る子どものための部屋である。そしてもう一つは、その向かいにあり、ある男性が日中を過ごすための専用の部屋として使われていた。モーナによると、その男性は初めて会う人や慣れていない人とかかわると、感情が高ぶって暴力的な態度を示してしまうなどの関係障害があるとのことだった。

　部屋の中を見終えて、階段を下りかけたとき、その男性が個人アシスタントを伴って外出からちょうど戻ってきた。彼らは私たちに対して「Hej!《ヘイ》（こんにちは）」と軽く挨拶をして部屋に入っていった。ここで、このグループホームでの取材は終了。一四時二五分であった。次は補助器具センターである。

補助器具センター（Länsservice《レーンスセルヴィス》）

補助器具センターは、ヨーロッパ自動車道10号線を西に向かい、テューレ通りで北に折れて少し走った左側にあった。一〇分足らずで到着、キルナ病院とは目と鼻の先である。ここは、ノルボッテン県ボーデン市にある県内唯一の大規模な補助器具センターの分所に当たる。

補助器具センターの玄関を入りながら、「ここは正しいスウェーデン語では『イェルプメーデルスセントゥルム（hjälpmedelscentrum）』と言うんだけど、私たちは普段、親しみを込めて『イェルピス（hjälpis）』と可愛らしく呼んでいるのよ」と、カタリーナが微笑みながら教えてくれた。まずは、技師（tekniker《テクニーケル》）のミカエル（Michael）と握手をして挨拶を交わし、続いて女性事務員のイーリス（Iris）を紹介された。

「私たちはイーリスを『klippa《クリッパ》』と呼んで、とても頼りにしているの。そう、英語で言うなら『rock《ロック》』[10]ね。彼女は、補助器具のことなら何でも知っているの」と、カタリーナはイーリスを目の前にして褒めちぎった。別にはにかむ様子もなく、イーリスは笑顔で私と握手を交わした。

早速、カタリーナがセンター内を案内しながら説明を加えてくれた。それによると、すべての補助器具はコンピュータで予約できるのだそうだ。そして、カタリーナやリンダら療法士が補助器具に対する多くの責任を任されており、彼女らが障害者（利用者）の評価をして、補助器具を

（10）「klippa」も「rock」も、「頼りになる人」、「拠り所」のような意味でよく使われる口語。

処方するとのことである。補助器具の予約は、ここ以外でもソールバッケンにある事務所の端末からもできるし、外に出ているときには携帯電話からでもできるそうだ。非常に効率的なシステムとなっている。

このあと、雪国、寒冷地ならではの補助器具を見せてもらった。とくに印象に残ったのは、雪が多いキルナの冬の歩道でも滑りにくい大きなタイヤが付いた歩行車、雪や氷の地面をしっかりと捉えられる先のとがった金具が据え付けられたロフストランド杖、そして、重度の障害を抱えた人が真冬の雪降るなかでも車椅子で外出できるようにとつくられた特別な防寒具などであった(一四五ページの地図を参照)。

レスューステンテル (Resurs center)

一四時五〇分、補助器具センターを後にして、今度は「レスューステンテル」へと向かった。ここは市が運営する活動所の一つで、身体的および社会的に比較

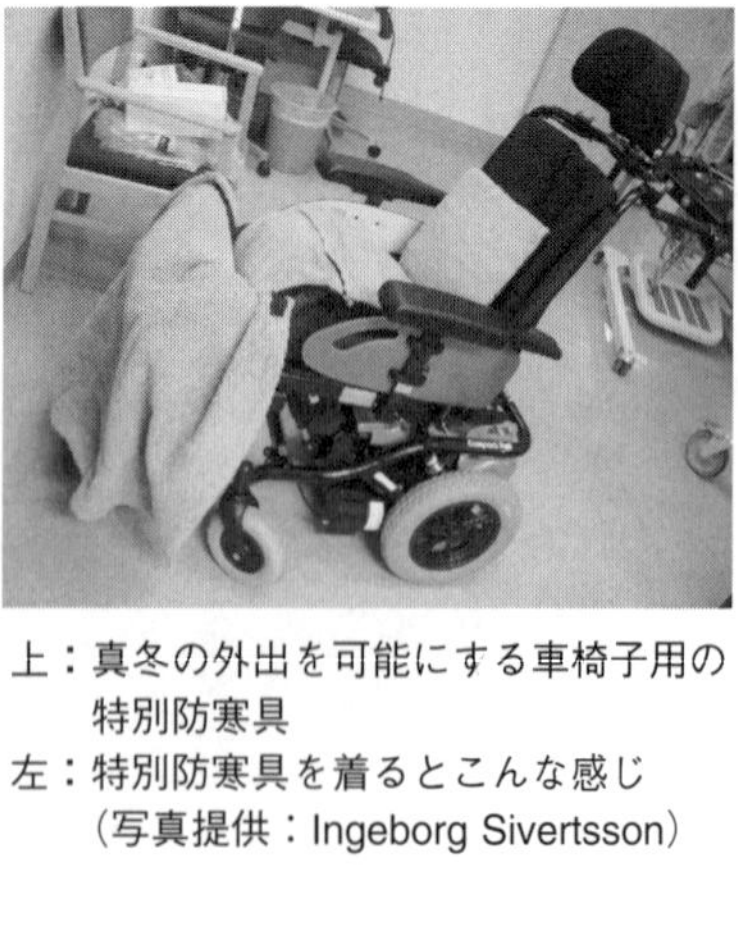

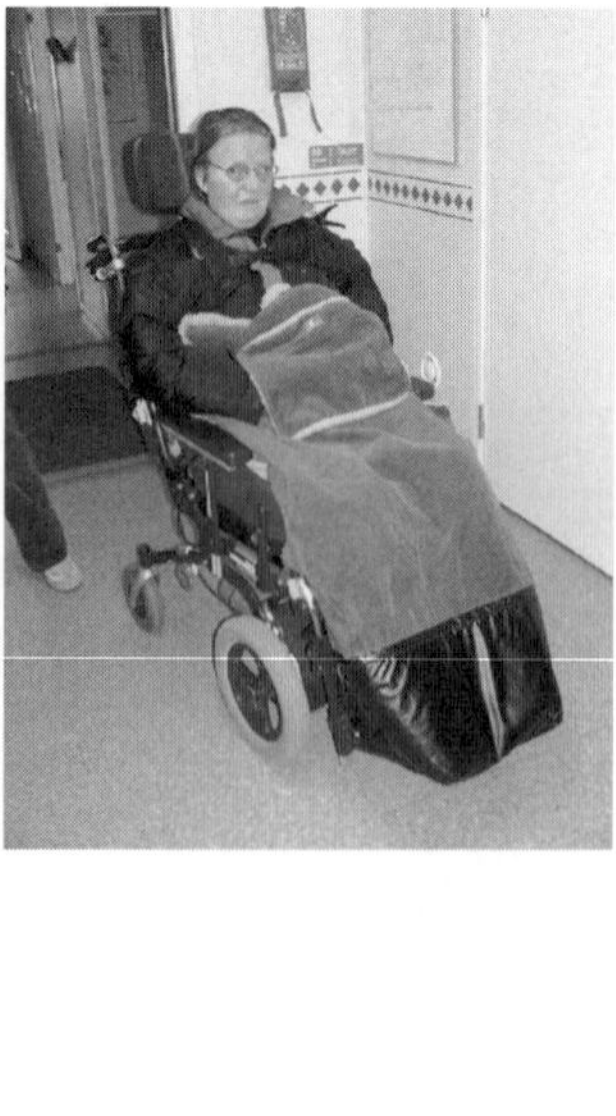

上：真冬の外出を可能にする車椅子用の特別防寒具
左：特別防寒具を着るとこんな感じ
(写真提供：Ingeborg Sivertsson)

コラム11 公的に運営される補助器具センター

障害をもった人の尊厳ある生活を守り、廃用症候群を防ぐために欠かせないのが補助器具（hjälpmedel《イェルプメーデル》）である。必要とする人に対して、移動補助・移乗介助器具（車椅子やリフトなど）、生活支援用具の多くは無償でレンタルされ、医療的なものは安価で提供されている。

主な補助器具センター（●印：全47か所）

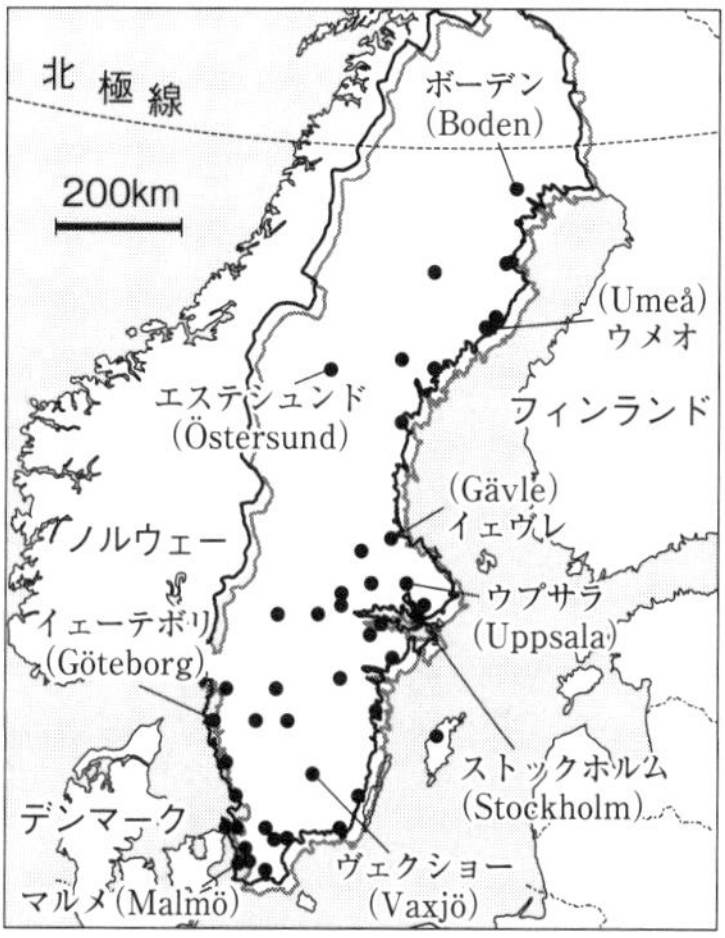

これらを提供する基地的な役割を果たしているのが補助器具センターである。「Hjälpmedelscenter《イェルプメーデルスセンテル》」と呼ばれる大規模なものは県に必ず一か所以上あり、全土で47か所ある（人口比から日本に置き換えると、なんと約660か所に相当する！）。その分所にあたる「hjälpmedelscentrum」などと呼ばれる小規模なものは数えきれないほど存在する。

スウェーデンの補助器具センターは公的に運営されている。根拠法である「保健医療法（HSL）」の第3章と第18章に、それぞれ県と市が「機能障害をもつ人々に補助器具を提供しなければならない」と明記されている。

では、なぜ、公的な補助器具センターが必要なのか。貧富の差や居住場所（自宅か施設か病院かなど）に左右されずに、必要な人に対して補助器具が提供されなければならないからである。リフトなどの補助器具が広く使われることは、介護職員の労災予防や雇用の促進にも有効となる。日本も早急に見習うべきである。

的重い障害をもった人が、支援を受けながら仕事やそのほかのさまざまな活動を行う場所である。

その道すがら、車窓の景色を眺めていると、一匹は大きく、二匹は小さい合計三匹の白いゴールデンレトリバーと、一人の若い女性を伴った電動車椅子の女性が反対側の歩道をこちらに向かって進んでくるのが目に入った。車椅子の女性は、たった今補助器具センターで見たばかりの、あの特別な防寒具を着ている。私が強い関心を抱いてこの光景を見つめているのに気付いたのか、すかさずカタリーナが解説してくれた。

「マコト、あの車椅子の女性が障害者というのは分かるわよね。じゃあ、一緒にいる女性は誰だと思う？　そう、彼女の個人アシスタントよ。つまり、冬の雪道の外出ということで、個人アシスタントがエスコートをしてあげているの。では、あの犬たちは何のためにいるのだと思う？……実は、単なるペットではないの。あの車椅子に乗った女性の日常生活を支えている介助犬なの。落ちたものを拾ってあげたり、出掛けていった先でブザーやエレベーターのボタンを押してあげたりといったことを、あの車椅子の女性に代わってやってあげる犬なの」

この話を聞きながら、私はスウェーデンという国のすごさを改めて実感した。重い障害を抱えていても、介助犬と個人アシスタントの両方による支援を受けながら生活できるスウェーデン。歩道が平らで、十分な幅をもって造られているために除雪がされやすく、雪がかなり降った日でも電動車椅子で町中へ出掛けていくことができるスウェーデン。つまり、この国は、個人アシスタント、介助犬、補助器具、整備された道路などに象徴される「人」、「モノ」、「空間づくり」を同時に提供することによって、すべての人が可能なかぎり快適に生活することのできるシステムを構築しているのだ。

　そして、ほんの一瞬すれ違いざまに見た場面について、すぐさま具体的な解説を加えられるカタリーナにも驚かされた。それだけスウェーデンでは、あのような光景が日常茶飯事なのかもしれない。考えてみれば、午後のかぎられた数時間を車で走っただけなのに、あのような光景に出合ったこと自体も不思議である。単なる偶然というのにはあまりにも確率が高すぎる。いかにスウェーデンが、障害者にとって外出しやすい国づくりをしているかということの証明である。

　一五時少し前に、フィン通り沿いのレスユースセンテルに到着した。「レスユース」は、英語で言えば「resource《リソース》」で、「資源や（内に秘めた）力や才能」を意味し、「センテル」は「センター（center）」である。したがって、レスユースセンテルは「資源センター」もしくは「才能センター」とでも邦訳できようか。ここでは、略して「アールセー（RC）」と呼ばれている。

　カタリーナによると、障害を抱える利用者が本来もっている才能を引き出す所である。すなわち、利用者の日常生活能力や身体的および社会的な能力に応じた仕事を提供したり、利用者の幸せな気分や健康な状態を高めたり、発達を促進するさまざまなことが体験できる場所なのだ。活動としては、感覚トレーニング、タクティールケア[11]、ＡＤＬトレーニングといったものから、音楽、コンピュータ、色や形に関する学習といったものまで幅広く用意されている。また、ここにはケアスタッフが常駐しており、理学療法士、作業療法士、看護師の支援も受けることができるとのことだった。

ここにもホワイトルームがあった。スウェーデンには、光を利用したライトセラピーというのもあるが、うつ状態の患者には白い明るい光が一般に効果があるとのことだった。ほかに、タクティールケアを施すための特別室もあった。

見学を終えての帰り際、玄関口付近に戻ってきたカタリーナと私のほうに向かって、一人の女性が歩行車をゆっくりと押しながらやって来た。彼女の名前はカミッラ（Camilla）といい、カタリーナとはもう数十年来の付き合いだそうだ。カタリーナが一八歳でまだ高校生だったとき、夏休みを利用して一七歳だったカミッラにケアワーカーとしてかかわったのが最初の出会いだった、と懐かしそうに語ってくれた。

カミッラはとても人懐っこい笑顔で「マンマ、マンマ」と言いながらカタリーナを見つめたあと、同じ笑顔

レスュースセンテル内の小ホール

で私を見つめてきた。「僕はマコトという名前です。こんにちは」とスウェーデン語で私は声をかけたが、返ってくる言葉は最後まで「マンマ、マンマ」だった。

これで、本日の予定はすべて終了した。午後三時三〇分、レスユースセンテルを後にして、帰路に就いた。

「日本においてさまざまな機能障害を抱えて暮らす人たちは、果たして今日見たような十分に質の高い活動所を日々提供されているのだろうか……」

ハンドルを握るリンダの横で、ふと浮かんだ思いがしばらく頭から離れなかった。

大通りをナルヴィーク（Narvik）のほうへ向かい、すぐに左へ曲がった。すると、間もなく左前方にホテルが見え、車は駐車場に入った。

次にカタリーナに会うのは木曜日だ。その日はいよいよ、片道一八〇キロメートルの在宅訪問を体験することになる。私は車から降りながら、明日から泊まる「ホテル・ケブネ（Hotell Kebne）」に、別の作業療法士であるアニータとともにカタリーナが朝七時三〇分に迎えに来てくれることを確認してから、ドアを閉めた。そして、リンダとカタリーナを乗せた車が走り去っていくのを見送った。

(11)　一九六〇年代にスウェーデンで生まれた療法。優しい接触を継続的に行うことによって、オキシトシンというホルモンの分泌が促されてリラクセーションや鎮痛の効果を得ると言われている。

第3章

カスレアンド地区へ片道180キロメートルの訪問リハビリ

美しい朝焼け

ホテルを移る

キルナ市滞在三日目の今日は、一人で近郊のいろいろな場所をめぐり、少し違った角度からキルナという町について理解を深めてみることにした。

朝食を済ませ、いつものように財布、デジタルカメラ、手帳、市内地図を入れたナップサックを背負い、キャリーバッグを引いて一階のフロントに下りた。まずはチェックアウトだ。その際、自室からストックホルムのプロバイダー経由のダイヤルアップでインターネットを数回閲覧していたが、その通話料金は無料であった。無料というのはうれしいが、裏を返せば、通常別料金であるはずの国内通話料金がもともと宿泊代に含まれているということかもしれない。そう考えると多少複雑な気持ちになったが、いずれにしろ、ホテルを予約したときには知らなかったわけだから、よしとしよう。

フロントにいた色白の青年は、一見したところ気難しそうだが、話しかけてみると意外に丁寧な応対をしてくれた。さほど忙しそうな雰囲気ではなかったので、自分の写真を撮ってもらおうとデジタルカメラを差し出しながら頼んでみると、快く応じてくれた。あいにくの曇空だったが、まずは彼の提案で外に出て、ホテルの入り口を背景にポーズをとった。次に、入り口のすぐ傍に止めてあったスノーモービルの横に移動して、もう一枚撮ってもらった。さらに、ホテル内に戻って、フロントで働く彼の姿を「記念に」と撮らせてもらった。

最後に、彼に名前を尋ねると、彼はわざわざ紙を取り出して丁寧に書いてくれた。その紙には、

「Roberth hansson-Tornéus 李神龍」とスウェーデン語の文字ときれいな漢字が書かれていた。不思議に思って彼の顔をのぞき込むと、私の意図をすぐに察したらしく、「実は、中国語の名前ももっているんだ」と真面目な口調で説明してくれた。おそらく、中国文化に興味があるとか、あるいは単に漢字を気に入っているとか（ヨーロッパ人には多い！）といった理由で、面白半分に中国名をもっているのだろうと想像したのだが、あまりにも真剣な彼の表情が印象に残った。[1]

その後、彼は奥のレストランの仕事に戻っていき、代わりに五〇代半ばと思しき、頬から顎にかけて髭をたくわえた、いかにも北欧人らしいがっしりとした体格の男性がフロントに入ってきた。職員に対する表情や指示の出し方などから見て、どうやらここのオーナーのようだ。

私は、彼にタクシーを呼んでもらうことにした。彼はすぐに電話をかけてくれたが、タクシーが来るまでに二〇分くらいかかるらしい。「コーヒーでも飲みながら、ロビーでくつろいでいたらどう?」と、私に言ってくれた。このホテルでは、朝食時の三時間と夕食時の四時間は、ロビーとレストランの間に置かれている自動販売機のコーヒー（ブレンド、エスプレッソ、カプチーノから選べる）やココアはすべて無料提供となっているので、心置きなく飲むことができる。

（1）後日、ビヤネール多美子著『スウェーデンにみる「超高齢社会」の行方』（二〇一一年、ミネルヴァ書房）を読んでいたら、「スウェーデンでは複数の名前を登録したり、姓名を変更したりといったことが比較的簡単にできる」と書いてあった。やはり、この青年は真面目に言っていたのかもしれない。

一五分ほど待ってタクシーがやって来た。フロントの男性にお礼を言って外へ出て、タクシーに乗り込んで「ホテル・ケブネ」の名を告げた。運転席のすぐ横に掲げられた写真つきの名札には「マルクス・ヨーハンソン」と書かれている。私は軽い会話を楽しもうと思って、リハビリとケアを学びに日本から来ていることを伝えると、それがきっかけとなって彼はいろいろと話題を提供してくれた。

そのなかで印象に残ったことは、温暖化の影響なのか、ここキルナでも年々暖かくなっていて、南スウェーデンでは雪を見る機会がまったくないままに大人になっていく子どもも非常に増えているといった気候変化に関する話題と、一昨日カタリーナも言っていた、キルナヴァーラの地下にある鉄鉱を採掘し続けるために、二年後の二〇一〇年にキルナの町そのものの大移転がはじまること、そして昨日の夜九時ごろには、鉱山の作業のために自宅で強い揺れを感じたこと（実は、鉱山内での事故によるものだった）といった鉄鉱石の採掘に関する話題であった。最後に、「鉄鉱山には、地下数百メートルにまでバスで潜っていって、工事現場の様子を見学できるツアーがあるので、もし時間があったら行ってみてらどう？」と教えてくれた。

早速、今日、行ってみようか……と思いをめぐらせているうちに、一〇分後、あっという間に

ホテル・ケブネ

コンドゥクトーシュ通り沿いにあるホテル・ケブネに到着した。運賃は一二〇クローナ（約二〇四〇円）、現金で支払った。

このホテルには、今日から三泊する。フロントでチェックインをして、キャリーバッグを預けて身軽になってから、一昨日カタリーナが連れていってくれた旅行案内所に向かった。

さまざまな人が行き交う大広場

ホテルからラーシュ・ヤンソンス通りを南へ向かっていくとヒャルマル・ルンドボームス通りに出るが、その二つの道路が交差する角には「鉄道公園（Järnvägsparken）」から続く小さな広場があって、一昨日車から見かけた雪の彫刻が並んでいた。

それらをしばらく眺めたあと、ラーシュ・ヤンソンス通りをそのまま東へ上り続けて、町の中心部にある大広場までやって来た。ここからは、地下鉱山を開発している世界的な企業LKAB《エルコーアーベー》の十数階建ての建物と、地下鉱山としては世界一大きいとされるキルナヴァーラを見下ろすことができる。

大広場には、ソリ型の歩行器を押しながら買い物に向かう高齢女性や、個人アシスタントを伴って電動車椅子を走らせている男性障害者、さらには風防をした乳母車を押す若い人たちが行き交っている。乳母車を押す人のなかには男性も多く見かけられる。スウェーデンでは、父親の育児休暇制度がきちんと機能しているので、男性が一人で乳母車を押すという姿を町中でよく見かける。少し離れた通りでは、除雪車が雪を除けていた。

人の往来を眺めながら、一年前にサンドヴィーケン市でインゲルから聞いた、スウェーデン全土における「『容易に取り除ける障壁』を解消するプロジェクト」の話を、昨日リンダとカタリーナも話していたことを思い出した。やはり、このプロジェクトのことは全国的な話題になっているのだろう。翻って日本の町並みや通りを思い浮かべるにつけ、日本もそろそろ国を挙げてこのような取り組みをすべき時期に来ているのではないかとつくづく思う。まずは、歩道に立つ電信柱や道端の側溝を全国規模で取っ払うことからはじめてほしい。

ところで、日本ではよく見かける盲人用の黄色い歩行誘導板（点字ブロック）がスウェーデンにはないことがしばしば日本で取り上げられるが、そのことについての私見を述べてみたい。

結論から言えば、スウェーデンでは、歩行誘導板がなくとも基本的にはスムーズに盲人が移動できるだけのインフラが整っているから、となる。もし、歩行誘導板を整備したら、盲人に対する利益よりも、凹凸の多い場所を増やすことによって車椅子や歩行

電動車椅子の障害者と個人アシスタント

ソリ型の歩行器で道を急ぐ女性

車を利用する人々にもたらす不利益のほうが大きくなるということだ。決して盲人を無視しているわけではなく、最善策を慎重に見極めていると言える。つまり、それだけスウェーデンでは、車椅子や歩行車が日常的に町中に繰り出しているということである。裏を返せば、日本は黄色いプレートを安易に設置しても問題にならないほど、車椅子や歩行車が通りに出てきていないということかもしれない。

以前、スウェーデンを訪れた目の不自由な日本人旅行者が、スウェーデンの通りが歩きやすいことを実感して語った言葉を紹介したい。

「日本は、至る所に点字ブロックがあるのに歩きにくい。一方、スウェーデンは、点字ブロックがないのに歩きやすい。日本では、点字ブロックが道案内をしているというが、行き先を遮るさまざまな障害物が非常に多いため、結局は歩きにくい。スウェーデンでは、舗道が歩行者用と自転車道に分れているだけでなく、利用する人もきちんと使い分けをしている。自転車に乗った人が、歩行者用区分側に乗り入れてこない。歩道に自転車を止め置いたりもしない。さらに、信号のない横断歩道であっても、人がその淵に立ち止まるだけで車は停止して歩行者の横断を優先してくれるので、歩行者が道路をとても横断しやすい」

これらとともに、スウェーデン全土において、住宅地区内の多くの道路には車を減速させるためのスピードハンプ（舗装道路上を横切るように設けられた帯状隆起部分）が造られている。これも、障害をもつ人のみならず、すべての住民の安全性を高めるのに役立っている。

アイスホテル

九時二〇分、旅行案内所に着いたが、カウンターには誰も並んでいなかった。カウンター内の女性に声をかけて、ユッカスヤルヴィまで往復したのち、鉄鉱山ツアーに参加する計画を伝えた。

彼女によると、ユッカスヤルヴィ行きのバスは二〇分前に出てしまっていて、次のバスは午後の一時すぎということだった。これだとユッカスヤルヴィから戻ってきて、ここを三時に出発するキルナヴァーラの鉄鉱山ツアーには間にあわないだろう、と彼女は言う。今日中にどちらにも行きたいのなら、行きはタクシーを使うしかないとのことだ。そして、帰りはユッカスヤルヴィを二時に出るバスに乗れば、二時四〇分には市庁舎前のバスターミナルに戻ってくるだろうから、そこからここまで歩いてくる時間一〇分を足しても間にあうだろうと、丁寧に教えてくれた。

ユッカスヤルヴィまでのタクシー代を尋ねると、三五〇クローナ（約六〇〇〇円）とのことだった。ここから二〇キロメートル足らずであることを考えるとかなり高いが、仕方がないので呼んでもらうことにした。

およそ一〇分後にタクシーが到着した。九時四〇分、ユッカスヤルヴィに向けて出発。ヨーロッパ自動車道10号線を走る。空は、依然としてどんよりとしている。今度の運転手は、先ほど乗ったタクシーの運転手とは打って変わって気難しそうだ。二、三度少し話しかけてみたが、短い答えは返ってくるもののそれ以上話は続かなかった。それ以後、私は景色を眺めることに専念した。

数分後、ヨーロッパ自動車道10号線を一〇キロメートルほど走った所で、「ICE HOTEL（アイスホテル）」の看板が出ているマルクナードス通り（marknadsvägen）を左折した。その道路沿いにある森の松の木々は緑の葉をつけていて、雪がほどよく被ってとてもきれいだ。

一〇時にアイスホテル前に到着した。あっという間だった。スウェーデンでは、普通の道路がそのまま途中から高速道路に変わる造りとなっているので、いつの間にか高速で走っていることになり、かなりの距離があってもほとんど予定通りに着く。タクシーを降りるとき、今度はクレジットカードで支払った。

アイスホテルは、最近日本でもよく紹介されている観光スポットである。ベッドや部屋、バーのカウンターやウイスキーを飲むグラスまでが氷でつくられているというのが売りで、それを見に観光客が遠くからやって来る。ユッカスヤルヴィ教会に向かう前に、やはりここものぞいておきたい。

まずは、入場券を買うため、敷地に入ってすぐ左手にあるショップに立ち寄った。観覧料は二九五クローナ（約五〇〇〇円）。

アイスホテル

氷でできたキングサイズのダブルベッド

クレジットカードで支払うと、ショップの女性が私の右の手首に観覧料支払い済みを示す銀色の紙でつくった輪をはめてくれた。これが入場券代わりとなる。

中に入ると、想像した通り辺り一面氷だらけで、個性的なデザインの氷でできたベッドルームがいくつも並んでいた。ここに宿泊する客の多くは、同じ敷地内にあるコテージ風の木造の建物を利用するらしいが、もちろん、この氷の部屋にも泊まることができる。氷のベッドに横たわる際には寝袋に入るそうだ。

氷の部屋を見たあと、出てすぐ右側にある氷の教会にも入ってみた。これももちろん、すべて氷で造られている。内装は至極シンプルで、とくに目を引くような造りではなかった。

屋根の融雪システム

一一時四五分、いよいよユッカスヤルヴィ教会に向けて歩き出す。アイスホテルからは、東へ約一キロメートルの所だ。道沿いにある民家は雪に映え、その遠くうしろには連山の風景が広がっている。その連山と、今歩いているマルクナードス通りとの間には、ノルボッテン県で最長の「トルネ川(Torne älv)」(五二〇キロメートル)が流れているが、今は真っ白く凍っていて、その上をスクーターが走っていた。

ユッカスヤルヴィ教会を早く見たいのだが、道すがらの風景にも目を奪われるため、思わず立ち止まってしまってなかなか前に進まない。そして、どうしても写真を撮りたくなる。ピントを合わせるためにはシャッターを半押ししなければならず、そのためには素手でなければならないが、手を外に出しっぱなしにしているとすぐに指先が悴《かじか》んでしまうので、カメラを握ったままの手をポケットに入れてはまた出すという動作の繰り返しとなる。それがまた歩を遅らせる原因なのだが、そういった手間を惜しまずに何度でも足を止めながらカメラを構えたくなるほど、次から次へときれいな景色が目に飛び込んでくる。

民家を眺めながら歩いていると、あることに気が付いた。道端にはかなりの雪が積もっているのにもかかわらず、どの家の屋根にも雪がさほど積もっていないのだ。そういえば、キルナの町中でも、家々の屋根にはほとんど雪が積もっていなかった。屋根の上に残っている雪の形状をいくつか観察してみると、全体的に薄くなっていて、その縁は丸みを帯びている。どうやら、解けだしているようだ。このことに関して、後日、理学療法士のカタリーナに確かめてみた。すると、その回答は次のようなものだった。

「スウェーデンの豪雪地帯では、安普請のアパートを含むあらゆる住宅において、地域給湯暖房システムによる温水が屋根の内側にも流れる構造になっていて、屋根に積もった雪は自動的に溶け落ちるの。だから、雪下ろしは通常必要ないの」

雪が解けだしている民家の屋根

日本の豪雪地帯では、毎冬必ずのように起こる高齢者の雪下ろし中の転落事故(2)も、スウェーデンでは起こらない。さすが「予防先進国」スウェーデンである。

日本という国は、せっかくある高い工学技術を、庶民の暮らしを支えるために有効利用していないのではないだろうか。たとえば、コンピュータネットワークしかり、地下からの電気ケーブルや暖房システムしかり……。いずれにおいても、技術そのものがないわけではないのに、人々の暮らしやすさを支えるために活かしきっていないように思われる。

ユッカスヤルヴィ教会

一二時二五分、マルクナードス通りが行き止まりとなり、その奥にユッカスヤルヴィ教会が見えてきた。こぢんまりとしていて、なんともかわいらしい造りとなっている。教会を正面から眺めてみると、その背景となる北の白い空には遠く連なる山々のシルエットが薄く浮かんでいる。

教会の中に入ると、物音ひとつしない、まったくの静寂だ。このときの訪問客は私だけで、板張りに絨毯が敷かれた床を歩くと、ミュートされた自分の足音だけが低く響いてくる。祭壇のうしろの壁には、スウェーデンの多くの教会で見かけるような十字架に張り付けられたイエス・キリストの彫像はなく、十字架を模した椅子に腰掛けたキリストを描いた風変わりな絵が祭壇画として掲げられていた。祭壇や、正面に向かって左手にある壇上にも上がって、会衆席と入り口のほうを眺め下ろしてみた。自然に気分が安らいでいく。このあと、会衆席まで歩いていってうしろのほうに腰掛けてもう一度祭壇を眺め、厳かな雰囲気を十分に堪能してから外に出た。
アイスホテルへ戻る途中、「Coop Nära《コープネーラ》」という小さなお店でサーモンのサンドイッチと飲み物を買い、カードで支払った。四九クローナ（約八三〇円）であった。スウェーデンでは、田舎町の小さなストアでもクレジットカードが使える場合が多いのでとても便利である。国全体における経済活動の活性化を目的としたインフラ整備の一環なのだろうと思うが、これも一種の「バリアフリー」と言えそうだ。

午後一時、アイスホテルに戻り、氷の教会の前にある暖房の効いた待合所の椅子に座りながら遅めの昼食をとった。帰りのバスが出るのは二時なので、それまで少しゆっくりと過ごすことにした。

帰りのバス代は二八クローナ（約四六〇円）だった。なんと、タクシーの一〇分の一以下である。バスは予定の時刻よりも一〇分遅れて、二時五〇分に市庁舎前のターミナルに到着した。ここから地下鉱山ツアーのバスが出る大広場までは直線で結ぶ道がな

（2）二〇一〇年一一月から二〇一一年一月末までに、屋根の雪下ろし中など除雪作業中の死者は全国（新潟、北海道、秋田県、山形県を含む一三道県）で六〇人（〈読売新聞〉二月一日配信のyahoo!ニュースより）。

ユッカスヤルヴィ教会の内装

く、五〇〇メートルくらいの道程を、建物の間の雪の積もった小道を縫うようにして坂や階段を上っていかなければならない。さらには、旅行案内所でチケットを事前購入しなければならないので、ゆっくり歩いたのでは三時出発のツアーバスには間にあわない。こうなったら雪道を走っていこう。空気が冷たくて薄いために、思いのほか息が切れる。最後は足が動かなくなったが、なんとか三分前に旅行案内所に滑り込み、地下鉱山ツアーの切符（二四〇クローナ・約四〇八〇円）を買うことができた。

ツアーは、二時間四五分にも及ぶたっぷりとしたものだった。大型バスが製鉄所内のトンネルから入って、キルナヴァーラの地下五四〇メートルにある展示場まで下っていった。ガイドによると、キルナヴァーラは、現時点での採掘海抜は地下一〇〇〇メートルを超えていて、地下鉄鉱山としては世界最大らしい。なんと、地下七七五メートルに社員用のレストランがあるそうだ。

展示場では、ヒャルマル・ルンドボームにはじまるLKAB《エルコーアーベー》と鉄鉱山の約一〇〇年の歴史、そして二年後にはじまる町の大移転計画についての詳しい説明を聞くことができた。

地下540メートルにあるカフェ

1 片道一八〇キロメートルの訪問リハビリ

レンタカーで出発

二一日の木曜日、五時ちょうどに目が覚めた。カーテンを開けたが、外はまだ暗闇だ。

まずはシャワートイレルームで洗顔と歯磨きをし、そのあと洗濯をしてから机に向かった。メモ帳に書きなぐったままにしてあった二日分の情報を、今日の出発前にコンピュータに落とすためだ。その後、今日通ると思われる道路を地図で確認したり、デジカメ、赤と黒の二色ボールペン、メモ帳などの「取材七つ道具」を忘れないようにと早めにナップサックに入れた。

レストランでの朝食を終え、待ち合わせ時間の一〇分前、七時二〇分にホテルのロビーに下りた。フロントの前にあるソファに腰を下ろしながら、背中越しにガラス窓から通りを見やると、ちょうど二人の乗ったボルボのシルバーのセダンが玄関前に入ってきた。やはり早目にやって来たな、と思いながら、早速玄関を出て車に乗り込んだ。

「みなさん、気分はどう?」と私が挨拶をすると、アニータは「いいわよ」と笑顔で答えたが、カタリーナからは「鼻水が出て、少し寒気がするの。風邪を引きかけているみたい。でも、大丈夫よ」という返事が返ってきた。ところで、今日彼女らが乗ってきた車には、先日乗せてもらった車のように「KIRUNA KOMMUN（キルナ市）」のロゴが貼られていなかった。誰の車かとアニータに尋ねると、市所有の車がすべて出払っていたためにレンタカー会社の「Avis《エイヴィス》」から借りてきたのだという。なるほど、そういった対応も臨機応変にできるのだと感心した。

さあ、カレスアンドに向けていよいよ出発だ。カレスアンドはキルナ市の中心部から北東へ、なんと約一八〇キロメートルもの所に位置している集落で、フィンランド国境と接している。ちなみに、キルナ市はスウェーデンのすべての市のなかでもっとも面積が広く、一万九三〇〇平方キロメートルもある。これは、北海道に次いで二番目に広い岩手県よりも、四〇〇〇平方キロメートルも広いことになる。

本日訪問するのは、その集落の西寄りに位置するタッヴァ通り（Tavvagatan）にある「ヴィーデゴーデン（Videgården）」という高齢者向けのケア付き集合住宅だ。現在は、重い障害を抱えた高齢者が八人住んでいるという。

話題の豊富なカタリーナとアニータ

車が走り出して間もなく、私は昨日参加したLKAB《エルコーアーベー》の鉄鉱山バスツアーの話題から切り出した。昨日ツアーに参加したことで、キルナ市民と鉄鉱山とは切り離せない関係にあることをよりいっそう強く感じるようになったからだ。LKABの製鉄所の敷地内には、職員専用の保健センター（医師、看護師、理学療法士が常駐）もあったことを伝えると、カタリーナは次のように解説してくれた。

「昔は、慢性閉塞性肺疾患（**Kol**）(3) を患う作業員が多かったようね。年金生活を送っている元鉱員のなかには、七〇～八〇歳になる今になって症状が出てくる人もいるそうよ」

ツアー中に、「地下で働く人に典型的な病気はあるか」と私がガイドに質問した際、「作業環境がよくなった現在はありませんが、昔はありました。ちょっと単語が思い出せないですが、肺の病気です」と彼女が答えたのを思い出した。おそらく、この病名を言いたかったのだろう。

七時三〇分、ヨーロッパ自動車道10号線を東に向けて走っていると、その先のキルナ空港の方角にきれいな朝焼けが見えてきた。陽光が薄い雲をバラ色に染める景色を眺めていると、アニータが私に日本の療法士に関することをいろいろと質問してきた。

アニータは、スウェーデンとの比較の意味あいから日本の療法士の事情について興味があるようで、療法士数の男女比や、理学療法士と作業療法士の人数、そして給料の違いなどについて尋ねてきた。ちなみに、スウェーデンでは、理学療法士、作業療法士ともに圧倒的に女性が多いが、近年は理学療法士において男性が増える傾向にあるとのことだった。

ところで、本日の運転手役を務めるアニータは、フルネームをアニータ・ケーミ（**Anita Kemi**）といい、母方の祖母がフィンランド出身だそうだ。アニータ自身はフィンランドに住ん

（3）英語で「COPD（Chronic Obstructive Pulmonary Disease）」と呼ばれるもので、肺胞の病変によって正常な換気が行えず、息切れを起こしやすくなる病気。喫煙者に多いと言われている。

キルナ市〜カレスアンド地区（180kmのリハビリ訪問）の地図

だことがないので、彼女にとってはフィンランド語はまったくの外国語とのことである。アニータは、二〇〇六年に作業療法士の資格を取ったが、それまでは准看護師として一〇年以上働いてきた。実は、今も上司からの希望により、准看護師として働く機会が多いそうだ。つまり、時と場合に応じて、准看護師と作業療法士を掛け持ちでこなしているわけだ。

「私としては、作業療法士一本にしたいんだけど……」と、アニータは軽く笑みをつくって言った。

七時四〇分、朝焼けが一段と美しさを増してきた。道端の森からはトナカイが顔をのぞかせている。走る車から思わずカメラを構えたが、撮る間もなく、すぐさま森の中へと引っ込んでしまった。トナカイを見たカタリーナが、サーミ語に関する興味深い話題を提供してくれた。

「トナカイ」はスウェーデン語では「ren《レーン》」の一語しかないが、サーミ語では「boazu《ボーチュ》」を筆頭に複数の単語があるそうだ。

「サーミ語では、一つのものの状態の違いを、独立した別の単語で表現するのよ。だから、今見たトナカイを表す『boazu』という単語も、トナカイを表す複数ある単語の一つにすぎないの」

八時ちょうど、車窓にはスヴァッパヴァーラという地区に入ったことを示す標識が流れていく。通りの標識は、スウェーデン語、フィンランド語、サーミ語の三通りで書かれている。そのあと少し走って左折し、ヨーロッパ自動車道45号線に乗った。

ハンドルを握りながらアニータが、「時には天候の影響で、リハビリの訪問に行けなくなることもあるのよ」と言う。大雪が降ったり、気温があまりにも低かったりすると、長距離の移動に車が耐えられなくなるのだ。そのような場合には、訪問先に電話を入れて日を変えてもらうらしい。この年、一度だけ大雪のために訪問に行けない日があったと言っていた。

ちなみに、気温がマイナス三〇度を下回るかどうかが訪問に行けるか否かの一つの目安となっている。それより気温が下がると、車の不具合や道路事情の問題で行けなくなる可能性が高くなるとのことである。ところが、カタリーナがグンネルという作業療法士と一緒にカレスアンドに向かったある日は、マイナス四二度にまで気温が下がったにもかかわらず、なんとか辿り着くことができたそうだ。でも帰りは、止めておいた車のタイヤが道路に凍り付いてしまっていたために出発できず、専門の業者に来てもらって動かしてもらったらしい。

ヨーロッパ自動車道45号線を東に向かって走っていると、カタリーナがまたまたサーミ文化に関する興味深い話題を提供してくれた。今度は、名前の継承についてだ。

「サーミの文化には、先祖からの名前を脈々と継ぐ習慣があるので、一人ひとりの名前は、正式にはものすごく長い名前になるの。だから、ある人の名前を聞いただけで、その人の先祖が誰なのかを、まったくの他人であっても言い当てることができるの」

それから五分ほどが経ち、時速一〇〇キロで走行中の車窓からふと道路脇に目をやると、路肩には紅白の棒に黒いビニールが風にたなびいていた。トナカイが横切る可能性があることをドライバーに知らせるサインらしい。さらに、道路脇に連なる森の中には、スクーターに乗った人が見え隠れしている。すかさずカタリーナが、そのほうを指差しながら説明してくれた。

「あの人は、トナカイやその周囲の環境を定期的に見回っているのよ。そのポイントは二つ。一つは、トナカイの冬の主食となる草である地衣類（renlav《レーンラーヴ》）が雪の下に十分にあるか。もう一つは、オオカミ（varg《ヴァリィ》）、クズリ（järv《イャルヴ》）、オオヤマネコ（lo《ロー》）などの肉食獣（rovdjur《ローヴユール》）に、トナカイが攻撃されていないかの確認よ」

珍しくない遠距離の在宅訪問

八時一五分、ヴィッタンギ地区に入った。キルナ市の中心部から東へおよそ七〇キロメートルの所に位置している。この地区には、カタリーナが週に一、二回の頻度で訪問する二つの高齢者向けのケア付き集合住宅、「ブロムステルゴーデン（Blomstergården）」と「イェングスゴーデン

（Ängsgården）」がある。今日はそのどちらにも訪問する用事はないのだが、私に見せるために、道程の手前にあるブロムステルゴーデンにわざわざ立ち寄ってくれることになった。ヨーロッパ自動車道45号線を右折して県道395号線に入って、道なりに進むとすぐに到着した。車から降りて外気に頰をさらすと、キルナ市の中心部よりもかなり冷え込んでいることがよく分かる。

ケアやリハビリなどの目的で、長い距離を在宅訪問することはキルナ市ではよくあるということを、カタリーナが歩きながら具体例を挙げて次のように説明してくれた。

キルナ市の西に位置する山間のニッカルオクタ地区で一人暮らしをしている高齢男性に対しては、准看護師が片道七〇キロメートルの在宅訪問を毎日行っているそうだ。また、道路が整備されていないために、普通の車が入っていけない人里離れた森の中の一軒家で暮らしている別の高齢男性に対しては、准看護師が湖を横切って毎日訪問しているそうだ。普段は水上をボートで、極寒の真冬は氷上をスノースクーターで通っているらしい。そして、カタリーナは次のように言葉を続けた。

「今、話した人たちは、高齢者用の住宅には移りたくないと言っているの。そして、本人のこのような意志を大切にしなければならないという法律がスウェーデンにはあるの。つまり、可能なかぎり自分の家に住み続けられるという権利がすべての国民に保障されているのよ。それに、市の財政面から見ても、自宅に住み続けてもらうほうが結局は安くすむことになるとも試算されているの」

また、このような遠距離の訪問において、療法士による訪問が週に一、二回、もしくは二週間に一回という頻度で機能している背景には、ルーティーンのリハビリを准看護師や個人アシスタントも行うシステムになっているということがある。スウェーデンでは、疾病の急性期や障害の回復期をすぎて住み慣れた自宅や集合住宅で暮らすようになった利用者に対する基本的なリハビリは、市に所属する療法士ももちろん施行しているが、それと同時に、療法士が評価し、作成したプログラムに基づいて准看護師や個人アシスタントも日常的に施行するというのが一般的となっている。

高齢者向けケア付き集合住宅「ブロムステルゴーテン」

ブロムステルゴーテンは二階建てで、レンガ造りの黄土色の外壁に、屋根の上にこんもり積もった白い雪が映えていた。

玄関の扉を引き開けて建物の中に入ると、まずは一〇平方メートルほどの空間が用意されていた。玄関から居住スペースへ、直《じか》に外の冷気が入らないようにするためだろう。ここで靴の雪を落としてから、次の扉を開けてさらに中に入ると、一気に暖かい空気を感じた。

目の前にはレストランがあって、一〇人ほどの利用者と女性のケアスタッフがテーブルに着いていた。ほとんどの人のトレーには白いコーヒーカップが載っているので、どうやら朝食を終えたばかりのようだ。数人が私たちのほうへ視線を投げかけてきた。大きなガラス窓からは外の光がふんだんに差し込んでいる。窓枠の上三分の一ほどだけを覆うタイプの、白地に淡い幾何学模様を施したカーテンがレストラン全体の雰囲気を柔らかくしている。室内の所々には観葉植物が置かれており、窓際の一角には黒のアップライトのピアノがあった。レストランの隣には小さな共用スペースもあった。

レストランを眺めながらカタリーナが、ブロムステルゴーデンについて簡単に説明してくれた。それによると、この建物には二つの単位からなる二九の居室があり、地下には趣味活動を行えるスペースとともにサウナ付きのプールもあるそうだ。また、足のケアや髪の手入れも施してもらえるらしい。責任者と看護師一人が駐在していて、ケアスタッフは一日二四時間常駐しているとのことだ。それに、理学療法士と作業療法士による訪問も必要に応じて受けられるとのことだ。

アニータが一人の居住者を紹介してくれた。名はリリー（Lilly）といい、左片麻痺を患っている。エンジ色のトレーナーに横縞模様のカーデガンを羽織り、モジュール型の車椅子（etac《イータック》社の Levo《レヴォ》）に腰掛けた姿で、自室でくつろいでいるところだった。

「ヘイ（こんにちは）、マコトといいます。日本から来ました」と挨拶をすると、リリーも笑顔で「ヘイ、リリーよ」と返してく

ブロムステルゴーデン

れて、「どうぞ、部屋を見てください」と言って私を招き入れてくれた。

部屋は、白を基調とした格子模様の壁と淡い茶色の床が印象的なシンプルな造りとなっている。リビングには、余分な家具や派手な装飾もなく、部屋の中央には背の低いコーヒーテーブル、角には茶色の箪笥《たんす》、一人掛けのソファ、テレビ、床上ランプなどが整然と置かれている。間取りは広々としていて、ダイニングキッチン、ベッドルームが別にある。どの部屋も外の光が十分に入る造りとなっている。キッチンは簡易的なものではなく、大掛かりな料理もつくれるほどのしっかりとしたものだ。ベッドルームも広く、ベッドの傍らには立位介助式の床上リフトが置いてあった。

かぎられた時間しかなかったが、少しだけ話を聞くことができた。彼女はずっと一人暮らしで、かつてはキルナ教会の管理人として働いていたらしい。その後、年金生活者となってからは、以前から住んでみたかった南スウェーデンでしばらく暮らしていたが、四年前に脳卒中に罹患したのを機に、故郷であるキルナ市に戻ってきたと言っていた。そして、最後にこう言ってくれた。

「今はこうして病気になって一人暮らしだけど、今日のあなたやアニータみたいに、いろんな人が訪ねてきてくれるので寂しくはないわ」

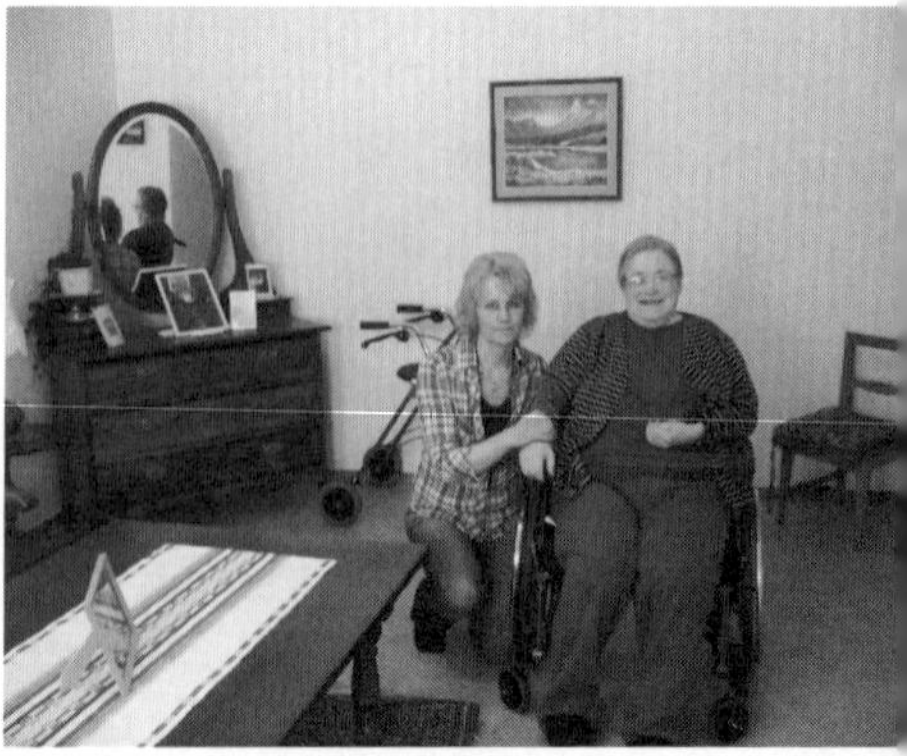
リリー（右）とアニータ

遠距離の訪問を可能にする道路事情

　早足での見学を終え、八時三五分にブロムステルゴーデンを後にした。県道395号線を先ほど来た方向へ戻り、そのままヨーロッパ自動車道45号線に入って北上した。少しすると、左側の道沿いに「イエングスゴーデン」が見えてきた。ここには立ち寄らず、そのまま前を通りすぎた。イエングスゴーデンの入り口に、「Vårdcentral《ヴォードセントラル》(4)」と書いてあることに気が付いた。この中に、診療所も敷設されているのだろう。

　それからは、しばらく車窓の景色を眺めていた。すると、幅広い歩道がふと目に入った。きちんと除雪され、歩きやすそうだ。こんな雪道であっても、歩く人のためのスペースが十分に確保されていることを改めて認識する。そこから、思考がさらに広がった。

　片道一八〇キロメートルもの訪問を可能にしているのは、やはり町並みの造り方、とりわけ道路の整備の仕方によるところが大きいと感じる。町中を走る一般道がゆったりとした幅をもって造られていることに加え、多くの交差点でラウンドアバウトのシステムが採用されているため（一二七ページ参照）、車の流れがやはりスムーズである。日本の住宅地区で日常茶飯的に出くわす、非常識とも思えるほどに幅の狭い道路はスウェーデンではまず見られない。

　また、スウェーデンでは、一般道が住宅地を抜けて郊外に向かうと、そのまま高速道路となっ

（4）外来で初期医療を担う地区診療所。その多くが県によって運営されている。

ている。一般道の制限速度は、住宅地では時速五〇キロに設定されているが、郊外に向かうにつれて時速七〇キロ、時速九〇キロと表示が変わっていき、最後には時速一一〇キロまで上がって、いつのまにか高速道路となっている。高速道路の料金は無料である。ちなみに、車道の横を走る自転車と歩行者のための専用道は、一般道が住宅街を抜けて高速道路となっても、少し距離を置いた所に車道と並行して走らせている場合が多い。

さらに、スウェーデンの住所は、すべて通り名と数字とアルファベットで示されている。言い換えれば、どんなにちっぽけな安アパートでも、それなりに十分な幅をもった機能的な道路が必ずセットになっているということである。そして、真冬には、それらの道路のほとんどがきちんと除雪されている。

このようなことから渋滞は起こりにくく、単純に、距離をもとにして目的地までの所要時間が計算できる。また、着いた先でも車を止める場所を探すのにまったく苦労することはない。このような環境によって、往復三六〇キロメートルにも及ぶ長距離の、しかも真冬の雪の中での訪問が日常的に可能になっているのだ。

ハンドルを握りながらアニータが、ふと思い出したように声をかけてきたので私の思考は中断した。

「このような遠距離の訪問をする際には、近場を訪問する場合とは準備や心構えが少し異なるのよ」こう言ってから、彼女は次のように続けた。

「大型の補助器具や、複数の補助器具を利用者に届ける場合には、今回のようなセダンではなくバス型の車を使用しているの。それから、遠距離の訪問は週当たり一回が基本で、何度も行ったり来たりはできないので、訪問に対する事前のイメージづくりと、より的確な評価や処方が、いつもの近場の訪問よりも大切になるの」

トナカイに出合う

八時五五分、カレスアンドまで七九キロメートルの表示が見えた。路傍の所々に立てられた紅白のポールには、黒、グレー、水色などのビニール袋が風にたなびいている。前述したように、トナカイが飛び出してきがちな場所であることをドライバーに示す合図となっている。是非とも野生のトナカイを見てみたいと心待ちにしながら、時速約一〇〇キロの車窓から路傍の森に目を凝らしていると、少し離れた木々の間から一匹のトナカイがのぞいた。思わず、「あっ！」と声が出たが、カメラに収めるには距離が遠すぎる。私が残念がっていると、「おそらくこのあとも出てくるから、まだチャンスはあるわ」とカタリーナが言ってくれた。

スィルキムオトゥカ（Silkimuotka）とライニオ川（Lainio älv）を示す標識を通りすぎた九時ごろ、カレスアンドまで五九キロメートルの表示が出た。間もなく、イーリソッペロという小さな地区に入った。カタリーナによると、この地区のほとんどの住人はサーミ人らしい。

九時二〇分、堂々とした体躯のトナカイが、道路から森へと続く土手を上ろうとしているのが右前方に見えた。私が気付くのとほとんど同時にアニータが、ほらね、という表情で知らせてくれ、カメラを構える私のためにゆっくりと車を止めてくれた。私たちに気付いたトナカイは、動きを止めて、振り向いた格好でこちらをじっと見つめている。そのおかげで、ばっちりトナカイの顔をカメラに収めることができた。

再び車を走らせる。果てしなく続く森と、遠くに見える山の稜線に目をやりながらアニータが、「この辺りは、雪の景色もきれいだけど、木々が緑色に輝く夏はもっときれいなの」と言う。

その数分後、先ほどまで一面に靄がかっていた空がようやく晴れてきて、右手後方に朝の陽がのぞいてきた。くっきりとした輪郭を現した山際が実に美しい。

いよいよカレスアンド地区へ

九時二五分、カレスアンドまで二五キロメートルの表示が出た。スィルキムオトゥカから、わずか二〇分ほどで三四キロメートルも走ったことになる。そういえば、キルナ市の町中を抜けてからここまでの間、信号が一つもなかった。意図的に止まらなければ、ずっと走り通すことができるわけだ。こういったことも、一八〇キロメートルの訪問ができる大きな理由だろう。

その二分後、道端からスキーを履いて、今まさに森の中に入っていこうとしている男性の横を

土手を上るトナカイ

通りすぎた。道路脇にある小さな駐車スペースには車が一台止まっている。どうやら、そこからスキーを履いたようだ。興味津々な思いでアニータに尋ねると、次のような答えが返ってきた。

「あの人はね、クロスカントリースキーを楽しもうとしているの。こういう何の変哲もない森が意外に絶好のスキースポットだったりするので、この時期にはあんなふうに道端に車を置いて、森に入っていく人をよく見かけるわ」

　こんなにスピードを出して車が通りすぎる高速道の道端でこういう風景に出合うとは、さすが自然享受権（八三ページ参照）を謳うだけのことはある。それからしばらく車を走らせていると、また思い出したようにアニータが、市に所属する療法士の働き方について解説をしてくれた。

「私たち市で働く療法士は、広い地域のなかで、自宅やケア付きの集合住宅などに住む障害者や高齢者を担当しているのよ。彼らの話を聞き、状態を評価したうえで、必要な補助器具を処方したり、彼らが日常生活において励行したほうがよいと思われる簡単な運動やリハビリの仕方を、いつも彼らとかかわっているケア担当者、つまり看護師、准看護師、個人アシスタント、介護士などに対して伝えたりしているの」

　続いてカタリーナが、ヴィーデゴーデンに古くから勤務する准看護師から二、三日前に電話で受けた相談事について話してくれた。

　本日、これから会う予定のエリーナ（Elina）という女性の入居者が車椅子からずり落ちてしまうのを防ぐ目的で、最近着任したばかりのポーランド人の看護師が、自分の判断だけで車椅子

コラム⑫ 市の保健所で活躍するスウェーデンの理学療法士

スウェーデンでは、職業人（官民を問わず）の健康を守る市の保健所（Kommunhälsan《コミューンヘルサン》）でも理学療法士が大いに活躍している。ここでは、南スウェーデンのヴェクショー市の保健所に勤務する、レーナ（Lena）という名前の理学療法士に同行した時の話を二つ紹介する。

一つ目は、ゴミ収集員の作業内容の調査であった。ゴミ収集員が仕事をする通りに出向き、ゴミの入ったキャスター付きのゴミ箱を収集車のリフト台に載せる前に、ヘルスメーターで重さを量るとともに、作業員の身体の使い方を評価していくというものだった。「後日、レポートを市に提出する」とレーナは言っていた。

二つ目は、小学校の厨房で働きながら、肩周囲と首から腰背部にかけて痛みが出るようになってきた年配の女性を、レーナが職場に訪ねた時の事例である。鍋、フライパン、飲料ケースなどの重さ、食器棚、調理するキッチンテーブル、腰掛ける椅子などの高さ、床を掃除する道具の使い勝手などを細かくチェックしつつ、実際に使っている時の動作をしてもらい、その姿勢を一つ一つ評価していった。たっぷり一時間をかけての評価だった。

その結果、キッチンで使う椅子と床掃除のモップの機能がよくないと評価した。座面の高さと角度を変えられて、腰椎を支持する機能のある椅子と、軽めで操作しやすいモップを購入してもらうよう、校長に対して処方すると言っていた。それに対してもし異議があれば、校長は申し立てられるとのことだった。

日本に比べて、かなり恵まれた環境にあるゴミ収集員や厨房職員の作業内容が、市の保健所によって丁寧に調査され、それによって労働環境の改善まで図られていることに感銘を受けたのと同時に、理学療法士という職種が大切な役割を担っているという事実を、誇らしく感じたことを今でも思い出す。残念ながら、日本では聞いたことがない仕事のあり方である。

に座ったエリーナに対してベルトを装着してしまったのだが、どうしたものか、というのがその内容だった。

「ずり落ち防止用のベルトを使用するには医師の処方が必要なんだけど、その看護師はスウェーデンに移住したばかりだったのでそういう事情を知らなかったのね。今日、話をしてみるわ」と、少し思案するような表情でカタリーナは私に話してくれた。

ところで、このエリーナという女性はフィンランド出身の九九歳で、若かりしころはサーミ人の学校で教師をしていたらしい。会う予定になっているもう一人の入居者はテリーシアという女性で、肺癌を患っていて緩和ケア（palliativvård）(5)を受けているそうだ。

「テリーシアは、ヴィーデゴーデンで最期のときを迎えようとしているのよ」と、カタリーナがしんみりとした表情で言った。

それから一〇分ほど車を走らせた。ついに、二人の口から待ちに待った言葉が出た。

「さあ、ようやくカレスアンドに着いたわよ」

「あとほんの少しで、目的の場所、ヴィーデゴーデンよ」

そして、アニータが前方を見ながら、「この道をこのまま真っすぐ行くとフィンランドだけど、今日は左折ね」と続けた。

---

(5)　末期癌患者などに対して行う、症状をコントロールし、苦痛を和らげる医療。

左折してすぐ右折し、さらにタッヴァ通りを左折して、ついに到着である。時刻は九時五三分、ホテルを出てからおよそ二時間三〇分だ。目の前に佇むヴィーデゴーデンは、淡いブルーの板壁が印象的な平屋の建物であった。

ヴィーデゴーデンには、日常的に重度の介護を必要とする高齢者が入居している。居住者用の一〇部屋と、一時的な療養で訪れる人が利用する一部屋がある。各部屋には、簡易のキッチンとシャワートイレルームが備えられている。また、共用のリビングと台所も別にある。

カタリーナが先に車から降りて建物のほうへ向かった。アニータは、補助器具センターから取り寄せた、車椅子に据え付けるテーブルを車のトランクから二つ取り出して、小脇に抱えてから私と一緒に玄関へと向かった。

中に入ると、まずは広々とした共用リビングが目に入った。とても開放的な造りで、外の光がたくさん差し込んでいる。数人の女性と、特別仕様のリクライニング式の車椅子に乗った男性がくつろいでいた。

早速、私たちはエリーナのいるテーブルへと向かった。エリーナは色白で上品な印象の女性で、肩にかけたバラの絵柄のショールと白い大きな襟のついたグレーのストライプのワンピースがと

ヴィーデゴーデン

てもよく似合っている。

アニータは、車椅子用のテーブルをエリーナに見せながら、フィンランド語で何やら話しかけた。そのあとはスウェーデン語で、「車椅子をうしろに動かしたいので、足をフットプレートの上に乗せてもらえるかしら」と声をかけると、エリーナはゆっくりと自分の力でフットプレートの上に足を乗せた。アニータはエリーナの乗った車椅子をテーブルから引いて、大きな窓ガラス越しに雪明りを透かしている、ブルーの花柄が描かれた白い薄手のカーテンがエリーナの背に来るように向きを変えた。そして、カタリーナがエリーナの車椅子からずり落ち防止のために着けられていたベルトをはずして、車椅子用のテーブルを取り付けた。

エリーナは、二〇〇七年にここにやって来た。彼女は長年にわたって義務教育における教師をしてきた。初めのうちはスウェーデン人が通う普通の学校で教鞭を執っていたが、その後、サーミ人の学校に移ったのだとカタリーナが改めて教えてくれた。

カタリーナによると、サーミ人はその昔、トナカイを追いながら移動して暮らしていたようだ。義務教育を受ける年齢の子どもたちは、移動して暮らす親から離れて寄宿舎に住みながら、サーミ人専用の学校で勉強をしていたらしい。エリーナは、そういう学校で教えていたのである。

カタリーナが、彼女の夫の祖母も同じ時期にサーミ人のための学校で教師をしていたことをエリーナに伝えると、「彼女のことはよく知っているわよ」とエリーナが答えたので、カタリーナはとてもうれしそうな表情で私のほうを見た。

どうやらエリーナは、このテーブルを気に入ったようである。取り付けてもらってすぐ、その上に新聞や拡大鏡、ペンなどを載せて使い勝手を確かめていた。

ここで、ケアワーカーのエルヴィーラ（Elvira）とマイ＝ブリット（Maj＝britt）も合流した。

「こうして一日中椅子に座っているのはしんどいでしょう。足はどのくらい動かせるのかしら。何かよい運動メニューをカタリーナと一緒に考えてみるわね」と、エリーナとマイ＝ブリット、そしてエルヴィーラを見ながらアニータが言った。

ところで、この車椅子用のテーブルは、外力に対して強い耐性をもつポリカーボネートでできていて、透明である。そういえば、これまでスウェーデンで目にしてきた車椅子用のテーブルは、いずれもが透明であった。これだと透けて足元が見えるので、車椅子が操作しやすくなる。

スウェーデンでは、コストは多少高くても、可能なかぎりにおいて実用性の高いものを優先して提供している。しかも、このテーブルが障害をもつ人にとって必要であると療法士が判断して処方しさえすれば、多くの自治体において無料でレンタルされる。さらに、このシステムは、自宅暮らしにかぎらず、入院中であったり、リハビリセンターに滞在中であったり、ケア付き集合

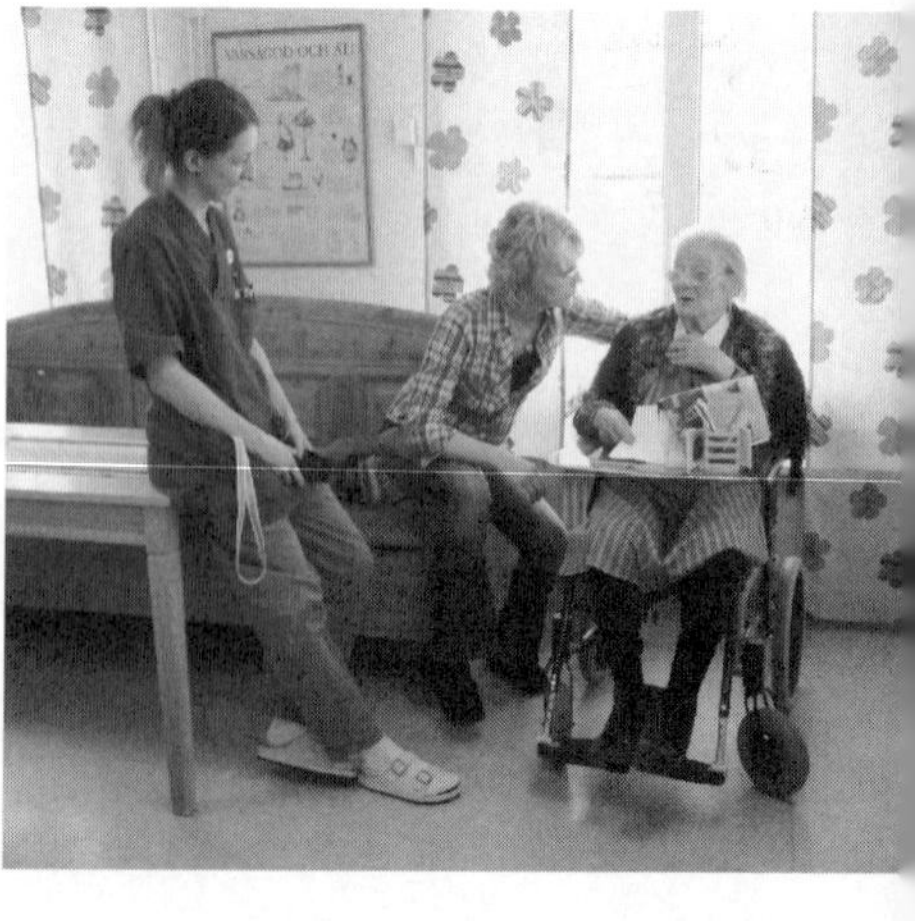
エリーナ（右）と話すアニータ（中）とポーランド人看護師

住宅などに入居している人に対しても適用されている。

一方、日本では、価格の安い不透明なタイプのものが数多く出回っている。しかも、介護保険制度を利用したとしても、使い勝手があまりよくないテーブルをレンタル用定価の一割負担のもと、月賦レンタルする(6)というのが一般的となっている。さらには、このレンタルシステムが適用されるのは、在宅生活をしながら介護保険サービスを受けている人に対してだけである。したがって、入院や施設生活をしている人がこのテーブルを必要とする場合には、通常数千円から一万数千円を自己負担して購入しなければならない。何をかいわんや、である。

肺癌を患っているテリーシア

このあと、ほかの入居者の様子も見て回ろうということになり、カタリーナとアニータのあとに私も続いた。

まずは、日中の気分転換を目的に訪れているヒルデガード（Hildegard）という名の女性の所に向かった。彼女は、自分の居室で特別あつらえの車椅子に座ってくつろいでいた。カタリーナが声をかけると、とてもやさしい表情で「ヘイ」と挨拶を返した。彼女に対しては、ほんの様子

(6)　車椅子と一体でのレンタルのみ可能となっており、テーブルの一か月当たりのレンタル代は通常一〇〇円となっている。

うかがいという感じで、一言二言言葉を交わしただけで部屋を出た。

次は、九〇歳代の女性、テリーシア（Telicia）だ。まずはカタリーナとアニータが部屋に入り、日本からの訪問者が一緒であることを伝えた。彼女は、快く私を迎え入れてくれた。このあと、カタリーナが彼女について簡単に説明してくれた。

テリーシアは、入院していたキルナ病院で二〇〇七年一二月に肺癌が発見され、ここに来て約二週間になる。現在、口からは食事がとれず、胃瘻《いろう》から経管で栄養を摂っている。さらには、慢性関節リウマチも長く患っており、障害の程度はかなり重度である。彼女の夫はフランス（Frans）といい、八五歳になる。二〇キロメートル離れた自宅から、息子が運転する車で毎日見舞いに来ているらしい。ちなみに、雪の降る冬場でなければ、フランスは自分で運転をして来ているそうだ。

テリーシアに対する今日の訪問の目的は、リクライニング式の車椅子に乗車した際に使用する透明なテーブルを試すことと、床上走行式リフトで身体を吊り上げるための布製用具（英語でsling《スリング》、スウェーデン語でlyftsele《リフトセーレ》）を、現在使用している一般的なものから頭を支える部分の付いたものに取り替えることである。

テリーシアは、理学療法士が訪ねてきたのでトレーニングをやらされるのかと思ったらしく、一瞬戸惑いの表情を浮かべた。そしてすぐさま、しっかりとした語調で、「私は太腿のあたりも痛いし、トレーニングは結構よ」と先手を打ってきたので、カタリーナもアニータも大笑いしてしまった。

このあと、しばらくの間歓談となった。カタリーナはテリーシアのベッド横に椅子を寄せて腰掛け、窓からの雪景色に目をやりながらテリーシアの話に耳を傾けていた。

以上で、ヴィーデゴーデンでの用件は終了した。アニータとカタリーナによる次回の訪問は来週の木曜日である。その目的の一つは、今日持ってきた補助器具類がきちんと機能しているかどうかを確かめることだが、そのたびごとに、新しいニーズが生じていないかなどを調査するのが一番の目的だとカタリーナが教えてくれた。

キルナ市中央部に戻る

一〇時五〇分、ヴィーデゴーデンを後にする。再びキルナ市中央部を目指して、一八〇キロメートルに及ぶ復路のスタートだ。

ラウナル通り（Raunalvägen）を左折してヨーロッパ自動車道45号線に乗った。ほどなく、カタリーナが道路の右側にサーミ学校があることを教えてくれた。そのすぐあと、カレスアンド教会に立ち寄った。二人には、私がスウェーデンの教会を見るのが好きだと伝えてあるので、機会を見つけてはこうして立ち寄ってくれる。

カレスアンド教会

この教会に、カタリーナは友人の結婚式で来たことがあるらしい。色の違う淡い色調の石を積んで造った土台に茶色の板壁、白い窓枠が印象的で、雪を被って立つ白樺の木々と調和しており、実に美しい建物である。

中に入ってみた。室内は暖かく、静かだ。薄いモスグリーンと白を基調に使ったシンプルな色合いの壁が、落ち着いた雰囲気を醸しだしている。ゆっくりと身廊《しんろう》を往復しながら、主祭壇や天井を眺めるなどして十分に堪能した。

一一時すぎ、ヨーロッパ自動車道45号線を再び走りだす。「本当に平原が続くでしょう。実は、キルナ市は大きな平原をもつ市としても有名なのよ」と、アニータが言う。

一一時半になろうとするころ、ふと見ると、私たちの車のすぐ前に、道端の左側を一生懸命に走る一匹のトナカイを発見した。カタリーナがすかさず私に説明してくれた。

「あのトナカイはね、道路を挟んで反対側にいる仲間の群れに追いつきたくて、あんなすごい勢いで走っているの。ほら、右側の五〇メートルくらい先の木々の間に何頭かトナカイが見えるでしょう。あれが仲間たちよ」

ハンドルを握るアニータも、その言葉に大きくうなずいている。そのトナカイを追い越さずに、アニータは一〇メートルほど手前でゆっくりと車を止めた。カタリーナが言ったように、そのトナカイが道を横切って群れのほうに行くのを見守るためだ。するとトナカイは、左側の道端を小走りに進んで、反対側にいる群れとちょうど横並びの位置まで辿り着き、その群れのほうを首を長くして見やった。そして、車の往来を確認するかのようにこちらを一度振り返ってから、積もった雪が少し盛り上がっている路肩を軽く跳ねるようにして無事に道路を渡りきり、反対側の群れのなかへと消えていった。見事に、カタリーナが言ったとおりだった。私が感心してカタリーナを振り返ると、「いつも見かけるシーンよ」と少し得意げだった。

一一時四〇分、昼食をとるために、「善き羊飼いの教会（Den Gode Herdens Kyrka《デン グーデ ヘルデンス シルカ》）」という名の自由教会（フリーチャーチ）のレストラン「ソッペロゴーデン（Sopperogården）」に立ち寄った。私は、サーモンの切り身がたっぷりと入ったスープを注文した。レストランの窓の外には、雪がちらつきはじめている。昼食後、例によってカタリーナとアニータが私のために教会内を案内してくれた。飾り気のない、至極シンプルな造りが印象的だった。

一二時三〇分、出発。走り出して間もなく、キルナ市の中心部に戻ってから訪問する予定になっている多発性硬化症と抑鬱症(7)を患うベンクト・ヘッグロート（Bengt Höggrot）という男性につ

（7）精神障害の一種。気がめいって気力が出ず、劣等感・不安・厭世《えんせい》的気分・絶望感などにとらわれる。躁うつ病のうつ状態として現れる場合と、単独で現れる場合とがある。

ソッペロゴーデン

いて、カタリーナが簡単に説明してくれた。彼は、アリス・ヨーハンソン（Alice Johansson）という名前の個人アシスタントによる支援を受けながら、自分のアパートで一人暮らしをしているとのことだった。

カタリーナが手帳を見ながら、どこかに電話をかけはじめた。会話の内容を聞いていると、どうやらカレスアンドの訪問で必要となった歩行車の予約を補助器具センターに入れているようだ。彼女たちは、移動する車の中でもよく仕事をするそうだ。アニータが解説してくれた。

「ソールバッケンの事務室で仕事をしているときには考え付かないことやまとまらないことが、こうして車で長い距離を移動しているときにふと解決したりするの。だから、ときには遠距離の訪問に行くのも悪くはないわね」

キルナ市の中心部まで七三キロメートルの表示だ。ヴィタンギ地区に入った。この寒さと雪の降るなかで多くの人が行き交う通りを見ながら、アニータがカタリーナに向かって言った。

「ヴィッタンギを通るときには、人が散歩しているのをいつも見かけるわね。ここの人たちは本当に活動的よね」

この言葉に、カタリーナが大きくうなずいている。

一三時一〇分、右折してヨーロッパ自動車道10号線に乗った。スヴァッパヴァーラ地区に戻ってきたのだ。この地区の町並みを私に見せるため、二人が寄り道をしてくれた。車に乗ったままではあるが、住宅地の路地をゆっくりと走らせて主だった建物を解説してくれる。右手には教会も見えた。「地区の名前そのままの、スヴァッパヴァーラ教会よ」とアニータが言う。こういう心遣いが本当に嬉しい。

その後、大通りへ戻って再び高速で走りはじめた。しばらくして、「キルナ市の中心部まで三〇キロメートル」という表示を通過した。前を走る大きなトラックが巻き上げる雪で前が見えにくくなったので、アニータが少しスピードを落としてトラックとの距離をとった。

一三時五〇分、「キルナ市の中心部まで一一キロメートル」の表示だ。いよいよ近づいてきた。昨日訪れたアイスホテルに行く道が右に延びているのを横目に見ながら、真っすぐキルナ市の中心部へと向かう。キルナ市の町中にある「Rymdcampus《リムドカンプス》（宇宙研究所）」へは左折という表示のあと、ついにキルナ市の旅行案内所「i」まで一キロメートルの表示が出た。ようやく戻ってきた。

「トリアンゲルン地区」、「キルナ病院（Sjukhus《ヒュークヒュース》）」の表示が出ている交差点を右折して、「ローセンゴーデン（Rosengården）」という名のケア付き集合住宅のある角で左折すると、一四時二五分、キルナ病院のすぐ裏手にある、ベンクトが住むテューレ通り二五番地のアパートに到着した。

ベンクトの住むアパート

個人アシスタントの援助で一人暮らしをするベンクト

呼び鈴を鳴らしてしばらくすると、女性が出迎えてくれた。「こんにちは、アリスです」と、彼女のほうから名乗ってくれた。カタリーナが私を紹介すると、「ようこそ。どうぞ入ってください」と笑顔で私を招き入れてくれた。

中に入ると、ダイニングキッチンの丸テーブルの椅子に鼻髭をたくわえた男性が座っていた。私を見ると、手を伸ばして握手を求めながら、「こんにちは。ようこそ、ベンクトです」と表情は硬いが、しっかりと私の目を見て言ってくれた。私は笑顔で、「こんにちは。マコトです」と返した。

ここで、カタリーナがアニータをベンクトに紹介した。実は、アニータはベンクトとは初対面なのである。二人が握手を交わしたのだが、ベンクトはアニータの目をじっと見つめながらなかなか手を離さない。アニータが、「指の先が赤くなってきたわ。もうそろそろ離してね」と笑顔で促してから一分後、ようやく手を離した。ベンクトは、アニータのことをかなり気に入った様子だ。「そういえば、ベンクトの別れた奥さんがアニータに少し似ているような気がするわ」と、カタリーナが私に言った。

アリスが「どうぞ、自由に部屋を見てください」と言ってくれたので、遠慮なく各部屋を見て

（右から）ベンクト、アニータ、カタリーナ、アリス

回った。ベッドルーム、リビングルームの順で見たが、どちらも外の光が十分に入り込む造りになっていて、窓枠とカーテン、そしてそこからのぞく外の景色との調和がとても印象的であった。

リビングルームの窓から、すぐその目前に立つ白樺越しに南側の風景をのぞくと、似たようなデザインのアパートや一軒家が、互いの建物を圧迫しない適度な距離を置いて立っている。シャワートイレルームも小ぎれいにしていて、手づくりの棚には洗剤や道具類が整然と並んでいる。男やもめのアパートとは思えない。アリスの好みや感性も活かされているのかもしれない。全体の広さは約六〇平方メートルで、それぞれの部屋の広さも一人暮らしには十分だ。加えて、地下には倉庫もあるらしい。

アリスがコーヒーを振る舞ってくれ、しばし歓談となった。アリスとカタリーナが、ベンクトに関する話題を次のように提供してくれた。

ベンクトは、かつてはとても活動的だったようだ。政治家として活躍する傍ら、狩や釣りといったアウトドアの趣味にもかなり入れ込んでいたという。しかし、五年前に病気を罹ってからは精神的に落ち込むことが多くなり、結局、長年連れ添った奥さんとも別れることになった。それが契機となり、それまで住んでいた大きな一軒家から現在のアパートに移っている。

彼には一人の息子と二人の娘がいるが、子どもたちとはほとんど連絡をとっていないらしい。カタリーナの表現を借りれば、「父親としていい思い出を残してあげられなかった」というのが理由だそうだ。ただ、実姉とはよい関係を保てているらしく、ときどき訪ねてきているとのことだった。

　初めてベンクトに個人アシスタントが付いたのは、二〇〇六年の九月である。当初から、アリスが担当しているそうだ。個人アシスタントを付けることができる一日当たりの時間数は、最初は四時間だったが、その後二時間増えて、現在は一日六時間となっている。アシスタントが付く時間帯は日によって多少前後するが、通常は一〇時から一六時までだ。一週間当たりの時間数で見ると、すべて平日で、合計三〇時間となっている。

　それ以外の日、すなわち土曜日、日曜日、祝日、そして平日の朝晩にはホームヘルパーが入っている。さらに、夜間は夜間パトロールチームが担当している。夜間パトロールチームが入る頻度はルーティーンで二回だが、ベンクトからのコールがあれば、もちろんそのかぎりではない。このほかにベンクトは、市による洗濯サービスも利用している。

　ベンクトが一人のときにベッドから離れる場合は、天井と床の間に支柱で固定したバー（PERNOVA《ペルノーヴァ》社製の「GRIPO《グリーポ》」という補助器具）を把持《はじ》して立ち上がり、車椅子に移乗している。見守ってくれる人が傍らにいる場合には、歩行車を押して歩いて移動し、ダイニングにある肘乗せのない普通の椅子に座ったりして過ごしている。

　日本の現状からすると、この障害のレベルにしては十分すぎるくらいの時間数を個人アシスタントやホームヘルパーがかかわっていることになるのだが、それでもベンクトには、個人アシスタントによるもっと長い時間の援助が必要だとアリスは考えている。

「ベンクトに対する個人アシスタントの時間数は、今は一日六時間までしか認められていないけれど、本当は朝の九時から夜の九時までの一二時間は必要だと私は思うの。今、そのことを市に申請中で、支援管理者（biståndshandläggare《ビストンズハンドレッガレ》）(8)からの返事を待っているところなの」

アリスの言葉に、私は絶句してしまった。ベンクトの個人アシスタントになってから約一年半が経ち、いまやアリスはベンクトのよき理解者である。そのアリスが言葉を続けた。

「ベンクトは病気になってからしばらくの間は感情を出すことが少なく、活気もなくなっていたらしいの。それが、私がかかわるようになっ

（8）「biståndshandläggare」は「介護ニーズ判定員」と邦訳されることが多いが、本来の職務内容を的確に表すため、原語に忠実に訳した。

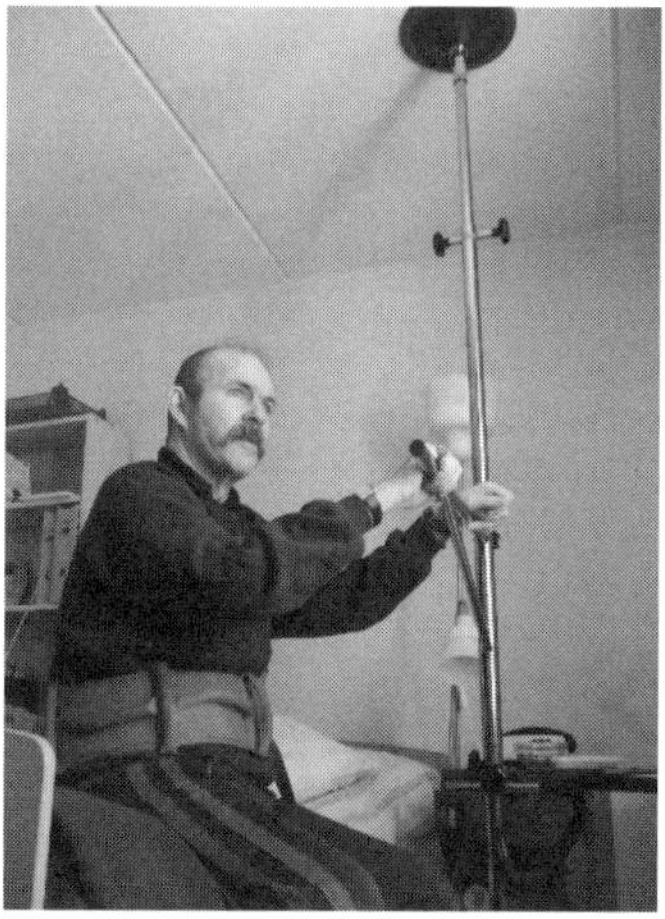

グリーポで立ち上がるベンクト

歩行車で歩くベンクト

てからは、いろんな感情を出せるようになったうえに笑顔も多くなり、ベッドから起きだして何かをする時間も多くなったと、以前からベンクトをよく知っているカタリーナが言ってくれるの。この言葉はとても励みになるわ。最近では、私に対してベンクトは悪態をつくようにもなったけれど、それも本音を出しあえるようになったという意味でよいことだと思うわ」

ところで、アリスとカタリーナは古くからの友人である。アリスが二二歳のときに、かねてから憧れていたフランスに渡った際のこともカタリーナは覚えていると私に話してくれた。それ以来二五年間、アリスはフランスで暮らしてきたが、日常の生活において疲れやすくなってきた年老いた母親を助けてあげたくて、二年前にここに戻ってきたのだという。ただし、日本における ような形での介護をするために戻ってきたわけではない。実は、キルナ市に正式に雇われる形で、母親の個人アシスタントとしても働いているのだ（二〇六ページを参照）。

アリスは現在、床面積が一五〇平方メートルもある二階建ての一軒家を所有していて、六〇平方メートルある二階部分のみを自分の居住場所とし、一階は他人の家族に貸しているそうだ。今は、八人いる兄弟姉妹との交流と、フランスで暮らす一人娘の成長が楽しみということだった。

一四時四五分、ベンクトとアリスに感謝の気持ちを伝えてアパートを出た。来たときと同様、アニータが運転をして私をホテルまで送ってくれた。一四時五〇分、ホテルに到着。アニータとカタリーナに今日のお礼を述べて、明日の予定を確認して別れた。

コラム13 コメディカルを活用した新たな医療サービスの提供

スウェーデンの保健・医療・福祉サービス提供における大前提は、かぎられた財源のなかで、県と市がサービス全体を俯瞰しながら、すべての住民に対して公平かつ効率的に行きわたるようにすることである。したがって、日本のように、風邪のような日常的な病気でそこら中にある民間の診療所ですぐに受診したり、計画的手術で一般病院に即入院できるというような「医療偏重」の状況にはない。そのため、「病気になっても医師にすぐ診てもらえない」という患者からの不満の声も多い。もちろん、脳卒中や心筋梗塞などの急性発症や骨折を受傷した患者などの場合は高度専門病院や県立病院がすぐに受け入れるので、そのかぎりではない。

これらの問題を解消するために、コメディカルを活用した新たな医療サービスが年々増えている。たとえば、看護師が電話で医療的なアドバイスを行ったり、特定の症状に対しては薬の処方をしたりしている。また、整形外科的な症状を呈する患者を、理学療法士が整形外科医に先んじて診断して振り分けたりしている（註を参照）。いずれも自治体による事業である。日本でも、一考の価値があるのではないだろうか。

（註）一次医療クリニックを受診した腰痛患者のなかに、いわゆる「赤旗徴候（red flags）」を伴う腫瘍や骨折などの重篤な病気が含まれる確率は非常に低いことが、先進諸国におけるいくつかの研究論文で示されている（Henschke N, et al. Prevalence of and screening for serious spinal pathology in patients presenting to primary care settings with acute low back pain. Arthritis & Rheum Vol.60: 3072–80, Oct.2009, および Slipman CW, et al. Epidemiology of spine tumors presenting to musculoskeletal physiatrists. Arch Phys Med Rehabil. Apr; 84(4): 492–5, 2003 など)。このような事実も、理学療法士を効果的に利用できることの根拠になると思われる。

2 講演会、そしてキルナ市最後の夜を楽しむ

二月二三日（金曜日）、快晴。今日は朝から講演の準備である。

ホテル一階のダイニングで朝食をとったあと、ホットコーヒーを自室に持ち帰り、ノートパソコンを立ち上げた。日本を発つ前にパワーポイントでつくった講演用資料を見直すことからはじめた。スライドに掲げた説明文などは、英語とスウェーデン語をミックスしてつくってある。講義全体の展開をイメージしながら比較的速いスピードでスライドを繰ってみたが、全体の流れについては問題ない。

次に、一枚ずつゆっくり眺めて、誤字や脱字のチェックをした。その結果、数か所の誤字と、日本の医療制度について説明をした文章のなかにいくつかの不備を見つけたので、それらを修正した。さらに、少しでも楽しいスライドにするため、撮ったばかりのキルナ市の風景写真も何枚か加えることにした。その結果、スライドは全部で七五枚になった。

最後に、リハーサルを行うことにした。できあがったスライドを最初から順に表示しながら、聴衆を目前にしたつもりで英語とスウェーデン語を織り交ぜて本番さながらに声を出してみた。会場では、場の雰囲気を感じとりながら生き生きとした講演にしたいと思っているので、あえて読み上げ原稿はつくらずに、アドリブでいくつもりにしている。より楽に口に出てくるのは英語

だが、少し努力をして、スウェーデン語を使って練習した。

スライドの半分くらいを終えたところで時計を見ると、二五分ほどが経過していた。講演の持ち時間は一時間なので、残りの半分にも同じくらいの時間がかかるとすると、質疑応答の時間までを考慮に入れてちょうどいいペースである。このあとは、出発の時間が迫ってきたこともあって、それまでよりも速いスピードでスライドを流しながら早口でリハーサルをした。

講演会場に向かう

約束どおりの九時三〇分、アニータが車でホテルまで迎えに来てくれた。私が車に乗り込むと、アニータは「ヘイ」と笑顔で挨拶してくれたあと、開口一番「カタリーナの風邪がひどくなって、鼻水が出て、熱も下がらないの」と言った。

少し世間話を交わしたあと、アニータが今日の講演会場について簡単に説明してくれた。それによると、会場はアニータが以前准看護師として働いていた「Vilan《ヴィーラン》 2《トゥヴォー》」という名称の高齢者向けケア付き集合住宅の中にある、ほどよい大きさのホールとのことだった。ここは、市職員の会合や講演会などでよく利用するそうだ。

実は、アニータは、この年の五月までソールバッケンで働いたあと、またこのヴィーラントゥヴォーに戻って、主に准看護師として働くことになるそうだ。もちろん、作業療法士としての仕事も不定期に入ると言っていた。

九時五〇分、目的地に到着。雪の積もった駐車場から正面玄関へとアニータが先導してくれる。ホールは地下にあるらしく、正面玄関から入ってすぐの所にあるらせん階段を下りて地下へと向かった。廊下が薄暗いので、会場となるホールもさぞや電灯をつけなければならないような暗さなのだろうと思いながら歩を進めていくと、その先は明るくなっていた。近づくにつれて、その明るさが増してきた。

ガラス張りのドアを開けてホールに入ってみると、想像したのとはまったく違って、外からの光が大量に入り込む大きなガラス窓が印象的な開放感のあるホールであった。実は、地下といっても建物の西側だけが地中に埋もれる造りになっていて、外壁が地表に出ている東側から眺めると、この階はなんと建物全体の二階にあたるのだ。つまり、玄関のある西側から東側に向かって土地が急激な下り斜面になっているので、建物の東側にあたる窓は地表にむき出しになっているということだ。

すでに来ていたカタリーナに風邪の具合を尋ねると、「あまりよくないわね。この数年間引いたことがなかったので、本当に久しぶりよ」との返事。今日の講演会は彼女の上司が提案したもので、しかも彼女が司会を務めることになっているので、無理をして出てきてくれたのだ。

早速、彼女が講演台に私を案内してくれた。ノートパソコンとプロジェクターが用意され、スクリーンにはすでにウィンドウズの画面が映りだされている。「データをパソコンに落として、動作に問題がないか確かめてみてね」と言う彼女の言葉を受けてメモリスティックからパソコンのハードにデータを落として動作を確認したが、どうやら問題はなさそうだ。

集まった聴衆は二〇人弱といったところだ。うち男性が二人。キルナ市の社会（福祉）部（Social《ソシアル》 kontor《コントール》）、いわゆる社会福祉的なサービス（高齢者や障害者などに対するケアやリハビリ、その他のサービスなど）を提供する公的な部門で働く支援管理者、理学療法士、作業療法士、准看護師などである。

スウェーデンで、しかも英語とスウェーデン語でこのような講義をするのはもちろん初めてだが、二年前にイェーテが来日してスウェーデンにおける高齢者のリハビリテーションとケアについて講演をしたときに私は通訳を務めたこともあって、さほど緊張はしていない。

日本の医療と介護のあり方を伝える

一〇時、いよいよ講演開始だ。私は、日本の医療保険制度と介護保険制度、さらには障害者自立支援法などについて概観し、病院や介護現場の様子を紹介したあと、日本の問題点についてもいくつか解説した。たとえば、吸引回数を多くしたり酸素を吸入させたりしたら診療報酬が上がるような不合理な医療保険システム、重い障害をもつ家族を在宅で介護したあげくに疲れ果てて自殺や心中《しんじゅう》に追い込まれる介護者が後を絶たない現状[9]、巨大な介護企業が金儲けのために不正を繰り返して利用者や従業員に不利益をもたらしている現状[10]などについて、具体的な事例を挙げて説明した。この間、聴衆から幾度となく驚きの声やため息が上がっていた。

オムツをして、ほとんど寝たきりの患者がずらっと並ぶ療養病室の写真を見せたときには、一人の准看護師がすかさず手を挙げ、次のような質問をしてきた。

「彼らの排泄（大小便）の介助はどうしているのですか？」

「ほとんどの人は、常時オムツの中に出すことになります。そして、替えてほしいとあえて言わない、もしくは言えない患者はそのままの状態で、定時のオムツ交換の時間まで待たされるのが普通です」と私が答えると、聴衆から一斉に大きなため息が出て、隣に居合わせた者同士が辛い表情で感想を言いあっていた。

ところで、スライドには、典型的なスウェーデン人のくつろぎの様子を撮った写真を息抜き用として仕込んでおいた。たとえば、介護現場で働く女性たちが仕事の合間にコーヒータイムをとって笑顔を振り舞いている写真や、森の中の湖畔に建てたサマーハウスの玄関ポーチでコーヒーを片手にくつろいだ表情で新聞を読んでいる男性の写真などである。それらが登場した際には、みんな大笑いだった。

講演する筆者

最後に若い女性から、「講演の内容とは直接関係ないが……」という前置きのあと、「スウェーデンでときどき耳にする日本語の『WABI』『SABI』という言葉はどういう意味か」と問われたが、これには要領よく答えることができなかった。どうやら、多くのスウェーデン人にとって興味のある話題であるらしく、日本人である私が首を捻っていたのを見て、これまた会場から大きな笑いが起こった。

一時間弱の講演であったが、終了後も多くの人がすぐには立ち去らず、互いに何らかの感想を言いあったり、私の所へ個別に質問をしに来る人もいたりして、それなりに余韻を残す講演ができたことにほっとした。どうやら、日本の現状は彼らにとっては想像以上のものだったようだ。

講演のあと、駐車場に向かって歩きながらアニータが、「いつもは小さな世界で仕事をしていて、外の事情を知る機会が少ないので、とても勉強になったわ」と言ってくれた。彼らにとって[11]は、民間非営利団体（医療法人や社会福祉法人）を中心にして成り立っている日本のシステムや

---

(9)　介護保険制度がはじまった二〇〇〇年から二〇〇九年一〇月までに、全国で高齢者介護をめぐる家族や親族間での殺人、心中など被介護者が死に至る事件が少なくとも四〇〇件に上っている。加害者の四分の三が男性で、夫や息子が一人で介護を背負い込んで行き詰まるケースが多い。件数は増加傾向にあり、二〇〇六年からは年間五〇件以上のペースで発生している。（〈東京新聞〉二〇〇九年一一月二〇日付の記事より）

(10)　コムスン事件を取り上げて、次のように説明した。二〇〇七年、巨大ケア会社であるコムスンに多額の介護報酬の不正請求が発覚し、事業停止処分となった。手口としては、してもいない介護をあたかもしたかのように請求したり、職員数を水増ししたりしていた。会社幹部らは、障害をもった高齢者を介護報酬を得るための金の成る木として見ていた。日本の介護保険制度の問題点は、民間の事業所が作成する請求書に基づいて介護報酬が支払われる点にある。日本におけるこういった問題は氷山の一角であり、日常化しているとも言われている。

実情を知ったところで、真似をしたいと思うような内容はほとんどなかったようだが、それとは別の意味で非常に有益だったようだ。つまり、日本のような仕組みにしたら、私がスライドやビデオで示したような悲惨な臨床結果になりかねないという「反面教師」としての意味あいで、ということである。

このあと、アニータに大広場まで送ってもらい、周辺を散歩したり、フォルケッツヒュースの中にあるカフェでコーヒーを飲んだりして過ごした。

一六時二〇分、ホテルに戻って自室の小さなテーブルに座り、窓の外を眺めながらこれまでに見聞きしたことをノートパソコンに打ち込んでいると、目の前のコンドゥクトゥーシュ通りを、町の中心部のほうから大きな除雪車がやって来て除雪をしはじめた。車道だけでなく、建物のすぐそばまで近寄って除雪をしている。そこからラーシュ・ヤンソンス通りに折れて、さらにその通りに面した出入り口付近も念入りに除雪している。私の泊まっているホテル・ケブネはこの二つの通りが交差した角にあるので、目の前の作業がよく見える。

一六時四〇分、もう一台、横に長いシャベルを付けた除雪車が通っていった。おそらく、車道の雪を横に押しのけるタイプのものだろう。どうやら、この先の車道を除雪するようだ。複数の除雪車が本当に大活躍だ。

建物の出入り口付近も念入りに除雪する

サーミシアター

　一八時すぎ、昨日ベンクトの家で会った個人アシスタントのアリスがホテルに迎えに来てくれた。実はこのあと、アリスとともに、サーミ人向けのお芝居を上演することで有名な「サーミシアター」[12]に向かう予定なのだ。昨日の別れ際、アリスから今日の予定を聞かれ、「講演をしたあとは何もない」と答えると、「夕方からサーミ語のお芝居があるんだけど、行ってみない？　チケットが一枚余っているの。サーミ語が多くて分からないかもしれないけど、雰囲気だけでも楽しむのはどうかしら」と誘われたのだ。

　お芝居のタイトルは「Tant blomma《タントブロンマ》」で、直訳すると「花おばさん」となる。現代スウェーデンにおいて有名な詩人かつ劇作家であるクリスティーナ・ルグン（Kristina Lugn）という人の原作で、自宅で子守を仕事にしている中年女性である「花おばさん」の孤独をシニカルに描いた悲喜劇だそうだ。今日が初日で、上演は五月末まで続くロングランということだった。

　サーミシアターに向かう道すがら、アリスが「そうそう、昨日の話の続きをするわね」と言って、自分の働き方や個人アシスタントについて詳しく説明してくれた。要約すると、次のような

（11）　日本における病院やケア事業の経営形態のほとんどは民間である。その割合は、病院に関しては病床数ベースで約七〇パーセント、ケア事業に関してはほぼ一〇〇パーセントである。

（12）　一九九二年設立。二〇〇九年に「Sami Teahter」から「Giron sámi teáhter」に名前が変わった。住所：Thulegatan 24B

内容である。

アリスは、ベンクトと自分の母サリー（Sally）のための個人アシスタントとして働いていて、どちらに対して働くのにも同額の給料（時給換算）を市から得ている。彼女の合計月収は、税込みで一万八〇〇〇クローナ（約三〇万六〇〇〇円）である。週当たりの時間数は、ベンクトに対しては三〇時間、母親に対しては一〇時間で、合計四〇時間働いている。この時間数は、現場からの要望に基づいて市職員である支援管理者が評価して決めている。

アリスの母親は九二歳だが、とくに病気はないとのことで、年齢からくる疲れやすさ、体力低下だけが問題なのだそうだ。ゆっくりであれば自分で簡単な料理をつくったり、シャワーを浴びたりといったごく基本的な日常生活の行為はできる。だが、大掛かりな料理や部屋の掃除、買い物などは一人では困難らしい。つまり、これ以上自分の力だけで生活を続けることによって体力や気力が失われ、その結果、重度のケアを必要とするような状態に母親が陥らないように、予防の目的で、アリスを個人アシスタントとして早めにつけることが市によって認められたというわけだ。

さらに、アリスの解説が続いた。

「個人アシスタントはLSSという国の法律で規定されているもので、六五歳までに個人アシスタントを必要とするほどの重い障害をもった場合に付けることが認められているんだけど、現場の要望に即応できるように、その運用は市に任されているの。私の母の場合には、なんと九〇歳をすぎてから、娘である私を個人アシスタントとして雇うことを認めてもらったというわけね。この運用には満足しているわ」

やはり、スウェーデンという国は、何よりも予防を大切にしていることがよく分かる。早くから個人アシスタントを付けて障害が進行しないように予防をすることが、本人にとっても、社会にとっても有益であることをスウェーデン社会はこれまでの経験から熟知しているのだ。

サーミシアターが近づいてきたころ、一人の若者が私たちに話しかけてきた。もちろん、私たちとは初対面である。彼は、私たちもシアターに向かっているものと確信して、天真爛漫に話しかけてきたのだ。とても人懐っこい。二人のやり取りを聞いていると、どうやら彼は自閉症らしく、火曜日に取材した発達障害者のための活動所であるサーヴォで働いているとのことだった。

初日に市庁舎前で出くわした、カタリーナの知り合いである多発性硬化症を患う女性に続いて、短期間の旅行中に何かしらつながりのある人とこういう形で顔を合わせるのは、ここが小さい町だからという理由だけではなく、以前から何となく感じていたこと、つまり「スウェーデンは日本よりも人が見える社会なのではないか」という印象を裏づけているように思える。アリスも、初めて出会ったこの男性と、見事なまでに普通にコミュニケーションをとっていた。

ところでお芝居のほうだが、役者はどちらも男性で、おばさん役は若い青年が、赤ちゃん役は初老の男性が演じていた。サーミ語の部分が多かったのでほとんど内容は理解できなかったが、コミカルさは十分に伝わってきた。観客席と舞台が非常に近く、圧倒的な臨場感があった。とくに、私たちの席もあるコの字型に囲んだ客席の最前列は、狭い舞台いっぱいに動き回って熱演する役者の汗がかかるほどであった。芝居の途中、役者が何の前触れもなく私の膝の上に植木鉢を置きに来たのにはびっくりした。

サーミシアターからの帰り道、アリスが「サリーの話には続きがあるのよ」と言って、次のような内容を話してくれた。

母親が受けているサービスには、前述したもののほかに「運転サービス」と「アラームコール」がある。「運転サービス」とは、機能障害によって一般のバスなどを使えない人に対して、安価な費用で公的な輸送を提供するものである。そして「アラームコール」とは、夜間時や一人のときに何らかの手助けを必要とする場合、自室内や利用者の手首に据え付けられている

可愛い造りのサーミシアター

アラームコールを押すと、巡回もしくは近隣のステーションに駐在している市所属の准看護師やホームヘルパーなどに連絡が入り、ケアや介助に来てもらうというサービスのことである。

さらに、アリスが有給休暇をとって旅行に出掛けるといった理由で一時的に母親の面倒を見ることができなくなった場合には、六四歳になるアリスの姉が個人アシスタントとして代わりに入ることもあるそうだ。もちろん、時間当たりに換算してアリスと同額の給料が市から支払われている。これも、アリスが市の支援管理者に申請して認められたものである。


大広場まで一緒に歩き、アリスとはそこで別れた。

「今日は付き合ってくれてありがとう。本当に楽しかったわ。日本には気を付けて帰ってね」と言ってアリスは私に握手を求め、軽い抱擁をしてくれた。

「アリスも元気で。またいつか会いましょう」と私は言って、彼女が家路に就くのを見送った。

北極圏の冬の夜はとても寒い。しかし、それとは対照的に温かい気持ちで足取り軽くホテルへと向かった。

第4章

中央部の湖畔の町、エステシュンド市へ

ラディソンブルー（左奥にはジャンボホステルが見える）

ヘルシンキ経由でストックホルムへ

二〇一一年二月一九日、快晴。真冬のスウェーデンに向けて三度目の出発だ。真冬のスウェーデンは、二〇〇八年の二月にキルナ市を訪れて以来、三年ぶりとなる。

今回は、フィンランドの首都ヘルシンキを経由してストックホルムに入り、一泊後、目的地であるエステシュンド市に飛行機で向かうことにした。そこで、障害を抱えながら自宅に暮らす三人の高齢者を取材することになっている。エステシュンド市には、友人であるイェーテが約三年前から移り住んでいる。明日からの一週間、彼のアパートに泊めてもらいながらの取材活動となる。

エステシュンド市は、スウェーデンの中央部に位置し、一二月から二月にかけてのもっとも寒い時期の平均最高気温と平均最低気温はそれぞれマイナス三～五度とマイナス八～一〇度となり、雪も非常に多い所だ。

昼の一二時すぎ、「現在のヘルシンキの天気は快晴、気温はマイナス二五度」の機内アナウンスのあと、フィンランド航空「AY078便」は関西国際空港を飛び立った。今回の旅では、前もってネットで購入しておいた専用の耳栓をつけているので、これまでに何度も悩まされてきた離着陸時の高度変化に伴う耳の痛みが起こらずに、快適に飛行機の旅を楽しめるはずだ。

一二時半ごろ、左の窓からは美しく雪をまとった連山が見えてきた。うしろの席から、「あれは北アルプスだな」という年配の男性の声が聞こえてくる。どうやら、隣に座っている奥さんに教えているらしい。その声につられて私も目を凝らした。しばらくすると、「あの辺りが高山と白川郷だよ。このあとは、能登半島のほうに上がっていくよ」と、また同じ声。私の隣の若い男性も、その声に誘われてデジカメを構えている。雲の切れ間からのぞく、雪を被った山々が本当に美しい。

その後、映画を観たり、本を読んだりして過ごしたあと、ひと眠りした。夕食が運ばれ、離陸後六時間半ほどがすぎた午後七時前、機内後方にあるトイレに立った。ゆったりとした飛行で歩きやすい。トイレのドアの前には、フィンランド人と日本人の女性客室乗務員が、腰掛けてリラックスした表情で談笑している。あまり忙しくない時間帯のようだ。私がトイレのドアを開ける際、フィンランド人乗務員の組んだ脚が邪魔になったが、彼女はその脚を軽く引く程度で避けた。日本の航空会社の乗務員が見せるような、派手な恐縮の仕方はしない。

そのあとも、先ほどまでと同じように映画や本に目をやり、疲れたら目をつぶるというサイクルで時間を潰した。北欧行きの飛行機で過ごす、いつものパターンである。

そうこうしているうちに数時間が経過し、飛行機が徐々に降下をはじめた。目前のモニターを見ると、間もなくヘルシンキ上空のようだ。ここで、腕時計の針を時差の分だけ七時間戻し、現地時刻にあわせる。しばらくして、窓から地表を見やると、地面や家々の屋根は雪で覆われ、無数にある湖は白く凍っていた。森の木々は雪を被っておらず、所々、常緑針葉樹の深い緑が顔をのぞかせている。

一五時一〇分、無事に着陸。飛行機を降り、ターミナルへ向かう通路の窓から外を眺めてみる。

陽は西に傾いているが、雪の被った飛行場にはまだ十分に強い陽差しが注いでいる。手荷物検査を抜け、乗り継ぎターミナルのほうへと進む。税関を通り、ストックホルム行きが出る14番ゲートへ向かった。道のりが長く、人も多いため、目的のゲートまで辿り着くのに小一時間を要した。着いてみると、すでに搭乗を開始していた。待合所の座席に腰を下ろす間もなく私も列に並び、早速、飛行機に乗り込んだ。

機長から、「外気温はマイナス六度」のアナウンスが入ってすぐの一七時ちょうど、飛行機は夕陽に向かって飛び立った。白く凍った湖が夕陽によく映えている。気流が穏やかなのか揺れはなく、滑らかに上昇していき、そのまま水平飛行に入った。ストックホルムまでの飛行時間は一時間だが、ヘルシンキとストックホルムの時差も一時間なので、ストックホルムに着いたときには時間を得した気分になるだろうなと思いつつ、腕時計の針を一時間戻した。

しばらくして、飲み物サービスの時間となった。客室乗務員が自然な笑顔をたたえながら飲み物の種類を尋ねてくる。私はアップルジュースを選んだ。窓の外を見ると、飛行機が西に向かっていくため陽は一向に弱まらず、雲の上側が濃いオレンジ色に染まっている。ひと眠りする間もなく、一六時半、シートベルト着用のサインが点灯し、あっという間に着陸態勢に入った。一六時四五分、ストックホルム郊外のアーランダ空港に着陸した。

ターンテーブルで荷物を取ったあと、空港内にある「SEB」という名の銀行の両替窓口で、当座の資金として現金三万円をクローナに両替した。

ホテルのチェックインでトラブル

今回泊まるホテルは、空港からほど近い「Radisson Blu《ラディソン ブルー》」だ。一七時二〇分、14番ラインの無料の巡回バスに乗った。途中、ジャンボ機をそのままホテルにした「Jumbo Hostel《ジャンボ ホステル》」の横を通って、約一〇分後にホテルに到着した。

フロントに向かい、スムーズにチェックインと思いきや、問題が発生した。いつものように、すでに支払い済みであることを証明する領収書（Voucher《ヴァウチャー》）をフロントの女性に提出したが、彼女がそこに記された番号や私の名前を何度コンピュータ端末に入力しても、決済どころか、予約の事実も確認できないのだ。上司らしき別の女性も奥から出てきて、ホテルグループの本部に電話で問い合わせてくれたりもしたが、やはり確認できないらしい。私はソファで待つことにした。

約三〇分間の格闘の末、フロントの女性は丁寧な英語で次のように伝えてくれた。

「申し訳ありませんが、やはり、どうしても予約の確認ができません。領収書があるので、まちがいなく予約もされ、支払いもされていると思いますが、何らかの手違いで入力されなかったのでしょう。こちらの手違いか、日本の代理店の手違いかは今のところ分かりません。いずれにしろ、当ホテルに今晩お泊まりいただくためには、クレジットカードを読み込ませていただいたうえで、改めて手続きをしていただく必要があります。申し訳ありませんが、領収書に書かれているタイプの部屋はすでにいっぱいで泊まれません。別のタイプの部屋であればご用意できますが、いかがなさいますか。ただ、料金は少し高くなってしまいます」

その部屋の料金を確認すると、日本円で一万円余りということであった。日本から予約してあった部屋は九〇〇〇円台だったのでたしかに高いが、仕方がない。提示された部屋を予約する旨を伝えると、彼女は申し訳なさそうな表情を浮かべながら次のように付け加えてくれた。

「問題が解決できるよう、引き続き可能なかぎり努力をしてみます。領収書があるので、おそらく最終的には解決されると思います」

初めは腹立たしくなりかけた気持ちが彼女の表情や言葉によって収まり、最後はすっきりした気分で部屋へと向かった。荷物を置き、まずはシャワーを浴びた。すると、猛烈に腹が減っていることに気付き、髪も乾かぬままに部屋を出てエレベーターに乗り、一階に下りて、先ほどのフロントの正面奥にあるレストランへと向かった。

七時半という夕食時のためか客は多く、窓際はすべて埋まっていた。私は入り口に近い二人がけのテーブルに座った。空腹のため、メニューをざっと見ただけで目に付いた二五〇ミリリットルのスタウトビールとカルボナーラをすぐに頼んだ。それぞれ、二五パーセントの消費税[1]込みで六八クローナ（約八八〇円）と一四五クローナ（約一八九〇円）だった[2]。一日の旅を終えたあとのビールは実に喉越しがよく、パスタも美味に感じられた。

翌日の朝、目覚ましをかけた六時直前に目が覚めた。室温を二五度に設定し、室内の湿度を高目に保っておくためにバスタブにお湯を軽く張っておいたせいか、睡眠は快適だった。洗面をし、無料のインスタントコーヒーを飲みながらひと息つくと、いつものように空腹感が襲ってきた。六時半、早速、昨夜と同じレストランに向かった。レストランの窓からは朝の光が差し込み、目前には、昨晩バスから見た「Jumbo Hostel《ジャンボ ホステル》」が朝日を浴びて雪景色のなかにそびえている。

窓側のテーブルを選んだ。朝食はいつものようにビュッフェスタイルだ。ソーセージ、サーモン、マッシュルーム、トマト、チーズ、パンなどを皿に載せ、コーヒーを注いだ。今回の旅の目的地であるエステシュンド市行きの飛行機が出る時刻は一〇時一〇分なので、時間は十分にある。私はたっぷりと時間をかけて朝食を楽しんだ。

一時間後、レストランを出て部屋に戻り、軽くシャワーを浴びてから荷物をまとめた。八時二〇分、一階のフロントへと向かう。これから乗る飛行機は国内線なので、もう少し部屋でゆっくりしていてもいいのだが、飛行機に乗るときはどうしても早め早めに行動してしまう。

フロントには、昨晩やり取りした女性とは違うスタッフが立っていた。ルームキーをわたすと、

（1）スウェーデンの消費税（国税）は一律ではなく、対象によって税率が異なる（課税対象外のものもある）。具体的には、課税対象外、六パーセント、一二パーセント、二五パーセントの四段階となっている。レストランでの飲食には二五パーセントが適用される。ちなみに、所得税は約三〇パーセントで、すべて地方自治体に入る。詳しくは、竹崎孜著『スウェーデンの税金は本当に高いのか』（あけび書房、二〇〇五年）を参照。

（2）二〇一一年二月現在のレート、一クローナ＝約一三円で換算。本章、以下同じ。

彼女は端末を軽く操作したあと、笑顔で「オーケー、サンキュー」と言った。私は一瞬、昨晩の問題について何か伝言はないか、と尋ねようかと迷ったが、バスの時間が迫っていたこともあり、「サンキュー、バーイ」と言ってフロントを離れた。

後日談だが、結局その後、引き落としはされず、どうやら問題は無事解決したようだ。

イエーテと一年半ぶりの再会

八時三〇分すぎ、定刻を少し遅れてやって来た巡回バスに乗り、本日乗る「SK066便」が出る4番ターミナルへと向かった。ものの五分で到着し、手荷物を預けてチェックインをする。座席は通路側を希望した。次いで、セキュリティーチェックも済ませた。

搭乗開始にはまだ十分に余裕があるが、とりあえず飛行機が出る38番の待合スペースへと向かうことにした。一面のガラス窓から陽が射し込む待合スペースは小振りだが、まだほとんど客がいないためゆっくりできそうだ。搭乗開始まで、明日からの取材で忘れずに聴取することをメモするなどして過ごした。

九時四〇分、搭乗開始。私はゆっくりと列に並び、一〇時前に座席に着いた。見わたすと、座席はほとんど埋まっていた。三人の乗務員はいずれも中年で、うち一人が男性である。はしゃぎみの小さな女の子を、男性乗務員が落ち着いた振る舞いで和ませている。

「オーレ・エステシュンド空港の上空はマイナス一〇度、天気は良好」とのアナウンスが入り、定刻を少しすぎた一〇時一五分、飛行機が動きだした。そして一〇分後、スムーズに離陸した。しばらくして窓を見ると、地面と川や湖は雪で白く、森は灰色がかった茶色であった。二〇分後、滑らかに雲の上に出た。真っ青な空と白い雲のコントラストが実に美しい。

一一時すぎ、「現地の気温はマイナス五度」とのアナウンスのあと着陸態勢に入った。あっという間だ。見下ろすと、地面も湖も家々の屋根も一面の雪だ。ストックホルム市から北へ約五〇〇キロメートルに位置するエステシュンド市の上空に来たのだ。安定した飛行のまま徐々に高度を下げ、一一時一二分、ストール湖に浮かぶフレース島にあるオーレ・エステシュンド空港に着陸した。

タラップを降り、徒歩でターミナルへと向かう。オーレ・エステシュンド空港はとてもこぢんまりとした造りで、飛行機を降りた場所から空港の建物全体が視野に入ってしまうほどだ。ターミナルへ入ると、イェーテが満面の笑みで出迎えてくれた。一年半ぶりの再会だ。どちらからともなく両手を広げ、抱擁を交わす。イェーテの抱擁はいつも力強い。お互いに相変わらずであることを確かめあい、イェーテの車へと向かった。

トランクにキャリーバッグを積み、私は助手席に乗り込んだ。車が走りだしてしばらくすると、雪化粧のエステシュンド市街が目の前に広がってきた。フレース島は小高いので、市街を一望することができるのだ。

一五分ほどで町の中心部に到着すると、「真冬のエステシュンド市は初めてだよね。マコトに是非見せたい場所がある」とイェーテが言った。大広場の近くに車を止め、まずは大広場からフレース島を眺めた。次いで、西へ下ってストランド通りを横切り、スウェーデン国鉄（ＳＪ）の踏み切りを越えてストール湖畔の「湖広場」へと向かった。

何やら、大勢の人が集まっている。イェーテが見せたい場所とは、どうやらここらしい。イェーテによると、この湖は一二月初めから五月中旬くらいまで氷で覆われるが、とくに一月から四月にかけての約四か月間は非常に分厚くて硬い氷に覆われ、二月から四月までは「冬の公園（Vinter-parken）」と銘打った、市を挙げての冬の祭典を毎年開催しているらしい。この期間、ストール湖は、湖を囲む地区同士をつなぐ広くて長い散歩道として、さらにはスキー、スケート、アイスホッケー、馬ゾリ、スノーモービル、氷の彫刻などを

大広場から見たフレース島

エステシュンド市街地図

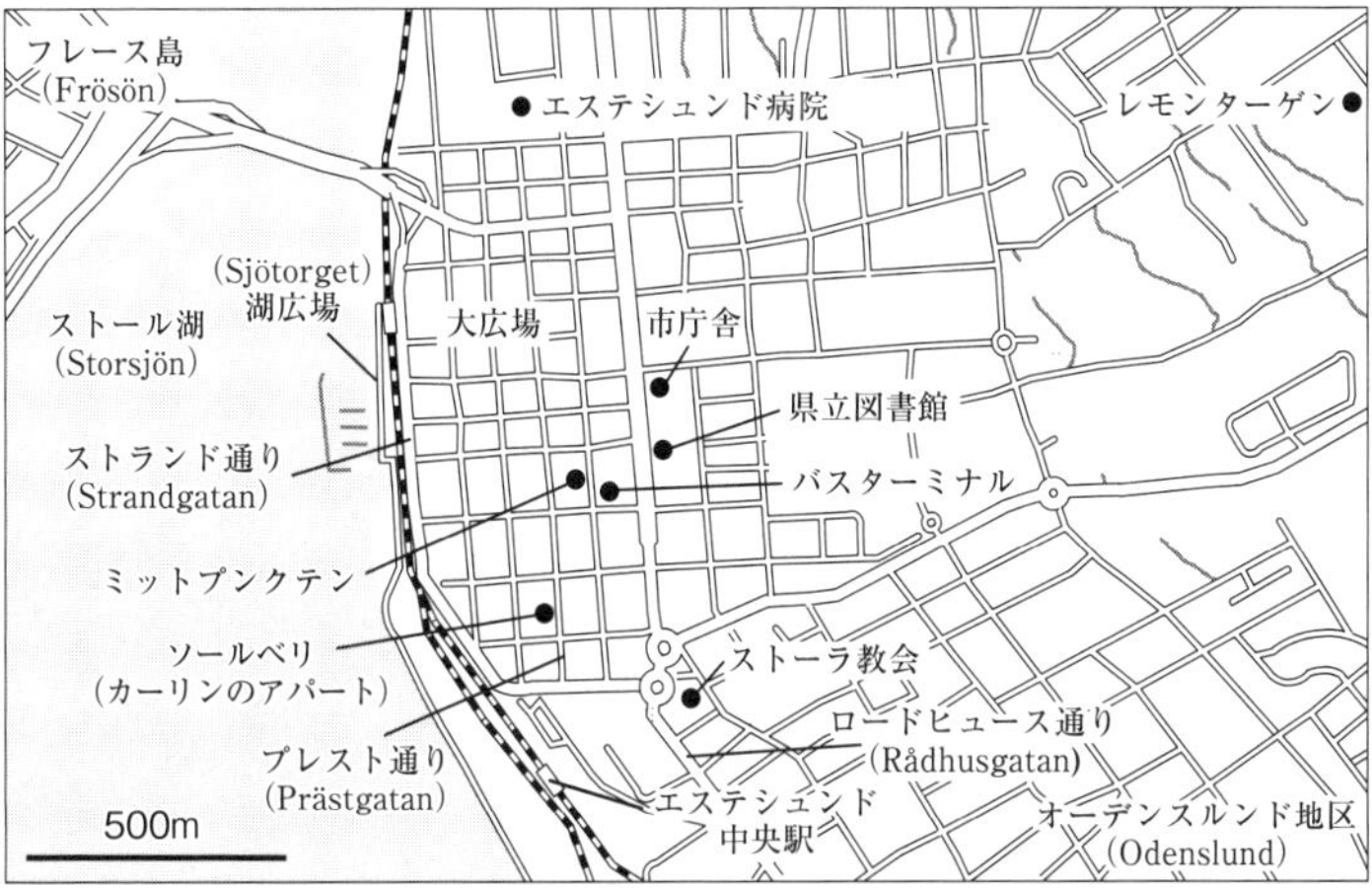

楽しめる公園として機能するらしい。数トンもの大型車両も湖面に乗り入れてくるという。

見ると、老若のカップルや家族連れが思い思いの時間を楽しんでいる。スキーやスケートで散歩道のはるか彼方まで滑っていくカップル、雪でつくられた大きな滑り台やアイスホッケー場で喚声を上げて遊ぶ子どもたち。その一方、「くつろぎスペース」で、夏のプールサイドで見かけるようなリクライニングチェアに身体を休めながら、はしゃぐ子どもたちを見守る親たち。冬が長く、雪深い中央スウェーデンでの暮らしの楽しみ方を、みんなよく知っている。

このあと、町中の通りを少し散歩してからスーパーに立ち寄った。これまでイェーテのアパートに滞在したときは、いつも彼が飲食品の多くを提供してくれていたことを思い出し、彼も口にできるものを少しは自分で買っておこうと思ってライ麦食パン、缶ビール、ニシンのマスタード漬け、バナナ、チョコレートなどを籠に入れながら店内を歩いていた。

すると、イェーテが目ざとく見つけ、「マコトはゲスト。僕も食べたり飲んだりするんだから、これは僕が払うよ」と言いながら、私の籠をひょいと取り上げてレジに持っていったので、またしてもやられたと内心恐縮しつつも、彼のホスピタリティーに改めて感謝した。

イェーテのアパートがあるフォーケル地区へ

買い物を終え、一路イェーテのアパートを目指す。彼の自宅はフォーケルという集落にある。ここに、二〇〇七年の暮れから住んでいる。市の中心部から南へ直線距離で二〇キロメートル、道程では三六キロメートルほどの所に位置する人口二〇〇人ほどの小さな田舎集落である。市街を走っている道路は郊外へ出るとそのまま高速道路になるので、市の中心部からフォーケルまでは、乗用車でなら真冬の雪道でも三〇分ほどで走ることができる。いくつかの停留所に止まる公共バスを利用しても、四五分程度で着く。

ヨーロッパ自動車道14号線を一五キロメートルほど走ってブルンフロー地区で右折をし、フォーケル地区へと通じるヨーロッパ自動車道45号線を少し走ると、一年半前に味わった初秋の風景が蘇ってきた。あのときは八月の終わりで、この一帯は深緑の森と牧草地、それらを水面に映す湖という景色だったが、今は雪一色だ。屋根にこんもりと雪を載せた疎《まば》らな一戸建てが、雪の丘

エステシュンド市街とフォーケル地区

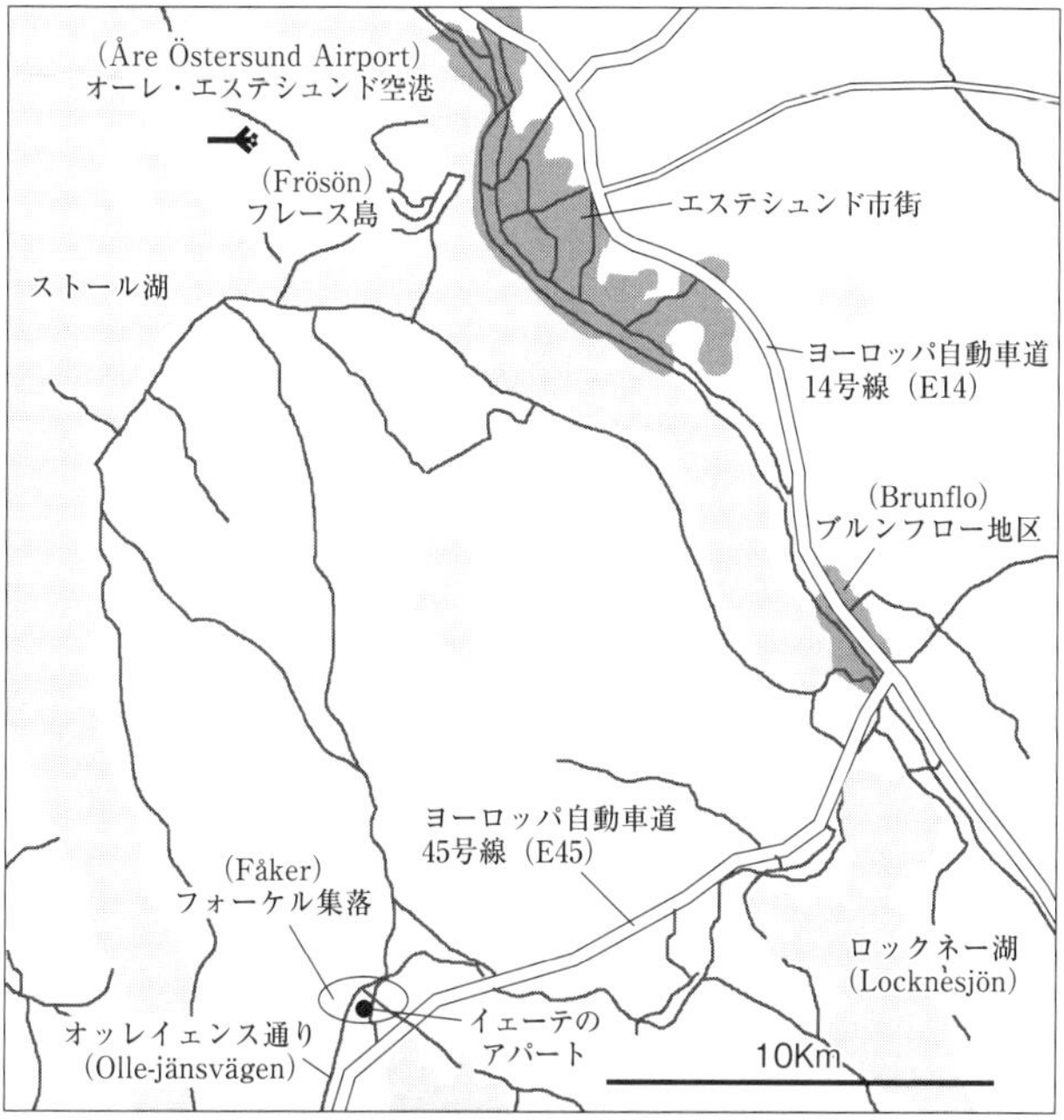

イェーテの住むアパート

のキャンバスをゆっくりと流れていく。さらに一五キロメートルほど走り、「フォーケル」の表示が見えた所で右折した。なだらかな上り斜面をしばらく進むと、見覚えのある一角にやって来た。午後一時四五分、ついにイェーテのアパートに到着だ。

アパートは、一見すると大きな二階建ての一戸建てに見える。実際は、一階と二階に二世帯ずつ、四世帯が住んでいる。イェーテの部屋は二階の北側で、広さは八八平方メートル、バスが走るオッレイイェンス通りに面している。

イェーテは車を駐車場に止め、そこに備え付けられている充電器と車のバッテリーをケーブルでつないでから二階の部屋に私を案内してくれた。部屋に入るなり彼は、「昼ご飯は用意してあるよ。マコトはいつも腹をすかしているからね」と言ってくれた。予測していたとはいえ、イェーテの相変わらずの心遣いが嬉しい。

荷物をとかぬまま、うがいと手洗いだけをして、早速遅い昼食となった。ポテト、ブロッコリー、パプリカ、タマネギといった野菜類とサーモンの切り身がふんだんに入ったイェーテ特製のスープだ。これを、彼おすすめのチェコ産のビールとともに食べる。互いの目を見ながら、一年半ぶりの再会を祝して「乾杯《スコール》！」。これまでに何度も交わしてきた再会の杯だが、毎回、新鮮な味わいがある。

食べながらイェーテの近況を聞いてみた。彼は最近、本業である市所属の理学療法士としての仕事以外でも忙しくしているようだ。なかでも、友人たちと布物を扱う小さな会社を立ち上げたり、市議会の委員に加わって、高齢者のリハビリテーションやケアのあり方の計画づくりにも参画していることなどを詳しく語ってくれた。私にとっても大いに刺激となる話題だった。

昼食を終え、コーヒーを片手に、場所をダイニングキッチンからリビングに移した。これもいつもの流れだ。話題は、イェーテが今日からはじめる予定にしていた「スカイプ（Skype）」へと移った。スカイプとは、今流行のインターネットを介したテレビ電話のことだ。通話する人同士が無料のソフトをダウンロードして、専用のカメラをパソコンに取り付けるか、カメラ付きのパソコンを利用すれば、リアルタイムに相手の動画を見ながら話ができる。彼のノートパソコンにはもともとカメラが付いているので、このあとソフトをダウンロードをし、ストックホルム市に住むイェーテの叔父さんを記念すべき第一号の相手に選んで、無事「開通」を祝った。

このあと、明日からの私の予定をイェーテが説明してくれた。彼は、私からのメールでの依頼にこたえて、障害を抱えながら自宅で暮らす三人の高齢者に訪問取材することの許可をとっておいてくれた。そのうち男性が二人で、名前はベンクト・オルソン（Bengt Olsson）とシェル・グスタフソン（Kjell Gustafsson）、そしてもう一人の女性はカーリン・スヴェード（Carin Svärd）というらしい。

コーヒータイムを終え、荷物を簡単に整理してから近所を少し散歩した。夕食は昼のスープの残りと、買ってきたライ麦パンやバナナなどで簡単に済ませ、シャワーを浴びて早々にベッドに入った。明日からが楽しみである。

1 ベンクト・オルソン
――購入したアパートに脳卒中の後遺症を抱えながら一人で暮らす

二月二一日、朝六時五〇分、起床。ダイニングキッチンの窓から外を見やると、小雪がちらついている。門灯を点《とも》した隣の長屋式のアパートが、まだ薄暗い朝の空気に包まれるように佇んでいる。窓の外の寒暖計はマイナス一一度だ。いつものように、イェーテはすでに仕事場に向かったあとだった。

シャワーを浴び、広いリビングで日本でも毎朝やっているヨーガのポーズをとったあと、近所を散歩することにした。防寒着を着込んで階下に下り、アパート全体の共有玄関の扉を開けて外に出ると、一面の雪景色だ。しかし、玄関の前はすでに除雪車が入った跡があり、歩きやすい。

アパート前のオッレイェンス通りに出て南へ行くと、道沿いには一軒家がほどよい間隔で立ち並んでいる。個性的な建物を眺めながらの散歩は楽しい。家々の敷地と敷地の間には雪が高く積もっているが、どの家もその周囲はきれいに除雪されており、玄関から敷地内、そして道路までの導線は見事に確保されている。これなら、早朝からの出勤でも困ることはなさそうだ。近くには、高齢者向けのケア付き集合住宅や就学前保育学校もある。

ところで、どの家でも目立つのが大きなゴミ箱だ。大きな車輪の付いた深緑色や焦げ茶色のプラスチック製のゴミ箱が、家の前の道路沿いに置かれている。これなら、冬でもゴミを出すのは

簡単そうだ。（**コラム14を参照**）

東の地平線の向こうがオレンジ色に輝き、今にも太陽が顔を出しそうな気配となってきた。朝焼けを撮ろうとカメラを向ける私の横を、前の籠に荷物を入れたソリ型の歩行器を押して、颯爽と通勤者が通りすぎていった。腕時計を見ると七時三〇分だ。そろそろアパートに戻らなければならない。このあと、朝の日射しが入り込み、すっかり明るくなったキッチンで、イェーテが買ってくれたパンとマスタード酢漬けのニシン、そしてコーヒーで朝食を済ませた。

ブルンフロー地区の保健センター

一〇時前、ソーダ水が入ったペットボトルと、昼食用につくった簡単なサンドイッチをナップサックに入れ、しっかりと防寒着を着てアパートを出た。とりあえず向かう先は、ブルンフロー地区のグレンス通り（Gränsvägen）沿いにあるイェーテが勤務する「ブルンフロー保健センター（Brunflo Hälsocentral）」だ。そこからイェーテとともに、まずはベンクト・オルソンの家を訪問する段取りとなっている。

アパートの目の前にある停留所に向かう。時刻表では一〇時五分発だが、一一分遅れの一〇時一六分にバスがやって来た。ブルンフローまでの運賃三三クローナ（約四三〇円）を運転手に支払いながら、「ブルンフローに着いたら知らせてほしい」と頼んだ。一応、地図で場所を確かめてはいるが、初めての場所なので、まちがいなく降りられるかどうか不安だったのだ。

コラム⑭ 住宅ごとのゴミ箱

スウェーデンでは、一戸建てでも、集合住宅でも、必ず敷地内に大きな車輪の付いたゴミ箱が設置されている。だから、いつでもゴミを捨てることができる。あとは収集員が定期的にやって来て、収集車のうしろに付いたリフトの上にゴミ箱を転がして載せ、ボタン一つで自動的に中身を収集していくだけである。

日本では、ゴミを捨てるのが非常に不便だ。スーパーの袋に入れたゴミを路上や電柱の下に置いたり、共同置き場に捨てたりしなければならないので、ゴミの種類ごとに捨てる日を曜日で決めて制限したりしている。そして、路上や電柱の下に置いたゴミを、収集員が屈んで収集車に投げ込むという重労働を毎日のように見かける。

スウェーデンの事情を日本の知人に話したら、「もし、ゴミ箱を家の前に置いたら、見知らぬ他人が勝手に捨てていく問題が発生する」と言ったが、それは特定の家だけに置くからそうなるのであって、スウェーデンのように、集合住宅を含め、どの家にも蓋付きのゴミ箱を用意すればおそらく解決するだろう。

ちなみに、スウェーデンでは、ゴミ収集の作業環境が比較的よいためか、数は少ないが、女性もゴミ収集員として働いている。さすが、労働環境においても先進国のスウェーデンである。

家の前に設置されたゴミ箱

乗って間もなくヨーロッパ自動車道45号線に出て左折し、北東へ向かった。きれいに除雪された道をスムーズにバスは加速していく。運転席のスピードメーターをのぞくと、時速九〇キロ制限のところを時速一〇〇キロで走っていた。

車窓から陽が射し込んできた。外を眺めると、氷点下の空気にさらされた農地一面を覆う雪が朝陽に照らされてキラキラと輝き、その煌きがバスを追いかけてくる。その向こうに見える凍った湖面は白く光っている。

ヨーロッパ自動車道14号線にぶつかるラウンドアバウトで左折して少し走ると、小さな町並みが見えてきた。どうやら、ここがブルンフロー地区のようだ。約束どおり、運転手がバックミラーで私に合図を送ってくれた。一〇時四〇分、バスはそこから二〇〇メートルほど走ってブルンフロー駅前の停留所に止まった。運転手に礼を言ってバスを降りた。

ここから地図を片手にセントルム通りを歩いていると、イェーテが車で迎えに来てくれた。私の到着が遅いので、迷っているのかと心配して見に来てくれたようだ。

私が助手席に乗り込むと、車を保健センターへと走らせた。六〇〇メートルほどグレンス通りを北へ行くと、右手に赤レンガ色の壁の二階建ての建物が見えてきた。手前には「保健センター」、「薬局」と書かれた標識がある。広い駐車場の手前のスペースに車を止め、イェーテは二階にある自分の事務室に私を案内してくれた。

イェーテは、同僚の事務室をノックして彼らに私を紹介し、休憩室でコーヒーを入れたあと、それを手に持って事務室に行き、コーヒーをすすりながら保健センターについて簡単な説明をしてくれた。

　このセンターはエステシュンド中心部から一七キロメートルほど南に位置し、ブルンフロー地区と周辺の管轄地域に住む約八〇〇〇人の医療とケアを支えているとのことだ。予約をすればホームドクター（家庭医）による診療を受けられるほか、歯科、薬局もある。ブルンフロー地区の中心部の自宅に住む人々（三〇〇〇人強）を対象に、常勤で働くコメディカル職員の事務室もある。職員の内訳は地域看護師[3]四人、准看護師の資格を有するホームヘルパー一三人、イェーテを含む理学療法士二人、そして作業療法士が三人だそうだ[4]。

　このあと早速、イェーテとともに歩いてベンクトの家へ向かった。ベンクトの家は、保健センターから三〇〇メートルほど南に行った所にある。六世帯が入る二階建てのアパートの一階だ。保健センターの裏の扉を出て、雪道を歩いていく。この道は自転車と歩行者専用だが、除雪車によって除雪されているので歩きやすい。これまでにも何度も記しているように、スウェーデンでは、自転車と歩行者専用の道も除雪車が入れるくらいの十分な幅がある。

　あっという間に到着し、呼び鈴を鳴らした。扉が開き、女性が笑顔で出迎えてくれた。

「こんにちは。カリーナ（Carina）と言います。ベンクトの娘です」と言いながら、彼女が手を

保健センター

差し伸べてくれた。「こんにちは。マコトです」と答えながら、私は彼女と握手を交わした。

続いて、カリーナのうしろから車椅子に乗った男性が近づいてきて、やはり手を伸ばしながら、少ししゃがれた声で「ようこそ。ベンクトです」と挨拶をしてくれた。それに対して、「こんにちは。マコトです。今日は僕のために時間をつくってくれてありがとうございます」とスウェーデン語で答えると、カリーナが驚きの表情で「スウェーデン語が上手ですね」と言ってくれた。

「マコトは、今回で一〇度目のスウェーデン滞在になるんだよ」イェーテがそう伝えると、カリーナは目を丸くして、それはすごい、という表情をした。

「どうぞ、中に入って」

カリーナの言葉に、私は部屋の中に入ってからイェーテに倣って靴を脱いだ。

余談だが、スウェーデンで初めておじゃまする家に入るとき、

(3)　地域看護師（distriktssköterska）とは、一定の経験を積んだ看護師が二～三年の特別な教育を受けて得る職名のこと。初期医療、市の保健医療、学校保健などの現場で働いている。

(4)　この数には、同地区にある「高齢者向けケア付き集合住宅（äldreboende）」に住む人に対するコメディカル職員数は含まれない。彼らに対しては専用の職員が別にいる。

ベンクトのアパート

靴を脱ぐか脱がないか、脱ぐ場合にはどこで脱ぐかということに若干気を遣ってしまう。一般的には、家の中では靴を脱ぐ習慣となっているが、日本ほど厳格ではない。床が汚れることをあまり気にしない家では靴のままでオーケーという場合もあるし、靴を脱ぐ家でも、日本のような玄関ホールや上がり框《かまち》はなく、玄関から部屋までフラットに続いているため、日本人からすると靴を脱ぐ場所で迷ってしまう。そのため、まずは家人がどうしているのかを瞬時に観察して、靴を脱ぐのか脱がないのかを判断し、次いで脱ぐ場合にはどこで脱ぐのかを見分けることになる。今日のように、その家の習慣を知っている友人が一緒の場合はその人に倣うことになる。

脳卒中を二度発症

カリーナとベンクトが各部屋を簡単に見せてくれたあと、ダイニングキッチンで話を聞かせてもらうことになった。赤と白のチェックのカーテンが印象的なダイニングキッチンの大きな窓からは、雪に反射した白い光が差し込んでいる。木製の多角形の笠が付いたペンダントランプの下で、四角い茶色のダイニングテーブルに四人で腰かけて、ベンクトとカリーナに私がインタビューをする形で話をはじめた。

ベンクトは、一九二六年一二月一三日生まれの八四歳。六五歳になる一九九一年まで、主に橋や道路を造る建設会社で現場監督を務めてきた。その後は年金生活を楽しんでいたが、二〇一〇年の七月と一〇月に脳卒中を二度発症した。どちらも左脳だったので、右片麻痺が障害として残っている。

現在の基本動作や日常生活活動のレベルだが、ベッドからの起き上がりは独力でできる。ベッドと車椅子間の移乗に関しては、キルナ市で見たものと同じタイプの立ち上がりを補助する支柱付きバー（グリーポ）を使用して自立しており、屋内の移動においては手動用の車椅子を自分で操作している。また、手先の巧緻《こうち》性に関しては、たとえばポットに入れてあるお茶を注いで飲むといった簡単な動作であれば独力で可能なレベルとなっている。

ベンクトは、現在、一人暮らしである。ただし、この日も来ているように、近くに住む娘のカリーナ・マルクルンド（Marklund）が、愛犬の「Gizmo《ギズモ》」とともに頻繁に訪問している。とはいっても、介護のためではなく「話し相手」としてだそうだ。

このアパートは、数年前にベンクト自身が購入したものである。今も月賦で払い続けている。間取りは二DK、広さは六四平方メートル。どの部屋も南西向きで、大きな窓からたっぷり陽差しが入る、明るい造りとなっている。

リビングの窓の外にある寒暖計に目をやると、現在マイナス一二度を指しているが、室内は二二度に保たれ、非常に快適である。これまでにも記したように、地域給湯暖房システムによる屋内の暖房が有効に機能している。

ベンクトと娘のカリーナ

ベンクトに対するホームヘルパー（前述したように、准看護師の資格をもっている）の訪問は、毎日のルーティーンとしては四回だ。そのタイミングとおよその滞在時間は、朝食の準備で二〇分、昼食と夕食、就寝の準備をするのにそれぞれ一五分ずつとなっている。このほか、一週間に一度、約三〇分をかけてシャワー浴を介助してもらっている。このシャワーの頻度は、ベンクト本人の希望によるものだ。本人が希望をすれば、もちろん毎日でもシャワーは可能である。

さらに、ベンクトは散歩が大好きで、冬場であっても近所を一週間に二回、それぞれ約三〇分をかけて介助用の電動車椅子でホームヘルパーに散歩に連れだしてもらっている。この電動車椅子は、ベンクトが散歩に出掛ける日に、ホームヘルパーが保健センターから転がしてくる。もちろん、レンタル料は無料となっている。

ベンクトは、いざというときのためにアラームコールによるサービスも受けている（二一八ページ参照）。これは、ホームヘルパーがいないときに何かあった場合、ボタンを押して市のホームヘルプサービス部の職員に知らせて駆けつけてもらうというものだ。このアラームを、ベンクトは首からぶら下げている。

現在使用している補助器具は、立ち上がり補助用支柱バー、手動型モデュール車椅子、車椅子座面クッション、プレキシガラス製車椅子用テーブル（透明タイプ）、屋内用歩行車、屋外用歩行車の六点で、いずれも無料でレンタルされている。住宅改修としては、トイレでの立ち座りがしやすいように便座を高くする工事をしてもらっている。もちろん、これも無料だ。

市から受けるケアとリハビリにかかる自己負担額は、月額二五六クローナ（約三三三〇円）だけ。その内訳は、日に四回のルーティーン訪問、週に一回のシャワー浴を介助するための訪問、週に二回の散歩のための訪問に対して合計一〇〇クローナ（約一三〇〇円）、アラームコール代として一五六クローナ（約二〇三〇円）となる。そして、週に二～四回（一回につき約四〇分）ある理学療法士（イェーテ）によるリハビリ（運動療法と会話練習）は無料となっている。

ケアの回数や時間は、「支援管理者」と呼ばれる市の専門職員によって決定される。支援管理者は、患者が病院を退院する際、患者本人、医師、看護師、療法士などから十分に情報を収集したうえで、その患者に適した住居とケアサービスを決定するという責任を担っている。

ただし、患者が退院して自宅生活をはじめたあとで、たとえば、ベッドから車椅子への移乗介助には同時に二人のホームヘルパーが必要であることが分かり、同じ時間帯に一人しか認められていなかったホームヘルパーをもう一人増やしたいなどという場合には、理学療法士や作業療法士がその評価をして決定を下すこともあるそうだ。

理学療法の施行に関しては、本人や家族、友人、看護師、他の療法士、支援管理者、医師などからの依頼に基づいて、理学療法士が患者を直《じか》に評価して、その必要性の有無をまず評価する。そして「必要性あり」となれば、さらにその内容と頻度も理学療法士が本人と相談のうえで決定する。ベンクトに関して言えば、これらを行ったのはイェーテである。

市から受けるケアとリハビリに加えて、イェムトランド県が運営するリハビリセンターである

「レモンターゲン（Rehabcenter Remonthagen）」での言語療法も、ベンクトは月に二〜三回の頻度で受けている。この治療には一回に付き一〇〇クローナ（約一三〇〇円）を支払っているが、(5)年間におけるすべての外来診療費に対する自己負担限度額である九〇〇クローナ（約一万一七〇〇円）を超えて支払う必要はない。

「最低生活保障額（minimibelopp《ミニミベロップ》）」制度が暮らしを支えている

ベンクトの毎月の収支について、カリーナが詳しく説明してくれたので記しておく。

ベンクトの税込みの年金額は月額約一万二〇〇〇クローナ（約一五万六〇〇〇円）で、ここから三〇パーセント弱の所得税（地方税）が引かれて、手取りは八五〇〇クローナ（約一一万五〇〇〇円）となる。この手取り額から、国が定める最低生活保障額が真っ先に確保される。スウェーデンの制度では、年金生活者の基本的な生活を保障するだけの金額を受給年金額からあらかじめ残しておかなければならないとされており、年金額から税金を差し引いた手取り額から最低生活保障額が優先的に確保される仕組みになっている。

最低生活保障額が賄うのは、飲食品、衣服や靴、余暇、衛生用品、消耗品、新聞・電話・テレビ受信、家具や家庭用品、住宅保険、電気、旅行、薬・歯の治療・外来診療などである。(6)住宅費（家賃もしくはローン）やケア費は、手取り年金額から最低生活保障額を差し引いた額から賄われる。この差し引いた額が不十分な場合は、住宅手当が支払われたり、ケア費が無料になったりする。

最低生活保障額は、「物価基準額（prisbasbeloppet《プリースバースベロッペット》）」に基づいて毎年変動している（微増が多い）。二〇二一年における一人暮らしの年金生活者（高齢者や障害者）の最低生活保障額は四八三二クローナ（約六万二八〇〇円）となっている。したがって、ベンクトの場合、年金の手取り額である八五〇〇クローナから四八三二クローナと住宅にかかる費用（ローン二八五六クローナ）を差し引いた八一二クローナ（約一万五五〇円）がケア費を算出するための基の額となる。その結果、ケア費は前述したように、ホームヘルパー料金一〇〇クローナ（約一三〇〇円）とアラームコール代一五六クローナ（約二〇三〇円）と算出された。整理すると、**表4－1**のようになる。

「この最低生活保障額があることで、父は余裕をもって毎月の生活を送れているんです」と、カリーナが説明の最後に付け加えてくれた[7]（**コラム15**参照）。

次に、ホームヘルパー（准看護師の資格をもつ）が障害者の自宅を訪問する回数について私は質問をした。一つは、訪問回数に上限はあるのか、もう一つは、彼らが知り得る範囲での最高訪

（5）県が提供する医療的治療にあたるので有料。

（6）スウェーデンでは、キッチンのコンロは電気なので一般にガス料金は発生しない。

（7）最低生活保障額やケア費の算出方法などの詳細については、スウェーデン保健福祉庁（Socialstyrelsen）の以下のURLを参照。http://www.socialstyrelsen.se/aldre/boendeochstod/avgifter

表4－1　ベンクトの毎月の収支

（単位：クローナ）

①　税込年金額	12,000
②　手取り額（30％弱の所得税引き後）	8,500
③　最低生活保障額	−4,832
④　購入したアパートのローン	−2,856
⑤　ケア援助に対する自己負担額の余地	812
各種料金と費用	
⑥　ホームヘルパー料金	100
⑦　アラームコール料金	156
⑧　ケア援助費の自己負担額（⑥＋⑦）	256

表4－2　インガとハリーのケア援助費の自己負担額の計算方法

（単位：クローナ）

	インガ	ハリー
①　各々の税引き後収入の合計の半分	8,000	8,000
②　最低生活保障額（夫婦用）	−4,083	−4,083
③　家賃の半額に対する保障額	−2,900	−2,900
④　収入から差し引く保障額の合計（②＋③）	−6,983	−6,983
⑤　ケア援助に対する自己負担額の余地	1,017	1,017
各種料金と費用		
⑥　ホームヘルパー料金	400	1,712
⑦　アラームコール料金	0	150
⑧　費用の調整額	0	*−845
⑨　ケア援助費の自己負担額	400	1,017

＊　⑤の「ケア援助に対する自己負担額の余地（1,017クローナ）」を超えないために、⑥と⑦を足したケア援助合計料金（1,862クローナ）から1,017クローナを差引いた額（845クローナ）を減額している。

コラム⑮ ケア援助に対する自己負担額の計算方法

ケア援助（身体介護や生活援助）に対する自己負担額は、手取り月収から最低生活保障額と住居費を引いた額（「ケア援助に対する自己負担額の余地」と呼ぶ）をもとに算出されている。これにより、収入が少ない人も十分なケアを受けられるようになっている。以下、保健福祉庁（Socialstyrelsen）が提示する夫婦の例で解説する。（**表4－2**を参照）

彼らは賃貸アパートに住んでいる。まずは、2人の収入と家賃に基づき、各々の「ケア援助に対する自己負担額の余地」を算出する。インガ（妻）とハリーの手取り月収は6,500クローナ（以下、kr）と9,500kr、家賃は5,800krである。夫婦の場合、収入も家賃も合計額の折半となるので、各人の収入は8,000kr、家賃は2,900krとなる。さらに、国が定めたこの年（2009年）の夫婦一人当たりの最低生活保障額は4,083krである。以上から、「ケア援助に対する自己負担額の余地」は、各人1,017krとなる。

2人は、どちらもホームヘルパーを利用している。ハリーがより状態が悪く、毎日6時間ずつのケア援助（身体介護、掃除、洗濯）とアラームコールサービスを受けている。インガは、2週に1回、月当たり合計4時間、掃除と洗濯の援助を受けている。

市は、ケア援助に対する月額基本料金を、受ける援助のレベルに応じて設定している。ハリーは「レベル3」で1,712kr（2009年における国が定めた「ケア援助費に係る自己負担最高限度額」に相当）となり、これにアラームコール代が加わる。インガは「レベル1」なので400krとなっている。

以上より、インガの自己負担額は基本料金通りの400krとなった。一方ハリーは、「ケア援助に対する自己負担額の余地（1017kr）」を超えるため、差額分（845kr）だけ減額されて1,017krが自己負担額となった。

問回数は何回か、ということについてである。まずは、イェーテが答えてくれた。

エステシュンド市では、自宅で暮らす障害者のもとをホームヘルパーが訪れる回数に上限はないそうである。その回数は、前述した支援管理者が決定している。また、彼が知るなかで、現時点でホームヘルパーの訪問をもっとも頻回に受けている人物は脳卒中による後遺症をもつ男性で、彼の自宅には一昼夜で合計一五回訪問しているという。

「もっと多い頻度でホームヘルパーに来てもらっている人を知っているわよ」と、イェーテの話を聞いていたカリーナが話題を提供してくれた。彼女によると、エステシュンド市のある地区に住む高齢女性は、神経難病(8)によって重度の障害を抱えており、人工呼吸器を付けているが、毎日二〇回にも及ぶホームヘルパーの訪問を受けながら自宅で一人暮らしをしているとのことだった。ちなみに、どちらのケースでも、ケア費の自己負担額は月額一〇〇クローナ（約一三〇〇円）であった。

「それにしても、ホームヘルパーの訪問回数が一日に一五回とか二〇回とか、日本では絶対に考えられないよ」と私が言うと、「エステシュンド市では、とても重い障害をもっている人であっても、高齢者向けのケア付き集合住宅に移り住むか、自宅に住み続けるかは本人が選べるんだ。住民がそのどちらを選んでも快適に暮らせるように、市はケアの体制や住環境などを整備しなければならないんだよ。これは『Trygghemma《トゥリグヘンマ》＝安心の家』と呼ばれる政策に基づいているんだ」と、イェーテが教えてくれた。

このことに関連して、日本とスウェーデンを比較した一つの事実を紹介しよう。

二〇〇九年六月二五日に浜松市で開催された「第一七回日本慢性期医療学会浜松大会」の特別講演のなかで厚生労働省老健局課長の鈴木康裕氏が紹介した、地域および訪問看護師数と在宅見取りの相関に関して日本とスウェーデンを比較したデータである。

「二〇〇四年における、人口一〇〇〇人当たりの地域及び訪問看護師数を日瑞で比較すると、日本は〇・四人、スウェーデンは四・二で、スウェーデンは日本の一〇倍以上になる。これが在宅看取りの割合（日本一三パーセント、スウェーデン五一パーセント）と相関している」

断続的ではあるが、これまで一〇年以上にわたってスウェーデンの現場を取材するなかで私が常に感じてきたこと、つまり日本に比べて、重度の障害をもつ人でも一人暮らしができる確率の高さや、家族と同居していても、家族が疲弊せずに余裕をもって過ごしていることなどを裏付けていると思われる。

（８）原因不明、治療困難で経過が長期化し、後遺症が残る可能性もあるといった特徴をもつ病気のなかで、とくに神経を侵すものを指す。多発性硬化症、重症筋無力症、筋萎縮性側索硬化症、脊髄小脳変性症、パーキンソン病関連疾患などが挙げられる。

ベンクトの理学療法

ダイニングキッチンでのインタビューを終え、今度はベンクトが普段している自主トレーニングと、イェーテが彼に対して施行している理学療法の様子を見させてもらうことになった。

まずは、自主トレーニングとして毎日行っている運動療法だ。ダンベルとゴムチューブを使った上肢と下肢の筋力トレーニングである。ベンクトは、ベッドに仰向けに寝て、一キログラムのダンベルを両手で持って胸の前で持ち上げる運動からはじめた。ベッドの足元には、彼自身の手製によるテレビ台が据え付けられており、その上にはブラウン管テレビが載っている。いつもは、テレビを見ながらトレーニングをするそうだ。

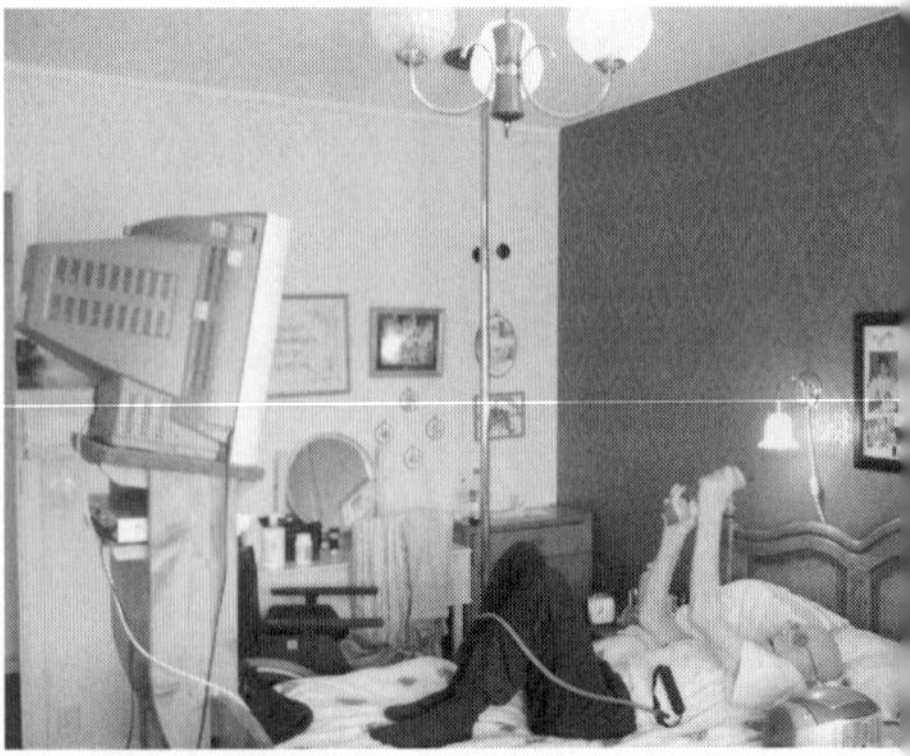
ダンベル運動をするベンクト

続いて、チューブトレーニング。ゴムチューブで輪をつくり、立てた両膝の周りにかけ、ゴムの抵抗に抗して膝を外に開く運動をしたあと、ゴムを両手に持ち替えて、エキスパンダーのように横に開く運動を見せてくれた。それぞれの運動の最中、カメラを構える私に向かって、「写真を撮った?」という表情でベンクトは視線を投げかけてくる。

次いで、仰向けから横向きになり、ベッド面を手で押しながら起き上がって、足を下ろして端座位[9]になった。そこから、ベッドのすぐ右側に天井と床の間で固定してあるグリーポを左手でしっかりとつかんで立ち上がり、足を踏み変えて、ベッドサイドに斜めにつけてある車椅子へと移乗した。ここからはバランスを要するトレーニングとなるため、イェーテとともに行っていく。

ベンクトは、そのまま車椅子を漕いで玄関まで行き、イェーテに見守られながら歩行車のハンドルを握って立ち上がった。イェーテとともに玄関を出て、集合住宅内の共用廊下での歩行練習だ。若干緊張ぎみだが、ゆっくり一歩ずつ確かめるように歩いている。イェーテは横について見守るだけで介助は不要。片道二〇メートルほどの廊下を、二度往復した。

（9）ベッドの端などで足を垂らした、背もたれのない座位の状態。

コラム16 補助器具の電子予約システム

保健センター内のイェーテの事務室で、補助器具の電子予約システムを見せてもらった。

障害をもつ人が補助器具を必要とする場合、通常、自治体が運営する補助器具センターから借りるが、その予約や借りている補助器具の確認などは、処方者である療法士が自分の端末から自治体運営の専用ホームページ（システム名は「WebSESAM《ウェブセサム》」）にアクセスして行うことができる。

イェーテは、ベンクトのデータにアクセスするのを例に、その利用の仕方を実際に見せてくれた。まずは、WebSESAMのホームページにアクセスして、イェーテのハンドルネームとパスワードを入れてクリックする。すると、登録された利用者専用のページに画面が切り替わる。そのページの指定空欄にベンクトの個人識別番号（personnummer《ペショーンヌンメル》）を入れると、ベンクトが現在借りている6点の補助器具がすべて表示された。

今度は部屋に戻って、ダイニングキッチンで下肢の筋力トレーニングである。まずは、流し台の淵につかまりながら、左右の脚に交互に体重を乗せる練習とスクワットをしてから、一方の脚を大きく上げる片脚立ちの練習をした。続いて、今度は何の補助器具も使わずに、イェーテの介助だけでダイニングキッチン内を少し歩いて車椅子へと戻った。腰掛けた状態で、拘縮《こうしゅく》を予防するために指と手首、そして上肢全体のストレッチングを十分に行ったあと、改めて立ち上がって立位保持練習を行い、最後にもう一度イェーテの介助で歩行練習をして、一一時五〇分、すべてのメニューを終えた。

「以前よりも、能力が落ちている気がするんだ」と、息を弾ませながら少し火照った顔で弱気な発言をするベンクトに対して、「そんなことはないよ。リハビリをするようになってからはよくなっていると思うよ」とイェーテが励ますように言った。

ベンクトのうしろでそのやり取りを見ていたカリーナは、イェーテの言葉に賛同するように微笑みながら私たちにウインクを送ってきた。

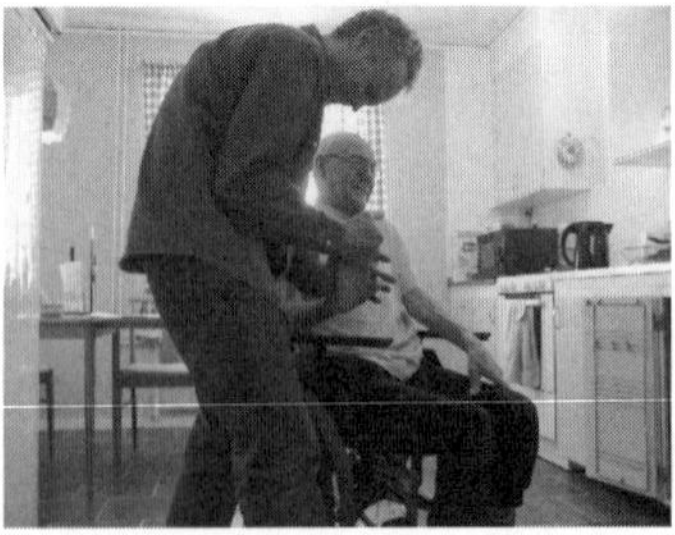

上肢のストレッチング

マリーナと散歩をするベンクト

このあと雑談となった。そのなかでイェーテが、「明後日の午後二時四五分ごろに、ベンクトがホームヘルパー（准看護師）のマリーナ（Marina）に手伝ってもらって散歩に出掛けるんだけど、マコトも一緒にどう？」と誘ってくれた。私は、雪道を散歩するベンクトの姿を写真に収めたかったので、その申し出をありがたく受けることにした。

一二時一五分、ベンクトとカリーナにお礼を述べ、明後日の午後に再訪することを伝えて、イェーテとともにベンクトの家を後にした。保健センターに戻る道すがら、三年前にキルナ市で見たものと同じタイプのソリ型の歩行器を押す高齢の女性とすれ違った。

2 シェル・グスタフソン
――「家族ケア者」制度を利用しながら妻と二人で長屋のアパートに暮らす

保健センター内にある職員用の休憩室兼食堂で持参したサンドイッチを食べたあと、イェーテとともに、今度はシェル・グスタフソンの家へ向かった。シェルの家は、午前に訪問したベンクトの自宅から南へ二〇〇メートルほど下った所にあり、ソフィア通り（Sofiavägen）から少しなかに入った六軒長屋の一角である。

イェーテのパソコン上で「エニーロ（eniro・http://www.eniro.se/）」というウェブサイトの地図機能を利用してブルンフロー地区を検索し、縮尺を拡大して衛星画像で俯瞰すると、シェルの住む長屋とベンクトの住むアパートとは、建築面積も立つ方向もほぼ同じであることが分かった。付近の別の建物もまた、その周囲の景観と調和している。建物同士の距離も十分に確保されており、統制のとれた区画が醸しだす住み心地のよさと町並みの美しさを追求する、スウェーデンならではの哲学がこんなところにも感じられる。

先ほどと同様に、保健センターの裏口から出て雪道を歩く。ベンクトの住むアパート群の間を抜けると、五分ほどで目的の建物に到着した。建物全体は平屋造りで、赤褐色のレンガ調の壁で統一されている。玄関の前には深緑色をした三段の階段があり、かわいらしいポーチが付いている。玄関のドア、ポーチの柱、手すり、通りに面した二つの窓枠はすべて白で統一されていて、雪景色と実によく調和している。

イェーテがドアを叩く。間もなくドアが開き、眼鏡をかけた年配の女性が顔を出した。

「こんにちは」と彼女はイェーテに言ったあと、私に向かって「エーヴァです。ようこそ」と言いながら手を差し出してくれた。

シェルとエーヴァ

シェルの住む長屋

「こんにちは。マコトです」私がその手を握りながら挨拶を返すと、エーヴァは笑顔で迎え入れてくれた。

イエーテが帽子とスノージャケットを脱いでハンガーに掛け、靴も脱いで玄関のドアの横のスペースに寄せたのを見て、私もそれに倣った。

入ってすぐ右側がダイニングキッチンだった。こぢんまりとした落ち着く雰囲気のスペースだ。四角いダイニングテーブルの椅子には男性が腰を掛けている。私たちを見ると、片手を上げながら、こんにちは、という表情を投げかけてくれた。どうやら、彼がシェルのようだ。まずはイェーテが「Hej!《ヘイ》（こんにちは）」と言いながら彼と握手をし、次いで私も同じように彼と握手を交わした。

早速、私たちはそのままダイニングテーブルの空いている椅子に座り、シェルの病気や障害のこと、そして彼らの生活ぶりについて話を聞かせてもらうことにした。シェルは言葉が不自由とのことで、主に妻のエーヴァが話をしてくれることになった。

これまでの経緯と現在の障害

シェルは一九四三年一〇月生まれの六七歳。一二年前の一九九九年二月、五五歳のときに脳卒中（左脳に大きな梗塞）を発症し、右片麻痺となった。病気になるまで彼は、音楽家であり、大工でもあった。発症直後は、歩くことはもちろん、ほとんど何もできない状態で、ただベッドで寝ているだけだったそうだ。摂食・嚥下《えんげ》障害も起こり、食べることもできなかったらしい。その後、しばらくして、動かせる左半身を使って、エーヴァの表現で言えば「すべてを最初から学ぶ」という日々がはじまった。

発症直後から一九九九年六月までの約五か月間は、エステシュンド市の町中にある県運営のリハビリテーションセンターであるレモンターゲンに滞在しながら、シェルは集中的なリハビリ治療を受けることになった。そして、同年七月、例年通りエーヴァが一か月の夏季有給休暇(10)をとったので、その間シェルは自宅で彼女と過ごした。彼女の休暇が終わるのと同時に再びレモンターゲンに戻って、さらに三か月ほどリハビリ治療を受けたあと、一一月に自宅に戻った。その後は、自宅とレモンターゲンの外来でリハビリ治療を継続したとのことである。

自宅では、理学療法と作業療法をそれぞれ二〜三時間ずつ週三回、レモンターゲンでは言語聴覚療法を一〜二時間ずつ週二〜三回の頻度で受けた。これらは質量ともに十分な内容だったそうだ。自宅とレモンターゲンの間の送迎は、主に「病院送迎サービス（sjukresa《ヒュークレーサ》）」を利用していたという。エーヴァに時間があるときは、彼女が自家用車を運転して送迎したとのことだった。

脳卒中を発症してから二年一〇か月後の二〇〇一年のクリスマスに、シェルは新たな病気、直腸癌を発症した。エステシュンド市から東へ約三八〇キロメートルの所に位置するウメオ市にあり、ノルランド地域（Norrland）全域をカバーする高度専門病院であるノルランド大学病院で二〇〇二年に手術を受けた。手術は無事成功し、術後のリハビリのため、二〇〇三年まで三度《みたび》レモンターゲンに滞在することとなった。さらに、自宅復帰後、週二回の理学療法を一定期間、継続して受けたということである。

シェルは現在、屋内や平地であれば手ぶらで歩けるようになっており、サマーハウスの簡単なメンテナンスなどといった大工仕事もできるまで回復している。リハビリは、気分の向いたときに自宅で自主的に行う程度らしい。また、彼が現在受けている主な介護支援の内容は、朝食の用意と人工肛門（stomi）のケアとのことであった。

絵画が趣味

ここで話を一旦切り上げて、エーヴァが各部屋を案内してくれることになった。間取りは2LDKで、広さは約七五平方メートルだ。ほぼ西向きの、横に広い大きな窓から十分な光が入るリビングルームは広々としている。大きなソファが三つと自転車エルゴメーターが置かれ、壁にはいくつもの絵が飾られている。私がそれらの絵に見入っていると、「全部シェルが描いたのよ」とエーヴァが教えてくれた。機能障害を抱えた人を支援する市のLSS部（二九ページ参照）の職員に手伝ってもらって、彼はこれまでに何度かレモンターゲンで個展も開いているらしい。

---

(10)　スウェーデンでは、職業人が毎年四週ほど連続した夏季有給休暇をとることは当たり前となっている。ほかに、クリスマスシーズンにも一～二週間の有給休暇をとるのが一般的である。

次いで、その隣の寝室を見せてもらった。この部屋も大きな窓が印象的だ。ダブルベッドには、雪に反射した目映い光が差し込んでいる。その窓の外は小さなベランダになっていて、白い丸テーブルと椅子が置かれている。夏にコーヒータイムを過ごすにはよさそうなスペースだ。

最後に、シェルのアトリエとして使用している三つ目の部屋を見せてもらった。中は画材などで雑然としているが、そのことがかえって活気を感じさせる。部屋の真ん中には、イーゼル代わりにした万能作業台が置かれていて、その上には描きかけの絵が載っていた。シェルも、ダイニングテーブルから立ち上がって歩いてきた。エーヴァが私に向かってその描きかけの絵について説明するのを、言葉は出ないながらも、シェルは微笑みながら興味深そうに聞いていた。

シェルのアトリエ

午前中におじゃましたベンクトのアパートでも感じたことだが、とにかく家の基本的な造りがいい。決して裕福とは言えない一般的な市民が暮らす安普請のアパートでも、玄関や窓の造りはしっかりしているし、地域給湯暖房システムも機能していて、家の中が一様に暖かい。真の意味での「最低生活の保障」とは、こういうことを言うのではないかとつくづく思ってしまう。

このあと、再びダイニングテーブルに戻り、シェルが病気になってから現在に至るまでの二人の生活ぶりについて、さらに詳しく話を聞かせてもらうことにした。前述したように、シェルは脳卒中を発症して以来、入院とリハビリセンターでの滞在を何度も繰り返しているわけだが、私はとくに、彼が自宅で過ごす際のケアのあり方について聞いてみたかった。その結果、興味深い事実を知ることとなった。

結論を述べると、シェルに対してエーヴァは現在、あるときは「個人アシスタント」として接し、あるときは「ケア補助者」として接しているのである。どういうことかというと、エーヴァはシェルに対する「家族ケア者（anhörig vårdare）」という立場で市に雇用されており、シェルの身の周りの世話をしているということである。つまり、有給でシェルの介護にあたっているということだ。

そう、キルナ市で出会った個人アシスタントのアリスから聞いた話と同じである。スウェーデンには、近親者が市に雇用される形で障害をもつ家族のケアにあたれる制度があるのだ。その制度に基づいて雇用されている人を「家族ケア者」と呼んでいる。しかも、その人があらかじめ有している資格や施すケアの内容によって、「准看護師の資格をもつホームヘルパー」としてであったり、「個人アシスタント」や「ケア補助者」として雇われるという合理的な制度になっている。単位時間当たりの給料は、「准看護師の資格をもつホームヘルパー」として雇われた場合がもっとも高く、次いで「個人アシスタント」、「ケア補助者」の順となっている。

「市に認めてもらうまでには、必要性の説明やいろいろな手続きなどで苦労したんじゃないですんだもの」

「そんなことはないわ。とても簡単だったわよ。だって、市の担当者のほうから提案してくれたか」と私が聞くと、エーヴァは実に意外だという表情をして次のように語った。

経緯はこうだ。一九九九年の一一月、自宅復帰を目前にしてレモンターゲンでのリハビリの最終段階を迎えていたシェルを、ブルンフロー地区を担当する市の支援管理者が訪ねた。そして、シェルの障害の内容や、今後の生活で必要とされるケアについて評価をした。その結果、シェルの障害のレベルであれば、ケア付きの集合住宅に入居する選択肢もあることを支援管理者が二人に伝えてくれたそうだ。しかし、エーヴァはそれに対して、「シェルとともに家で過ごしたい。そして、自分もケアにかかわりたい」と答えた。そこで支援管理者が提案した解決策が、「家族ケア者」の制度を利用することだった。

一九九九年一一月の退院直後からエーヴァは、まずはフルタイム（勤務時間帯の一〇〇パーセント。すなわち、一日八時間、週四〇時間）でシェルの「家族ケア者」となることが認められた。そして、シェルにかかわる時間帯によって、「個人アシスタント」と「ケア補助者」としての職名を使い分けて雇われることになった。二〇〇〇年一一月までの一年間、この形が継続された。

その後、シェルの障害が改善するにつれて、エーヴァが「家族ケア者」として雇用される時間は徐々に減っていき、二〇〇六年からは現在と同じ約五〇パーセント（週当たり二一時間）となっている。そのうちの二〇時間は「個人アシスタント」として、残りの一時間は「ケア補助者」

として雇われている。週に二一時間を「家族ケア者」として働くことで得る一か月当たりの給料は、税込みで九三六二クローナ（約一二万二〇〇〇円）。時給に換算すると、約一一一クローナ（約一四五〇円）となる。

エーヴァがケアにあたらない平日の残りの約二・五日分（一九時間）に対しては、市からホームヘルパーが適時訪問している。また、すべての日の夜間帯におけるケアは、市による「夜間パトロールチーム」が対応している。

土曜と日曜は、エーヴァはシェルのケア者としてではなく妻としての立場で過ごしている。その際、なんと今度は、近くに住む三〇代の二人の息子（Lars《ラーシュ》と Kent《ケント》）が、母親をゆっくりさせるためにそれぞれ三・五時間ずつの計七時間、「家族ケア者」（二人ともに個人アシスタント）として市に雇われる形でシェルのケアにあたっているのだ。別に仕事をもつ息子たちが、週末を両親のためにこのように使うことに頭が下がるのと同時に、このような雇用形態を認めるスウェーデンの自治体の力量に改めて感心してしまう。ちなみに、息子たちが担当しない土・日曜日の時間帯は、市からのホームヘルパーが適時対応をしている。

ところで、エーヴァは、シェルの「家族ケア者」として働く時間以外の残りの約二・五日（一九時間）は一般の職業人として働いている。職種は、長年やってきた県立エステシュンド病院の医師秘書である。エーヴァの家庭事情を理解した病院側が、前述したような変則的な働き方を認めてくれているのだそうだ（**表4－3**を参照）。

表4－3　シェルに対するケア支援のあり方とエーヴァの勤務形態

	エーヴァの1日と息子によるケア	ホームヘルパーによる支援
月・火	エーヴァ：エステシュンド病院で医師秘書として7.5時間。 エーヴァ：「家族ケア者」として0.5時間。	エーヴァがいない日中を対象に適時訪問。 夜間帯は、夜間パトロールチームが巡回訪問。
水	エーヴァ：午前はエステシュンド病院で医師秘書として4時間。 エーヴァ：午後は「家族ケア者」として4時間。	エーヴァがいない午前中を対象に適時訪問。
木・金	エーヴァ：「家族ケア者」として8時間。	夜間帯は、夜間パトロールチームが巡回訪問。
土・日	エーヴァ：完全なオフ。シェルの“単なる”妻になる。 2人の息子：どちらかが曜日を選んで3.5時間ずつ「家族ケア者」になる。	息子達が「家族ケア者」にならない日中の時間帯を対象に適時訪問。 夜間帯は、夜間パトロールチームが巡回訪問。

本来なら今日は、エステシュンド病院で終日（七時間半）勤務する予定となっていたが、私のために午後半休をとってくれていたのだ。その分は、本来、半日勤務である明後日の水曜日に終日働くということで上司の許可をとっていると、エーヴァは言っていた。

それにしても、なんとも柔軟な制度のあり方である。これらも、今日の午前中にイェーテから聞いた、自治体による「安心の家」の理念と政策に基づいたものである。シェルの介護を自宅ですることで正当な報酬が得られ、長年続けてきた仕事も辞めずにすむのだから、シェルだけでなく、エーヴァの心の健康を保っためにも非常によいシステムと言える。介護保険制度があるとはいえ、自宅で家族を介護するためには仕事を辞め、なおかつ無償を余儀なくされた結果、精神的にも経済的にも疲弊してしまうという悪循環に陥りがちな日本の現状とは大きく異なる。

このあと、シェルがふだん自分でやっているリハビリを見せてくれた。リビングに置いてあった、市から無料で譲り受けたという古いタイプの歩行車を押して歩いたり、その歩行車を把持《はじ》しながら軽くスクワットしたりという簡単な内容だった。こんな感じでやるんだよ、というように愛嬌のある表情で私に向かって示してくれた。

ふと時間を見ると、午後三時を回っていた。イェーテも柱時計を眺めながら、そろそろ、という表情で私に視線を向けてきた。それを合図に、聞き残したことはないかと改めて思い巡らしてみた。とりあえずは大丈夫のようだ。もし、何かあとで思い付いたら、イェーテを通じて聞いてもらえばいいかと思いながら、イェーテのほうを見て頷いた。

それにこたえてイェーテが、「オーケー。今日は本当にありがとう」と言いながら、シェルとエーヴァに握手を求めた。私も彼らに手を差し伸べて握手を交わし、感謝の気持ちを伝えて玄関へと向かった。

「スウェーデンにはまた来るんでしょ。そのときには、いつでも遊びに来てくださいね」

エーヴァはそう言って、私を見送ってくれた。

3 カーリン・スヴェード
―多発性硬化症を患いながら町中のサービスアパートに暮らす

二月三日火曜日は、七時少し前に目が覚めた。ブラインドを上げる。もうすぐ夜が明けそうだ。イェーテが出掛けたあとのキッチンで、やかんに水を入れて電気コンロにかける。シャワートイレルームで顔を洗い、歯を磨いてキッチンに戻るとちょうど湯が沸いていた。インスタントコーヒーを入れ、ダイニングテーブルの椅子に腰掛けて、しだいに白んでくる窓外の景色を眺めながらコーヒーをすすった。

七時一五分になって、白い雪を被った隣家の屋根の上に、オレンジ色の朝の太陽が顔をのぞかせた。隣家の向こうには樹氷をまとった森の木々が見える。きれいな朝焼けだ。エステシュンド市はスウェーデンのほぼ中央部に位置するが、北海道の稚内市と比べると、緯度で二〇度以上も北になる。したがって、冬の昼はとても短い。それでも、二月も後半ともなると徐々に日は長くなり、夜明けは思ったよりも早かった。

キッチンの窓越し、外に据え付けてある寒暖計に目をやるとマイナス一八度を指していた。窓を少し開けてみたが、風がないようだ。手や顔を窓の外に出して、初めて外気の冷たさを感じる。シャワーを浴び、朝食をすませ、一〇時すぎ、今日も手製のサンドイッチをナップサックに入れて、防寒具をしっかり着込んで家を出た。快晴。強い日差しが積もった雪に反射して眩しい。

公共バスで町中へ向かう

今日訪ねるのは、エステシュンド市の町中にあるサービスアパート（servicehus《セルヴィスヒュース》）(11)に暮らす、カーリン・スヴェードという女性である。彼女は長年にわたって多発性硬化症を患っている。

一〇時一三分、昨日と同じバス停で163番のバスに乗った。今日の運転手は中年の女性。「Hej!《ヘイ》（こんにちは）」と、笑顔で彼女のほうから挨拶をしてくれた。「エステシュンド中央まで」と行き先を告げ、五二クローナ（約六八〇円）を支払った。昨日のバスと同じくボルボ社製だ。日本でいう大型観光バスのサイズで、造りはしっかりしていて、空間もゆったりしている。しかも、ノンステップバス（低床バス）だ。

ヨーロッパ自動車道45号線を北東へと進む。道は緩やかな曲線を描くが、車道はしっかりと除雪されていて、制限速度ぎりぎりの時速九〇キロで走っていく。右手の遠くには凍ったロックネー湖が広がり、屋根にこんもりとした雪を載せた湖畔の家々と樹氷をまとった木々が、陽光を受けてキラキラと光りながら通りすぎ

(11)　従来は、「高齢者向けケア付き集合住宅（äldreboende《エルドレボーエンデ》）」や「ケア付き集合住宅（särskilt boende《サフィルト ボーエンデ》）」に入居している人ほど重度のケアを要しない障害者が入居するとされていたが、最近では入居者の障害の重度化が進み、それらの境界も曖昧になりつつある。

フォーケルの朝焼け

ていく。途中、いくつかの停留所で止まり、そのたびに客が乗ってきた。女性運転手は、みんなに対してやさしく微笑みながら「ヘイ」と声をかけている。乳母車を押した女性や電動車椅子に乗った人も、人の手を借りることなく、中央のドアから滑らかに乗車してくる。

一〇時三五分、ヨーロッパ自動車14号線との交差点で左折をして、バスはエステシュンド市街地を目指す。昨日訪れたブルンフロー地区の中心部が右手に見えるのとほぼ同時に、左手にストール湖が見えてきた。白く凍った湖面が陽光を強く反射している。市街地に近づくにつれて車や歩行者が増えていく。両手に氷雪地面用の杖先を付けたT字杖を持って歩く人、大きめの車輪の付いた歩行車やソリ型の歩行器を押しながら歩く高齢者も見かけるようになってきた。

ロードヒュース通りを北西へ進むと、もう町中だ。赤レンガの壁と時計台が印象的なストーラ教会（Stora kyrkan）が右側の道路沿いに聳えている。そこから三〇〇メートルほど進み、一〇時五五分、バスターミナルに到着した。

作業療法士とともにカーリンのアパートへ

カーリンの自宅は、バスターミナルから南西へ三〇〇メートルほど行った、プレスト通り沿いの「ソールベリ（Solberg）」というサービスアパート内にある。町の中心部に近いが、とても閑静な場所である。電動車椅子で数分の所に「ミットプンクテン（Mittpunkten）」という大きなショッピングセンターもあって、食料品、衣料品、日用品、本などの購入には困らない。

一一時すぎ、ソールベリの玄関に着いた。実はここで、イェーテの友人であり、この地区を担当する作業療法士のレーナ・ヘルグレン（Lena Hellgren）と待ち合わせをしている。私と一緒にカーリン宅を訪問してくれるのだ。彼女とはこれまでにも何度か会ったことがあり、自宅に招いてもらったこともある。二〇〇九年の九月以来、約一年半ぶりの再会となる。待つこと数分、レーナがやって来た。スポーツ好きな彼女は相変わらずスリムだった。

「久しぶり！　またスウェーデンに来たのね。ようこそ！」

笑顔でそう言いながら、彼女は右手を差し出してくれた。

「こんにちは！　本当に久しぶり。今日は来てくれてありがとう」

私は彼女の手を固く握った。そして、どちらからともなく抱擁し、しばし再会を確かめあった。

感慨に浸る間もなく、早速、カーリンの部屋へと向かった。

「三階だけど、階段で行くわよ」と言う彼女の元気のいい声に、私も元気よく「オーケー！」と返事をした。二人とも足取り軽く三階に上がり、南の角部屋へと向かった。

「ハロハロー！（Hallå, hallå!）」

レーナは声をかけつつ玄関の戸を叩きながら、自分で開けて入っていった。私も「ヘイヘイ！」と言いながらあとに続いた。す

ソールベリ

ると、太い紅白の横縞模様が印象的な長袖のTシャツを着た女性が電動車椅子を転がして奥から出てきて、笑顔で出迎えてくれた。

「ようこそ。カーリンです」

多発性硬化症の影響で力の入りにくい右手を電動車椅子の操作盤から頑張って浮かしながら、カーリンは握手を求めてくれた。

「こんにちは。マコトです」私はそう言いながら、彼女の手を下から支えるように握手をした。

カーリン（左）とレーナ

挨拶を終え、カーリンはまず、ダイニングキッチンに私たちを招き入れてくれた。ダイニングテーブルの椅子に私たちが腰掛けると、昇降式のキッチンテーブルの前に電動車椅子を止めたカーリンが、「さあ、どうぞ。何でも聞いて」と言いながら私のほうに笑顔を向けてくれた。どうやら、私の訪問の目的をすでに知っているようだ。彼女の言葉に安堵し、遠慮なく質問をさせてもらうことにした。

公的サービスを利用して活動的に暮らす

カーリンは現在六八歳。今から二〇数年前、四〇代の後半に初めて身体に異変を感じたらしい。原因が分からぬまま、体調の悪い日が次第に増えていった。そして、四九歳になった一九九二年、ようやく病名が分かった。検査を受けた医師から、多発性硬化症と告げられたのだ。その後、徐々に神経症状が悪化し、筋力も落ちていった。それでも、診断を受けてから数年間は仕事を続けていた。

二〇〇〇年、カーリンはいよいよ障害が重くなって仕事を続けることができなくなり、障害者年金を受給しながらの生活となった。同時に、住む場所も移ることにした。当時、カーリンはここから南東へ八〇〇メートルほどの所にあるオーデンスルンド地区のアパートに住んでいたが、建物の構造上の理由で、重くなった身体的な障害を補うための改修工事が難しく、そのまま住み続けることができなくなったのだ。

翌年、カーリンは、市から提案されてより町中に近いこのアパートへ引っ越すことになった。その際、必要とされる改修費用は、もちろんすべて市が支払っている。

「このアパートを提案されたとき、町にも近くなるし、間取りも申し分ないし、すぐにオーケーしたわ。改修後に入居したとき、自分の身体にあっていてとても使い勝手がいい、と感じたことを覚えているわ。ここでの生活には本当に満足しているのよ」

アパートの広さは八六平方メートルで、彼女いわく「二・五部屋」にダイニングキッチンの間取りとなっている。というのは、リビングと寝室は大きな二部屋だが、来客者用の寝室は小さいので、本人は遠慮がちに「二・五DK」と表現したのだ。

現在の彼女の状態はというと、ベッドから離れるときには車椅子が欠かせない。体幹や四肢の筋力はかなり落ち、支えがないと座位姿勢は保てないし、立位をとるのは介助を得ても困難となっている。ベッドから車椅子への移乗には常に介助が必要で、ホームヘルパーがスライディングボードを使用して移乗を介助している。また現在、目の具合が気になっているそうだ。モノが二重に見えるようになってきた、と言っている。そして、外出する際には、外出用の電動車椅子に移乗させてもらっている。マイナス数度から十数度、ときにはそれ以下になる真冬でも外出は頻繁にしているという。

日本であれば、重い障害をもつ人が、真冬の雪国で車椅子に乗って散歩や買い物に出掛けるのは非常に困難であろう。しかし、スウェーデンでは、車椅子でごく当たり前に外出をしている。もちろん、吹雪いていれば外出は控えるが、それは障害のない人でも同じである。かなり気温が低くても、多少雪が積もっていても、吹雪でないかぎり障害のない人はダウンジャケットや帽子、手袋などをしっかり身に着けて外出をしている。それと同じことが、重い障害をもつ人も可能で

スライディングボード

あるというのがスウェーデンなのだ。

カーリンが真冬に外出するときは、電動車椅子に座った状態で身体全体をスッポリ包むことのできる防寒具（一四四ページを参照）をヘルパーに着せてもらっている。これさえ着ていれば、電動車椅子を自分で操作しての外出はたいがい一人で可能となる。

現在、簡単な掃除くらいは自分でやっているようだが、それ以外のほとんどの家事はさまざまなサービスを利用しているとのことだ。ホームヘルプサービスは頻繁に利用しており、一日に九回（夜二回を含む）の訪問を受けている。このほかにも、「食事サービス」と「お手伝いサービス（Handtaget）」を利用している。

昨年（二〇一〇年）のクリスマスイヴに一時体調が悪くなって身体機能が少し落ちたので、クリスマスから新年にかけて一八日間リハビリを受けたとのことだ。その内訳は、エステシュンド病院で一四日間、リハビリセンターのレモンターゲンで四日間であった。

ところで、補助器具についてまとめると、まずは外出用と室内用の電動車椅子がある。前者には年間五〇〇〇クローナ（約六五〇〇〇円）のレンタル代がかかるが、後者に関しては無料でレンタルされている。それ以外には、特殊ベッド、自動車に乗る際に使用する手動介助用の車椅子、車椅子用の特別防寒具、スライディングボード、キャスター付きのトイレ用椅子、リーチャー[12]がある。いずれも無料でレンタルされている。

やはり重要な「最低生活保障額」制度

カーリンの経済面（家計）に関する解説をしたい。私が、「一か月当たりの収支について聞きたい」と言うと、快く次のように答えてくれた。

収入は、手取り額で約九五〇〇クローナ（約一二万三五〇〇円）の年金に、若干の住宅手当を加えた額だそうだ（彼女は住宅手当の金額を忘れ、金額を記した書類も見当たらなかったので正確な額は確認できなかった）。

家賃は約五二〇〇クローナ（約六万七六〇〇円）。国によって定められた二〇一一年の最低生活保障額（二三六ページを参照）は四八三二クローナ（約六万二八〇〇円）である。年金の手取りと住宅手当を合わせた額から、家賃や最低生活保障額などの必要経費を引いた額をもとに算出されたホームヘルプサービス（着替え、シャワー浴介助など）とアラームコールサービス（単価一五六クローナ・約二〇三〇円）に対する自己負担額は、なんと約一〇〇クローナ（約一三〇〇円）のみであった。

最低生活保障額の四八三二クローナ（約六万二八〇〇円）から支払っているものは、「食事サービス」による食費約一五〇〇クローナ（約一万九五〇〇円。一日に約六五〇円）、「お手伝いサービス」の約一一六〇クローナ（約一万五〇〇〇円）、電気代、その他、である。

「食事サービス」では、市が提携している四つのレストランからメニューを選ぶことができる。レストランの名称は、それぞれ「ミスターヒュースマン（MR Husman）」、「ブレンナゴーデン

（Brännagården）」、「モールティードセルヴィス（Måltidsservice）」、「ソーリーデンシェーケット（Solliden köket）」で、いずれもエステシュンド市の中心部にある。

「お手伝いサービス」は一回につき約二時間三〇分を月に四回、合計約一〇時間利用している。一時間当たりのサービス代は一〇〇クローナで、訪問ごとの交通費が別途四〇クローナ（約五二〇円）かかる。カーリンは、大掛かりな掃除や洗濯を頼むと同時に、スタッフとコーヒーを飲んだり、散歩に出掛けたりもして、くつろぎの時間を楽しむために利用しているという（**コラム17**参照）。そして最後に、彼女は次のような言葉で締めくくってくれた。

「毎月十分な年金があって、最低生活保障額も確保されているので、金銭的には余裕をもって暮らせているわ」

スウェーデンを長年にわたって見てくると、国としての経済力を高いレベルで維持しながら、なおかつ国が経済的に弱い人々の最低限度の生活も高いレベルで保障していくという一見相反するような命題を実現することが可能なのだということを実感してしまう。

ひと通りの聴取を終え、世間話となった。そのなかでレーナが、「そう言えば……」と言って

---

(12)　二〇一一年一月一日からは制度が変わり、リーチャー（マジックハンドのように遠くにあるものをつかんで取る道具）のような比較的安価な補助器具は自費購入しなければならなくなった。カーリンが借りたときには、まだ無料レンタルの対象であった。

次のような話を切り出した。

「最近のテレビニュースで見たんだけど、日本では、住居と食事にありつくために、盗みなどの軽犯罪を繰り返して牢屋に入りたがる貧乏な高齢者がいるそうね。その高齢者は日本の国民なのでしょう？　なのに、どうして年金で生活できないの？　十分な年金額が保証されていないの？　私もカーリンもとても不思議に思っているのよ」

日本とスウェーデンにおける年金事情の違いを象徴する言葉のように思えた。

以上で、カーリンへの取材は終了した。カーリンにお礼を述べて、レーナとともに部屋を出た。このあと、レーナが教えてくれたレストラン(13)で昼食をとり、すぐ近くの県立図書館に立ち寄って雑誌を立ち読みし、町中を少し散歩して

コラム17 お手伝いサービス（Handtaget）

「お手伝いサービス」とは、エステシュンド市が年金生活者向けに提供している訪問サービスで、年金生活者に、生活の質を高め、社交を広め、より快適な生活を送ってもらうためのものである。支援管理者の判定の結果で提供される、通常のホームヘルプサービスとは別のものだ。サービス内容には次のようなものがある。

・大掃除　・雪かき　・草刈り　・庭の手入れ　・買い物代行
・洗濯代行　・犬や猫の運動　・散歩付き添い

利用者は、まず年会費200クローナを支払う。1時間当たりの費用は、簡単な仕事なら100クローナ、重労働なら150クローナである。スタッフの交通費として毎回40クローナを支払っている（エステシュンド市のホームページ「http://www.ostersund.se/」を参考に作成）

からイェーテのアパートに戻った。

　二日後、カーリンのアパートの近くを再び訪れた。アパートの外観や、その周辺の町並みを写真に収めるためだ。少し離れた所からアパートを狙ってシャッターを押していたとき、アパートの出入り口から、防寒具に身を包んだカーリンが一人で電動車椅子を運転して出てくるのがファインダー越しに見えた。私が立っている側とは逆の、町の中心部のほうへと向かった。そして、一つ目の角で、知り合いと思しき女性と出くわし、ちょっと止まって何やら会話をしたあと、颯爽と町中へと車椅子を走らせていった。

ソールベリから歩いてすぐの町並み

(13)　スウェーデンの図書館では、通りすがりの外国人旅行者でも、パスポートを提示して登録しさえすれば本を借り出すことができる。

第5章

ICF（国際生活機能分類）で見る スウェーデンの障害者の冬の暮らし

イェヴレ市のドロットニング通り

前章まで、真冬のスウェーデンにおける障害者の暮らしぶりの具体的な例を紹介してきた。そのなかで見えてきたものは、スウェーデンでは、極寒の真冬であっても重い障害を抱える人々の生活は相当なレベルで保障されている、という事実であったように思う。では、スウェーデンの障害者の冬の生活を支えている主要因は何であろうか。結論を言えば「環境」である。しかも、公的に整備された広義の「環境」である。その要素を挙げれば次のようになろう。

① 人
② モノ
③ 空間づくり
④ ①～③を確実に提供するための法律と制度

ところで、これらの要素は、拙著『日本の理学療法士が見たスウェーデン』において、重度の一次障害を抱えるスウェーデンの人が、重度の二次障害（廃用症候群）に陥らないための決め手となる要因として挙げた「人」、「モノ」、「環境」という項目を改めて整理し直したものである。同書においては、「環境」という言葉を「人」と「モノ」を含まない狭義の空間的外界としての意味で用いて、「人」と「モノ」と並列した項目として掲げたが、本書においては、本人以外の要因をすべて「環境」と捉え、その要素として①～④を挙げた。

さて、今回掲げた四つの要素の中身については、各章において紹介してきた事例から自ずと導きだされると思う。①の「人」は、個人アシスタント、（准）看護師、ホームヘルパー、療法士といった医療介護関連の職種がその中心をなしている。②の「モノ」の代表は、やはり補助器具であろう。③の「空間づくり」においては、良質な住居、整備された道路、地下からの地域給湯暖房システム、機能と景観を兼ね備えた町並みなどが挙げられる。

そして最後に、これらを下支えする④の「法律や制度」としては、「社会福祉サービス法（SoL）」、「保健医療法（HSL）」、「特定の機能障害者に対する支援とサービスに関する法律（LSS）」、「住宅改修補助金法（Lagen om bostadsanpassningsbidrag）」、年金制度、最低生活保障額制度、家族ケア者制度などが挙げられる。

1　ICFとは？

次に、「環境」としてのこれらの要素が人の生活機能においていかに重要かということをより体系的かつ具体的にイメージするために、「ICF」と呼ばれる国際的な分類概念を利用しながら、第1章で取り上げたサンドヴィーケン市で暮らすインゲルを例に挙げて考えてみたい。まずは、厚生労働省がホームページで公表している資料[1]の一部を参考にしながら、ICFについて概説していくことにする。

表５－１　ICF を構成する二つの部門と各々の構成要素、および構成要素の定義

部門と構成要素

第１部：生活機能と障害

(a)　心身機能（Body Functions）と身体構造（Body Structures）

(b)　活動（Activities）と参加（Participation）

第２部：背景因子

(c)　環境因子（Environmental Factors）

(d)　個人因子（Personal Factors）

構成要素の定義

・心身機能――身体系の生理的機能（心理的機能を含む）。

・身体構造――器官・肢体とその構成部分などの、身体の解剖学的部分。

否定的側面：機能・構造障害―著しい変異や喪失などといった、心身機能または身体構造上の問題。

・活動――課題や行為の個人による遂行。

否定的側面：活動制限（activity limitations）―個人が活動を行う時に生じる難しさ。

・参加――生活・人生場面への関わり。

否定的側面：参加制約（participation restrictions）―個人が何らかの生活・人生場面に関わる時に経験する難しさ。

・環境因子――人々が生活し、人生を送っている物的な環境や社会的環境、人々の社会的な態度による環境を構成する因子。

＊「健康状態（変調または病気）」については「疾病及び関連保健問題の国際統計分類（ICD－10）」で示されている。「個人因子」は社会的・文化的に大きな相違があるために、実はICFでは分類されていない。

図5－1　ICFの構成要素間の相互作用

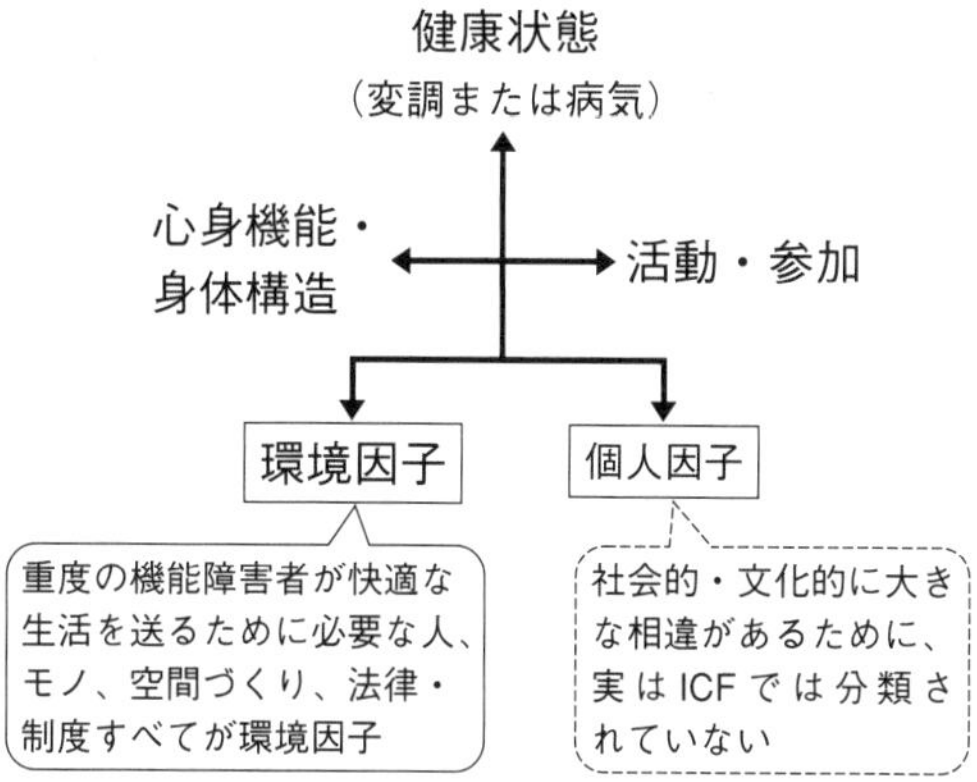
健康状態
（変調または病気）
心身機能・
身体構造
活動・参加
環境因子
個人因子
重度の機能障害者が快適な生活を送るために必要な人、モノ、空間づくり、法律・制度すべてが環境因子
社会的・文化的に大きな相違があるために、実はICFでは分類されていない

ＩＣＦとは、英語の「International Classification of Functioning, Disability and Health」の省略形であり、日本では「国際生活機能分類」と訳されている。二〇〇一年五月に世界保健機関（ＷＨＯ）総会において採択されて以来、人間の生活機能と障害を分類する方法として国際的に用いられている概念である。日本においても、とくにリハビリテーションやケアの分野ではすでに広く知られている。

表5－1と図5－1を参照していただきたい。ＩＣＦのキーワードとその定義を掲げた。

ＩＣＦでは、人間の「生活機能と障害」を、「心身機能と身体構造」と「活動・参加」の二つの要素で概念化し、「環境因子」と「個人因子」から成る「背景因子」との関係で捉えている。「心身機能と身

（1）「『国際生活機能分類――国際障害分類改訂版』（日本語版）の厚生労働省ホームページ掲載について」（http://www.mhlw.go.jp/houdou/2002/08/h0805-1.html）

体構造」の肯定的側面を「機能・構造的統合性」、否定的側面を「機能・構造障害」と表現する。一方、「活動と参加」の肯定的側面はそのまま「活動と参加」、否定的側面は「活動制限・参加制約」と表現している。

ＩＣＦの概念においてもっとも注目すべき点は、「環境因子」が要素として加わったことである。というのは、ＩＣＦが導入される以前は「ＩＣＩＤＨ（国際障害分類）」という概念を用いて、「障害」を「疾病」、「機能障害」、「能力障害」、「社会的不利」という負の要素のみで、しかも階層性に捉えていたからである（**図５－２**）。

もちろん、ここには「環境因子」の存在は考えられていなかった。すなわち、疾病が機能障害を生み、機能障害があるから能力に障害を来たし、社会的な不利も生まれるという一方向的な捉え方である。よって、疾病もしくは機能障害の治療・克服が第一義とされ、それが達成されないかぎりは、その人の能力が低下し、社会参加に不利が生じるのも致し方ないという思考に陥りやすかったのである。

もう一つ、ＩＣＦの概念で注目すべき点は、構成要素間の関係を相互作用で捉えているということである。そのことを、**図５－１**では双方向の矢印で示している。

以上のことを整理すると、ＩＣＦの概念は次のように表現できよう。

「たとえ心身機能や身体構造において障害があっても、さまざまな環境因子を整え

図５－２　ICIDH の視点

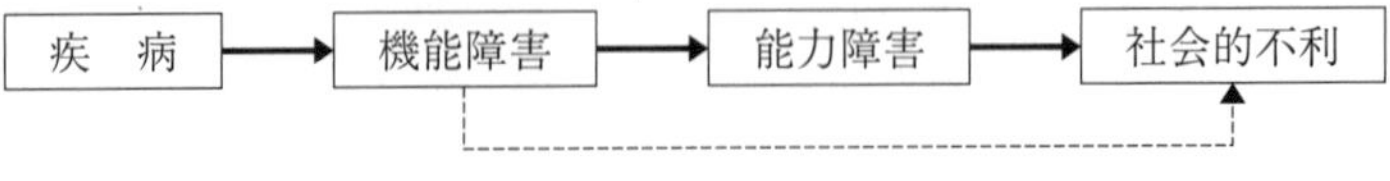

ることによって、その障害をもつ個人の活動や社会参加を促進し得ると同時に、環境因子が心身機能や身体構造にもよい影響を与え得る」

何と言っても、この捉え方をWHOが採択した意義は非常に大きい。なお、**表4－1**や**図5－1**にも記したが、ICFにおいては「個人因子」を要素として考慮しているにもかかわらず、その中身は提示されていない。ここから推察されることは、障害をもつ人の活動や参加を促進するためにその人に対して何らかの支援をする場合、その個人の有り様にアプローチすることを第一義としていないということである。この点も非常に重要である。このことは、環境こそが第一義にアプローチされるべき因子であることを裏付けているとも言える。

2 インゲルの「生活機能と障害」を「環境因子」との関係で捉える

それではいよいよ、ICFの「生活機能と障害」と「環境因子」の概念を用いながら、インゲルを事例にして、真冬のスウェーデンにおける障害者の暮らしぶりを具体的にイメージしながら考えてみたい。次ページの**図5－3**を参照していただきたい。

インゲルは、多発性硬化症を長年にわたって患い、その症状が年々重くなってきている。まず

図５－３　インゲルにおける「生活機能と障害」と「環境因子」との関係

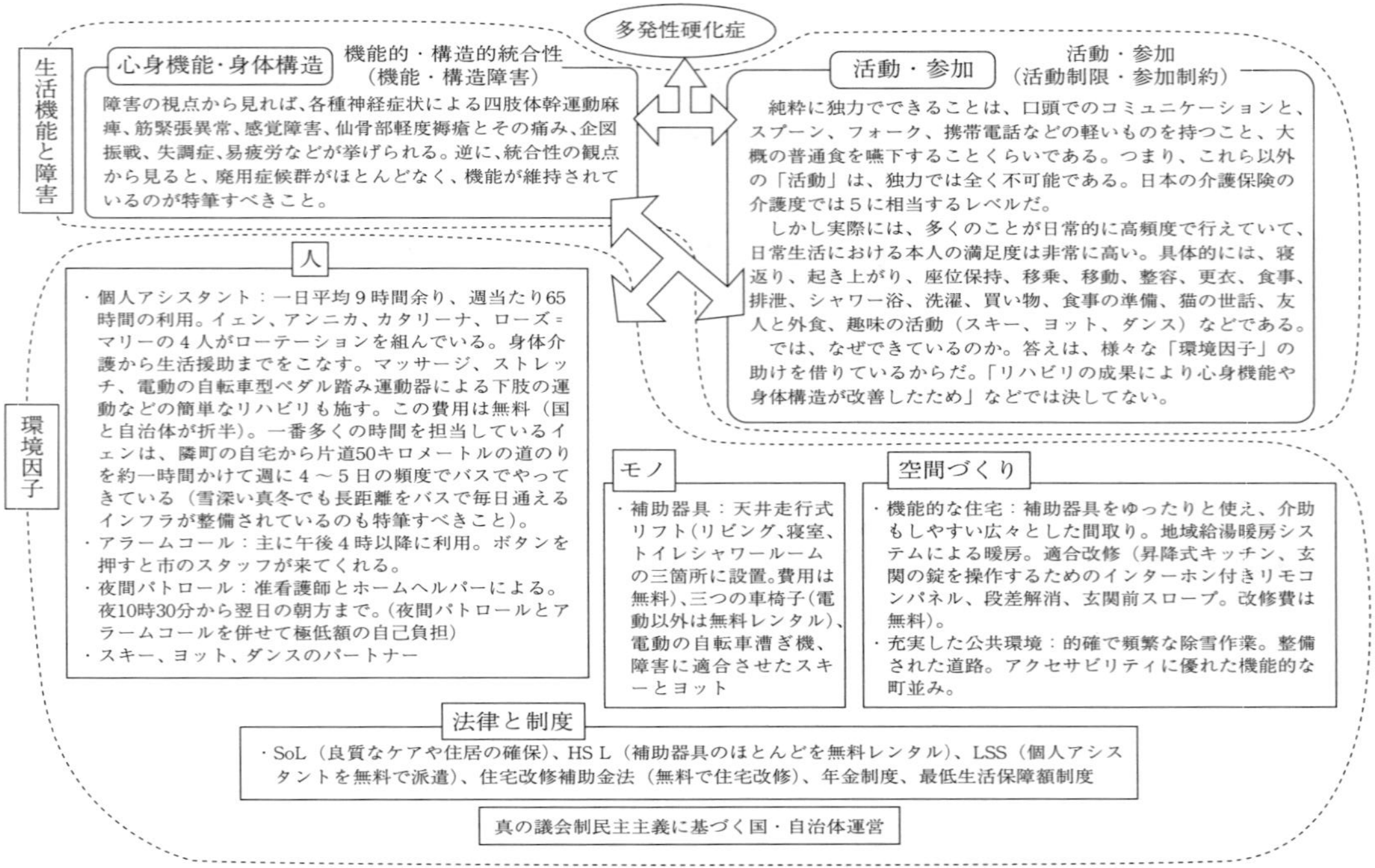

多発性硬化症
生活機能と障害
心身機能・身体構造
機能的・構造的統合性
（機能・構造障害）
障害の視点から見れば、各種神経症状による四肢体幹運動麻痺、筋緊張異常、感覚障害、仙骨部軽度褥瘡とその痛み、企図振戦、失調症、易疲労などが挙げられる。逆に、統合性の観点から見ると、廃用症候群がほとんどなく、機能が維持されているのが特筆すべきこと。
活動・参加
活動・参加
（活動制限・参加制約）
純粋に独力でできることは、口頭でのコミュニケーションと、スプーン、フォーク、携帯電話などの軽いものを持つこと、大概の普通食を嚥下することくらいである。つまり、これら以外の「活動」は、独力では全く不可能である。日本の介護保険の介護度では５に相当するレベルだ。
しかし実際には、多くのことが日常的に高頻度で行えていて、日常生活における本人の満足度は非常に高い。具体的には、寝返り、起き上がり、座位保持、移乗、移動、整容、更衣、食事、排泄、シャワー浴、洗濯、買い物、食事の準備、猫の世話、友人と外食、趣味の活動（スキー、ヨット、ダンス）などである。
では、なぜできているのか。答えは、様々な「環境因子」の助けを借りているからだ。「リハビリの成果により心身機能や身体構造が改善したため」などでは決してない。
環境因子
人
・個人アシスタント：一日平均９時間余り、週当たり65時間の利用。イェン、アンニカ、カタリーナ、ローズ＝マリーの４人がローテーションを組んでいる。身体介護から生活援助までをこなす。マッサージ、ストレッチ、電動の自転車型ペダル踏み運動器による下肢の運動などの簡単なリハビリも施す。この費用は無料（国と自治体が折半）。一番多くの時間を担当しているイェンは、隣町の自宅から片道50キロメートルの道のりを約一時間かけて週に４～５日の頻度でバスでやってきている（雪深い真冬でも長距離をバスで毎日通えるインフラが整備されているのも特筆すべきこと）。
・アラームコール：主に午後４時以降に利用。ボタンを押すと市のスタッフが来てくれる。
・夜間パトロール：准看護師とホームヘルパーによる。夜10時30分から翌日の朝方まで。（夜間パトロールとアラームコールを併せて極低額の自己負担）
・スキー、ヨット、ダンスのパートナー
モノ
・補助器具：天井走行式リフト（リビング、寝室、トイレシャワールームの三箇所に設置。費用は無料）、三つの車椅子（電動以外は無料レンタル）、電動の自転車漕ぎ機、障害に適合させたスキーとヨット
空間づくり
・機能的な住宅：補助器具をゆったりと使え、介助もしやすい広々とした間取り。地域給湯暖房システムによる暖房。適合改修（昇降式キッチン、玄関の錠を操作するためのインターホン付きリモコンパネル、段差解消、玄関前スロープ。改修費は無料）。
・充実した公共環境：的確で頻繁な除雪作業。整備された道路。アクセサビリティに優れた機能的な町並み。
法律と制度
・SoL（良質なケアや住居の確保）、HS L（補助器具のほとんどを無料レンタル）、LSS（個人アシスタントを無料で派遣）、住宅改修補助金法（無料で住宅改修）、年金制度、最低生活保障額制度
真の議会制民主主義に基づく国・自治体運営

はこれが、インゲルの「健康状態（変調または疾病）」の様相である。それによって、ありとあらゆる「機能・構造障害」が生じている。その内容は、各種神経症状による四肢体幹重度運動麻痺[2]、筋緊張異常[3]、感覚障害[4]、仙骨部軽度褥瘡[5]とその痛み、企図振戦[6]、運動失調症[7]、易疲労[8]などである。これが「否定的側面」である。

一方、隠れた注目すべき重要な点がある。それは、インゲルの罹患期間の長さや麻痺の重度さから考えると、当然すでに生じてしまっていてもおかしくない、いわゆる廃用症候群（三九ページの註を参照）の類が「仙骨部軽度褥瘡とその痛み」以外はほとんど見られないということである。とくに、関節拘縮《こうしゅく》（二八二ページの**コラム19**参照）がないことや、食欲不振が見られないことは特筆すべきことである。

「活動」面において純粋に独力でできることは、口頭でのコミュニケーションと、スプーン、フ

（2）中枢神経系が麻痺することにより、四肢および体幹の運動機能が重度に障害を受けること。
（3）中枢神経系の異常により、正常な筋の状態が失われ、過緊張（亢進）や弛緩（低下）が起こること。
（4）感覚神経の障害により、感覚の麻痺、鈍麻（感覚低下・感覚脱失）、過敏、しびれなどが生じること。
（5）筋肉や脂肪の薄い仙骨（両骨盤の間にある骨）部に、発赤などの床ずれを起こすこと。
（6）何か目的のある動作を行おうとする際に、不随意に震えてしまうこと。中枢神経系の疾患で起こりやすい。
（7）「協調運動障害」とも呼ばれる。小脳などの障害により、四肢や体幹を自分の意志で自由に動かせなくなる症状。企図振戦も含まれる。
（8）軽い運動で容易に疲れてしまう状態。

ォーク、携帯電話などの軽いものを持つこと、そして大概の普通食を嚥下《えんげ》することくらいである（摂食には適宜介助がいる）。つまり、これら以外の「活動」は、独力ではまったく不可能である。日本の介護保険における介護度では「5」に相当するレベルとなる。

しかし、実際には、「活動・参加」面における多くのことが日常的に高頻度で行えていて、日常生活における本人の満足度は非常に高い。具体的には、寝返り、起き上がり、座位保持、移乗、移動、整容、更衣、食事、排泄、シャワー浴、洗濯、買い物、食事の準備、猫の世話、友人と外食、趣味の活動（スキー、ヨット、ダンス）などである。

では、なぜこれらを行うことができるのか。その答えは、さまざまな「環境因子」の助けを借りているからである。「環境因子」の内容は次の通りとなる。

①人

・**個人アシスタント**――一日平均九時間余り、週当たり六五時間利用している。イェン、アンニカ、カタリーナ、ローズ＝マリーの四人がローテーションを組んで、身体介護から生活援助までをこなしている。マッサージ、ストレッチ、電動の自転車型ペダル踏み運動器による下肢の運動などのリハビリも施している。一番多くの時間を担当しているイェンは、隣町の自宅から片道五〇キロメートルの道程を約一時間かけて週に四～五日の頻度でバスに乗ってやって来ている（雪深い真冬でも、長距離をバスで毎日通えるインフラが整備されているのも特筆すべきこと)。ちなみに、個人アシスタントの費用は無料である(国と自治体が折半)。

・**アラームコール**——主に、午後四時以降に利用。ボタンを押すと市のスタッフが来てくれる。

・**夜間パトロール**——准看護師とホームヘルパーからなるチーム。夜一〇時三〇分から翌日の朝方までをカバーしている(アラームコールと夜間パトロールを合わせて、極低額の自己負担)。

・**スキー、ヨット、ダンスのパートナー**——自治体から手軽に情報が得られる。

②モノ

・**補助器具**——天井走行式リフト(リビング、寝室、シャワートイレルームの三か所に設置)、三つの車椅子、電動の自転車型ペダル踏み運動器を使用している。いずれも無料でレンタル。

・障害に適合させたスキーとヨット。

③空間づくり

・**機能的な住宅**——補助器具をゆったりと使え、介助もしやすい広々とした間取り。地域給湯暖房システムによる暖房。適合改修(昇降式キッチン、玄関の錠を操作するためのインターホン付きリモコンパネル、段差解消、玄関前スロープ。これらの改修費は無料)。

・**充実した公共環境**——的確で頻繁な除雪作業。整備された道路。アクセサビリティに優れた機能的な町並み。

④法律と制度

・社会福祉サービス法（良質なケアの提供と住居の確保）
・保健医療法（補助器具のほとんどを無料レンタル）
・特定の機能障害者に対する支援とサービス法（個人アシスタントを無料で派遣）
・住宅改修補助金法（無料で住宅改修）
・年金制度
・最低生活保障額制度

以上でお分かりだろう。繰り返しになるが、インゲルが高いレベルで活動や参加を維持できている最大の理由は、充実した「環境因子」が存在するからだ。いわゆる狭義の「リハビリの成果により心身機能や身体構造が改善したため」などでは決してない（**コラム18**参照）。

コラム18 やはり、環境が大切

2008年８月18日付の〈ダーゲンスニーヘーテル紙〉に、今回の筆者の考察を裏付けるような記事が載っていたので、その要旨を紹介する。タイトルは、「大多数の高齢者はよい生活を送っている（Flertalet äldre har goda levnadsvanor）」

（http://www.dn.se/sthlm/flertalet-aldre-har-goda-levnadsvanor）

（財）ストックホルム・レーン高齢者センター長のスヴェン＝エーリック・ウォーネルは次のように述べている。

「高齢者の身体面における機能低下の問題は増えているが、それによって日常生活が大きく制限されてしまうわけではないようだ。その理由は、住宅と外環境のアクセサビリティが増したことに加え、技術の発展、歩行車のような補助器具、知識の向上などによって、機能低下した高齢者がより容易に生活を送れているからだ」

また、「関節拘縮《こうしゅく》や食欲不振といった廃用症候群が見られないことは特筆すべきだ」と先に記したが、これは何も「関節拘縮」や「食欲不振」だけを別個にターゲットにした狭い意味での療法が功を奏したわけではない。もちろん、療法士による直接的な治療や援助は要所要所で有用だが、それらを含む数多くの「環境因子」がインゲルの「活動と参加」を持続的に保証し、そのことが、インゲルの「心身機能・身体構造」が「機能的・構造的統合性」を失って「機能・構造障害」としての廃用症候群に陥ってしまうのを予防しているのである。機能的な補助器具をふんだんに利用して、座ったり立ったりする機会を十分に確保するだけで、実は多くの廃用性機能低下を予防できるのである。そのうえでの専門的な各種療法があればなおよい。これこそが、スウェーデンの保健・医療・社会福祉体制の真髄とも言えるところである。

そして、「環境因子」として挙げた「人」、「モノ」、「空間づくり」は互いに補完しあっていて、どれか一つ欠けてもその効果は半減し、インゲルの真冬の生活は制限されてしまうことを知らなければならない。たとえば、「随時に、快適にインゲルをベッド、車椅子、トイレなどの間で介助して移乗させる」ということを例にとって考えてみるだけでもその理由は分かるだろう。

つまり、個人アシスタントだけを用意しても役に立たないということだ。各部屋にリフトが備わり、それらをゆったりと使える空間も同時に用意されていてこそ機能するのである。日本のように、ホームヘルパーが一人だけやって来ても、インゲルの身体機能や体重などから考えて、彼女を随時、快適に移乗させることはおそらく不可能である。(9)

コラム⑲ 関節拘縮とは？　その予防法は？

関節拘縮（以下、拘縮）とは、「皮膚や皮下組織、骨格筋、腱、靱帯、関節包などといった関節周囲に存在する軟部組織が器質的に変化したことに由来した関節可動域制限」（『関節可動域制限――病態の理解と治療の考え方』（沖田実編、三輪書店、2008年）と定義される。脳卒中や難病など中枢神経系の病変により重度の障害を抱えた人が、ベッド上で臥位を主とした生活を続けていると容易に生じる障害であり、廃用症候群の代表的なものである。

上肢では肩周囲から指先まで、下肢では股関節から足指までのどの関節でも起こり、屈曲位や伸展位で固まってしまう。体幹に生じれば、首周囲から腰部に至るまで屈曲、伸展、回旋の機能が失われ、重度化すると、療法士が他動的に力を加えてもほとんど動かなくなる。当然、疼痛や苦痛を引き起こし、寝返り・起き上がり・座位姿勢の保持といった基本動作や更衣・排泄・入浴といったADLの阻害因子となり、嚥下《えんげ》能力にも悪影響を及ぼす。

このような拘縮を予防する最も効果的な方法は、可能なかぎり早期から離床する機会を提供することである。日中において、ベッドから抜け出て座位や立位をとる機会を頻回にかつ継続的に確保してさえおけば、重力の作用や関節角度の加減によって、重度の機能障害をもつ患者であっても重度の拘縮に陥ることは未然に防げる。そのうえで、全身的なリラクセーションや四肢のストレッチングといった個別の理学療法を施せば、より効果が上がる。

この観点から見た場合、良質な補助器具と空間づくりを活用して日常的にこれらを実践しているスウェーデンの現場のほうが日本よりも優れていると言える。逆に、いくら個別の徒手的な理学療法を施したとしても、1日のほとんどをベッドに寝かせた状態にしていては、拘縮の予防はほとんど不可能である。日本では、そのようにしてつくられた四肢や体幹の重度拘縮が非常に多い。

さらに、一戸の住宅（インゲルの自宅）だけが自己完結的に充実していても、インゲルの生活は成り立たないということができる。住宅の外の道路や町並みなど、ありとあらゆる空間が整備されて初めて、前述したような充実した「活動と参加」が叶うのである。インゲルが外出を楽しむためには、玄関を出るところからの「空間づくり」が不可欠となる。

おそらく、スウェーデンという国は、これらの要素のどれかを単独に用意しただけでは効果が上がらないことを、これまでの長年の経験から分かっているのであろう。そして、社会全体を俯瞰しながら、真に役立つサービスが提供されるためには何が必要かを考案し、それを社会資本として整備していくシステムが機能しているのだと考えられる。それによって、重度の障害をもつ人の真冬の生活も保障されているのだ。

③ 見えてくる日本の課題

このように見てくると、日本の抱える問題点は明らかとなる。ひと言で言えば、ＩＣＦでいう

（9）日本では、二〇一二年四月から介護保険において二四時間型の「定期巡回・随時対応サービス」がはじまっているが、人だけを送って果たして十分に機能するのだろうか。すでに今から危惧は尽きない。

「環境因子」の不備である。「ICF」の考え方が取り入れられて一〇年以上を経た現在でも、日本の保健、医療、福祉体制、もっと言えば社会の構造全体が、いまだに「ＩＣＩＤＨ」の考え方から抜け出ていないように思われる。では、どのようにして足りない「環境因子」を見つけ、それらを整備していけばよいのであろうか。

私の提案は、今回本書で紹介したようなスウェーデンの事例に照らしあわせながら、日本の障害をもつ人を取り巻く「環境因子」を「ＩＣＦ」の観点で分析することからはじめてはどうかということである。そうすれば、相当に有用な、日本に欠けている「環境因子」が自ずと浮き上がってくるはずである。

そして、このような分析をする専門職者としては、理学療法士、作業療法士、言語聴覚士といった療法士が有用であろうと考える。そのあとは、日本という国が、この一目瞭然となった事実から目を逸らすか逸らさないか、逃げるか逃げないかだけだと思う。スウェーデンのように、国や自治体が責任をもつ形で本気になってこの問題に取り組めるのか。そのためには、次のような変革が避けて通れないであろう。

まずは、真の議会制民主主義に基づいて、地方自治体の権限を増大させる。所得税を国税ではなく自治体税にして自治体の財源を確保し、そのうえで、自治体が地域の医療福祉、住宅、町づくりをデザインする。つまり、サービスの基盤となる部分を私事業者任せにしないということだ。

自宅、病院、リハビリセンター、老人保健施設、特別養護老人ホーム、グループホーム、そして高齢者向けケア付き集合住宅も、形態は異なっても、これらすべてを地域における病気や障害を抱えた人が生活する場として捉え、真の意味で切れ目のないサービスを提供するような制度設計を公的な責任において行うこと[10]によって効率化、適正化を図る。

また、従来から続いてきた、診療点数や介護保険単位数に基づいて医療やケアのサービスを提供するというシステムをやめる。とくに、リハビリの分野でいえば、発症日からの日数や改善の可能性の有無で医療保険における各種療法が制限されている現行の制度を廃止する。医療保険、介護保険の壁を取っ払い、すべからく「障害」の程度を基準にして、必要な人にはいつでも、いつまででも十分な療法が提供される仕組みに変える。

と同時に、本書でも紹介した個人アシスタントのような専門職を設けて、慢性の障害を抱えながら自宅で暮らす患者に対してルーティーンの療法を施す役割を彼らに与える。さらには、機能

（10）　スウェーデンにおいても福祉サービスを民間に委託することはあるが、丸投げはしていない。たとえば、高齢者向けケア付き集合住宅を民間が運営する場合、土地や建物は自治体が用意し、サービスの中身に関してのみ、質の向上や効率化を目指して競争入札している。よって、不動産の所有が要件となる日本の民間経営とは異なる。日本において、医療や福祉サービスの提供者を現在の民間中心から自治体中心に転換するためには、公的な機関における業務内容の透明性（高度な情報公開）をスウェーデン並みに確保することが大前提となる。さもなければ、事業内容や金銭の流れが不透明になりがちな、現状の医療法人や社会福祉法人による民間事業のあり方と本質的に何ら変わらなくなる（もしくは、それ以下になる危険性がある）。

的な住宅と補助器具もあわせて用意することによって、「トータルなリハビリ環境」が提供されるようにする。つまり、重度の障害を抱える人が結果としてどういう状態であるべきかを実証的に先に明確にしておき、それを叶えるための「人」、「モノ」、「空間」を公的な責任で（すなわち、個人の経済力が影響しない方法で）整えるという発想に切り替えていくということである。(11)

それらを実現するために、「ハビリ・リハビリ・補助器具を提供するのは自治体の責任」と明確に謳っているスウェーデンの「保健医療法（HSL）」をはじめとして、高齢者の住宅やケアを担っている「社会福祉サービス法（SoL）」、個人アシスタントを規定している「特定の機能障害者に対する支援とサービス法（LSS）」のような法律をつくる。是非、日本には、福祉大国、生活大国、補助器具大国として世界に名を馳せるように大きく舵をきってほしいと願っている。

---

(11)　スウェーデンの環境NGO「ナチュラル・ステップ」が提唱している「バックキャスティング」という方法論に通じる。すなわち、「あるべき姿」を先に描き、それに向かってプランを立て、実践していく手法である。大きくて複雑な課題を解決する際に有用とされている。詳しくは、『スウェーデンの持続可能なまちづくり』（サラ・ジェームズ&トルビョーン・ラーティー／高見幸子監訳、新評論、二〇〇六年）を参照。

あとがき

二〇〇七年から二〇一一年まで、三度にわたって、もっとも寒い二月のスウェーデンを訪れた。真冬の外の寒さは、予想した通り厳しいものだった。しかし、それとは対照的に屋内はどこに行っても暖かかった。そして、スウェーデンにおける重度の障害を抱える人々の暮らしは、雪降る真冬でも、やはり機能していた。

スウェーデンの冬の旅を終えて、真っ先に頭に浮かんできたのは、日本語の「バリアフリー」、英語では「accessibility《アクセサビリティ》」、スウェーデン語では「tillgänglighet《ティルイェングリーグヘット》」と表現される概念であった。そう、日常生活のあらゆる側面において、障壁が少ないことを実感したのだ。

ここで意味するのは、いわゆる建物の入り口や通りの段差をなくすというような、狭義のバリアフリーではない。個人アシスタント、補助器具、機能的な住宅、整備された道路、公共交通機関、情報へのアクセス……といった、人、モノ、空間づくりが叶えられているという社会全体におけるバリアフリーである。

この点において、スウェーデンは圧倒的に優れている。そして、この社会全体における障壁の少なさこそが、真冬のスウェーデンにおいて、重度の障害を抱える人の活動や社会参加に対する障壁を最小限にし、彼らの真冬の暮らしをしっかりと支えている秘訣となっている。

二〇〇〇年からはじまった私のスウェーデンの医療や福祉の現場を見る旅は、今回で一〇回目となった。そのなかで見えてきたものは、医療や社会福祉、とくに重度の障害を慢性的に抱える人に対するリハビリテーションとケアの分野における両国のあり方の違いは、比較文化論的に、つまりお互いに良いところもあれば悪いところもある、というような冷静な比較の仕方で分析することが、もはや非現実的であるほど開きがあるということである。

福祉は、理念ではなくあくまで実践的なものだ。私は、福祉が社会のなかで有効に機能すればこんなにも楽しいもの、そして多くの人に生きる意欲を沸き立たせるものなのだ、ということをみなさんに感じてほしかったため、本書を執筆することにした。本書を通して、それらのことのいくばくかがお伝えできたとしたら、望外の喜びである。

快く取材を受けてくれたスウェーデンの障害を抱えたみなさん、ご家族のみなさん、本当にありがとうございました。あなた方の前向きな生きざまは、取材という枠を超えて、私に勇気を与えてくれました。また、私の案内役を務めてくれた各自治体の療法士のみなさん、すべての個人アシスタントや准看護師のみなさん、貴重な時間を割いてくれてありがとうございました。現場の様子をじっくり見せてくださっただけでなく、私の数多い質問に対しても真摯に耳を傾けながら、一つ一つ丁寧に答えてくださいました。そして、阪和第二泉北病院の職員のみなさん、たびたび有給休暇を利用してスウェーデンへ取材旅行に出掛ける私をいつも温かい目で応援してくれたことに感謝しています。

最後に、イェーテ・ヘルスィエン氏には、今回も大変お世話になりました。心からの御礼を申し上げます。私が取材したいと思う人のイメージをメールで伝えただけで、ことごとく具体的なものにしてくれる彼の力量にはいつも感心しております。そして、株式会社新評論の武市一幸氏は、前回に続いて的確なアドバイスを与えてくださるとともに、たくさんの写真を使った本にしたいという、これまた前作のときと同様の私の思いを最大限に叶えてくれました。深く感謝を申し上げます。

雪景色のきれいな町並みを見て、より一層スウェーデンが好きになった。今回の旅で、スウェーデンの四季を体験したことになるが、これからもまた訪れ続けるだろう。ボールペンとメモ帳、そしてデジカメを携えながら……。

ストックホルムのガムラスタン（旧市街）でも歩行車は大活躍

二〇一二年五月

山口真人

巻末資料

スウェーデンでスムーズに取材旅行をするために

①宿泊や航空券、スウェーデン国内の鉄道の切符を予約するには？

・「ASK HOTELS」（http://www.askhotel.co.jp/）—宿泊予約
・「Yahoo!トラベル」（http://travel.yahoo.co.jp/）—航空券予約
・「SJ」（http://www.sj.se/）—スウェーデン国内の鉄道時刻表参照および切符予約。スウェーデン語か英語のみだが、詳しい情報が得られ、切符の予約も日本からできる。いずれにしても、インターネットでの予約が便利である。

②スウェーデン語を身に着けるには？

書籍

・『スウェーデン語文法』（山下泰文著、大学書林、一九九〇年）——日本で書かれたスウェーデン語の文法書のなかではもっとも充実している。スウェーデン語をしっかり学びたい人には一度通読することをおすすめする。別売りでカセットテープもある。
・『På svenska! -Svenska som främmande språk』（Folkuniversitetets förlag）——スウェーデン語を初めて習う外国語人向けに書かれた会話のテキスト。用例が多く理解しやすい。**Lärobok**（教本）とそれに対応した**Studiehäfte**（解説本）と**Övningsbok**（練習帳）の三冊があって、三冊セットで購入するのがおすすめ。教本と練習帳はスウェーデン語のみ、解説本は英語で書かれている。別売りで、教本のCDもしくはカセットテープもある。日本の一般の書店では販売していないが、筆者は、教本とカセットテープは、スウェーデン社会研究所（http://www.sweden-jiss.com/）主催の通信制のスウェーデン語講座を受講した際に、その講座から購入した。解説本と練習帳はスウェーデンで購入した。また、いずれも出版元から直接購入できる。出版元のホームページのURLは、http://www.folkuniversitetetsforlag.se/

・『Norstedts Stora Svensk-Engelska Ordbok』（Norstedts Ordbok）――スウェーデン語―英語の大辞典。全一二四一ページ。同じくスウェーデン研究所から購入した。日本の一般の書店では販売していない。イディオムが豊富なので、次項に掲げたインターネット辞書では分からない語句を調べるのに便利。

ホームページ

・「Folkets lexikon」（http://folkets-lexikon.csc.kth.se/folkets/）――スウェーデン語と英語の無料オンライン辞書
・「Yahoo! Sverige」（http://se.yahoo.com/）――Yahooのスウェーデン版
・「Dagens Nyheter」（http://www.dagensnyheter.se/）――スウェーデンで最大手の新聞社
・「SVT」（http://svt.se/）――スウェーデン国営テレビ局
・「TV4」（http://www.tv4.se/）――スウェーデンの民営テレビ局の中の最大手

現地で

・現地に行けば、「Folkuniversitetet《フォルケッツユニヴェルスィティエテット》」と呼ばれる国民学校でスウェーデン語を学ぶことができる。ただし、英語でスウェーデン語を学ぶことになる。筆者も二〇〇四年にヴェクショー市の国民高等学校で週二回、一か月半ほど初級コースに通った経験がある。現地に行ってから、ホームページ(http://www.folkuniversitetet.se/)で見て直接電話をして受講の申し込みをした。そのときの受講者は、筆者、ドイツ人二人、イギリス人とロシア人が一人ずつの計五人だけで、非常に有意義だった記憶がある。費用は、一か月半（一〇回の講義）で七〇〇クローナ（約一万五〇〇〇円・当時のレートは一クローナ＝約一五円）だった。

③スウェーデンの理学療法情報に詳しくなるには？

雑誌「Fysioterapi」—スウェーデンで最も多くの理学療法士に読まれている専門雑誌（もちろんスウェーデン語）。「登録理学療法士連盟（Legitimerade Sjukgymnasters Riksförbund）」（http://www.sjukgymnastforbundet.se/Sidor/Hem.aspx）が特別号をあわせて年間一〇号前後を発行している。特筆すべき領域や海外で働く理学療法士の紹介、知識や技術講座、学術論文、職能団体としての話題など、内容は多岐にわたっている。装丁や写真のセンスもよく、飽きずに読める。筆者は、発行元から郵送してもらって定期購読している。二〇一二年二月現在で、年間購読料は九〇五クローナ（約一万二〇〇〇円・送料込み）

④日本にいながらにしてスウェーデンの地理や自治体に詳しくなるには？

・「eniro」（http://www.eniro.se）——スウェーデン国内のさまざまな情報を知ることができる。とくに、個人や企業の住所や連絡先、それらの場所を地図で簡単に検索できる機能は便利だ。

・県や市に関する情報を知る方法——それぞれの自治体のホームページにアクセスするとよい。アクセス方法は簡単で、たとえば、ストックホルム市について知りたければ、ブラウザのアドレスの欄に「http://stockholm.se/」のように「http://」と「.se/」の間にその市の綴りを入力すればよい。また、イェヴレ市（gävle）、ヴェウショー市（växjö）、ボロース市（borås）ようにトレマやリング符号の付いた母音（ä、ö、å）をもつ市の場合は、それらの符号をとって入力すればよい。

⑤現地で取材を記録するには？

筆者の必携取材道具は、書きやすい黒と赤のボールペン、多少雑に扱っても綴りがほつれないしっかりとしたポケットサイズのメモ帳、そしてコンパクトなデジカメとなっている。

著者紹介

山口　真人（やまぐち・まこと）

1965年、北海道生まれ。

理学療法士。社会福祉士。呼吸療法認定士。

獨協大学外国語学部英語学科中退後、佛教大学社会学部社会福祉学科（通信教育課程）卒業。その後、社会医学技術学院理学療法学科（夜間部）卒業。東北大学大学院医学系研究科障害科学専攻（病態運動学講座人間行動学分野）前期博士課程修了、障害科学修士。

東京、仙台で当時のいわゆる老人病院と老人保健施設に勤務した後、大阪府立看護大学医療技術短期大学部理学療法学科（現、大阪府立大学地域保健学域総合リハビリテーション学類理学療法学専攻）助手を経て、2000年に高齢者のケアとリハビリについて学ぶためにスウェーデンを初めて訪れる。2011年２月で10度目となった。

2000年より、医療法人錦秀会阪和第二泉北病院リハビリテーション部に勤務。新潟医療福祉大学、大阪保健医療大学非常勤講師。日本理学療法士協会国際部協力部員。

著書として、『日本の理学療法士が見たスウェーデン』（新評論、2006年）がある。

学術論文（共著筆頭）："The Development of a Japanese Version of the Short–Form McGill Pain Questionnaire", Journal of the Japan Society of Pain Clinicians（日本ペインクリニック学会誌), 2007.

真冬のスウェーデンに生きる障害者
――日本の理学療法士が見た福祉国家――　（検印廃止）

2012年７月15日　初版第１刷発行

著者　山口真人
発行者　武市一幸

発行所　株式会社　新評論

〒169-0051
東京都新宿区西早稲田３-16-28
http://www.shinhyoron.co.jp
電話　03(3202)7391
FAX　03(3202)5832
振替・00160-1-113487

落丁・乱丁はお取り替えします。

定価はカバーに表示してあります。

印刷　フォレスト
製本　清水製本所
装幀　山田英春

Printed in Japan
ISBN4-7948-0908-7

新評論　好評既刊　スウェーデンを知るための本

S.ジェームズ&T.ラーティ／高見幸子 監訳・編著／伊波美智子 解説

スウェーデンの持続可能なまちづくり

ナチュラル・ステップが導くコミュニティ改革

過疎化，少子化，財政赤字…「持続不可能性」解決のための事例集。

[A5並製 284頁 2625円　ISBN4-7948-0710-4]

K.-H.ロベール／市河俊男 訳

新装版 ナチュラル・ステップ

スウェーデンにおける人と企業の環境教育

世界的NGOが提示する，地球環境問題解決のための理論と対策。

[四六並製 272頁 2625円　ISBN978-4-7948-0844-8]

I.ロヴィーン／佐藤吉宗 訳

沈黙の海

最後の食用魚を求めて

『沈黙の春』から四半世紀，衝撃の海洋環境ドキュメンタリー。

[A5並製 404頁 3990円　ISBN978-4-7948-0820-2]

宇野幹雄

スウェーデンの世界遺産紀行

自然と歴史のひとり旅

最良の旅案内にして，スウェーデンの「今」を知るための必読書!

[A5並製 340頁 3675円　ISBN978-4-7948-0778-6]

戸羽　晟

歌の国スウェーデン

クラシック音楽ガイド

スウェーデン・クラシック音楽の知られざる魅力を初めて詳説。

[A5並製 352頁 3990円　ISBN978-4-7948-0777-9]

＊表示価格はすべて消費税（5%）込みの定価です。